Den Wettbewerb gewinnen

Weltweite Finanzkrise – ein Ende in Sicht? Ja. Wie kaum ein anderes Land hat sich der Wirtschaftstandort Deutschland 2010 erholt. Natürlich ist das Niveau von 2008 noch nicht erreicht, aber die Zuwachsraten der exportorientierten Industrie übertreffen alle Erwartungen und Planungen der Unternehmen.

Die vielen eigenkapitalstarken, inhabergeführten Unternehmen haben dabei eine enorme Rolle gespielt und erhebliche Teile ihres Eigenkapitals eingesetzt, um qualifiziertes Personal zu halten. Die raschen Anpassungen der Kurzarbeitsregelungen haben ebenfalls geholfen, die Krise zu überwinden.

In dieser Situation hat Deutschland ein besonderes Problem: Die jungen Menschen gehen uns aus. Jährlich werden es rund 200 000 qualifizierte Fachkräfte weniger. Das wird bei weiter steigender Konjunktur vor allem Facharbeiter und Ingenieure betreffen.

Trotz Krisenauswirkungen waren laut VDI im Juli insgesamt 62 000 offene Stellen zu verzeichnen. Das sind 50 Prozent mehr als die jährliche Anzahl von etwa 40 000 Ingenieurabsolventen. Dabei deckt die Absolventenzahl nicht einmal die Zahl der aus dem Berufsleben ausscheidenden Ingenieure. Dass im Januar 2010 die Zahl der offenen Ingenieurstellen noch bei 24 000 lag, zeigt, wie dynamisch die Entwicklung ist.

In dieser Situation stehen Ingenieure einem Arbeitsmarkt gegenüber, in dem sie wählen können. Aber Vorsicht: Nur weil der Ingenieurmangel immer größer wird, nimmt ein Unternehmen noch lange nicht jeden Absolventen. Der Wettbewerb ist größer und die Anforderungsprofile der Unternehmen sind anspruchsvoller geworden. Wer diesen Wettbewerb gewinnen will, muss nicht nur gut ausgebildet und informiert sein, sondern vor allem eine kreative Einstellung mitbringen und deutlich machen, dass er das Unternehmen voranbringen will.

Ich wünsche Ihnen bei der Lektüre dieses Buches viel Freude: vor allem mit den Specials, dem neuen Kapitel über Familienunternehmen und den Informationen über die wichtigsten Branchen von Automotive bis Stahl.

Prof. Dr.-Ing. Klaus Henning
RWTH Aachen
Autor von Staufenbiel *Ingenieure*

Inhalt

▶▶ Einsatzbereiche im Unternehmen 111

▶▶ Typische Berufsfelder 120

▶▶ Kontakt- und Netzadressen, Impressum 135

▶▶ Education: Das Buch im Buch 139

▶▶ Hochschulen im Profil

▶▶ Arbeitgeber im Profil

Inserentenverzeichnis

Autorenverzeichnis

Autor: Prof. Dr.-Ing. Klaus Henning, RWTH Aachen

konaktiva
Dortmund

konaktiva Dortmund

akademische Jobmesse
vom 9. bis 11. November 2010

täglich 9:30 bis 16:30 Uhr

Messe Westfalenhallen Dortmund
Halle 3b

Eintritt frei !!!

Messe Westfalenhallen Dortmund

konaktiva **Winter Warm Up**
18. bis 29. Oktober 2010
kostenlose Vorbereitungsseminare

konaktiva **Jobmesse**
9. bis 11. November 2010
über 150 ausstellende Unternehmen
Karrierestrategieberatungen
Bewerbungsmappenchecks
Bewerbungsfotoshootings
Podiumsdiskussionen
Einzelgespräche
Messevorträge
Busshuttle

www.konaktiva-dortmund.de

Die *konaktiva* in Dortmund ist eine der größten studentisch organisierten Jobmessen in Deutschland.
Unter dem Motto „Studenten treffen Unternehmen" vermittelt sie seit zwölf Jahren als Unternehmenskontaktmesse.
In der zweiten Woche im November treffen angehenden Akademiker an drei Tagen auf Vertreter renommierter nationaler und internationaler Unternehmen. Ziel der Messe ist es, Studenten und Unternehmen eine optimale Plattform zur Kontaktaufnahme zu bieten.
Besucher bewerben sich während der Jobmesse direkt um ein Praktikum oder eine Abschlussarbeit und besprechen die Möglichkeiten des Berufseinstieges.
Um die Besucher optimal auf ihren Messebesuch vorzubereiten, bietet die *konaktiva* Warm Up Wochen im Mai und Oktober mit Veranstaltungen rund um das Thema Bewerbung und Berufseinstieg an.
Alle Veranstaltungen der *konaktiva* sind für Besucher kostenlos!

Noch mehr im Netz

Auf staufenbiel.de/ingenieure gibt es viele weitere Infos zum Ein- und Aufstieg. Außerdem können Sie gezielt in der Unternehmensdatenbank Jobs suchen – und finden.

● Staufenbiel *Career Club*

Melden Sie sich kostenlos im Career Club an und profitieren Sie von den exklusiven Angeboten: kostenfreiem Bewerbungs-Check, Assessment Center Training, Karriereberatung und vielen weiteren Tools. Unter allen Neuanmeldungen von Lesern dieser Publikation verlosen wir zusätzlich 15 detaillierte Potenzial-Analysen. Alle Angebote auf einen Klick unter: **ingenieure.career-club.de**

● Online-Channel

In welchen Bereichen können Ingenieure optimal starten? In welchen Branchen sind sie besonders gefragt? Wie bewirbt man sich am besten? Und was können Ingenieure in welchen Branchen aktuell verdienen? All das und vieles mehr unter **staufenbiel.de/ingenieure** und als schnellen Überblick per E-Update in unserem regelmäßig erscheinenden *Karriere-Special* für angehende Ingenieure.

● Jobbörse

Finden Sie Ihren Traumjob und informieren Sie sich über Ihren Wunscharbeitgeber: Die Staufenbiel *Jobbörse* bietet Ihnen, was Sie für den erfolgreichen Berufseinstieg brauchen. Suchen Sie gezielt nach Studienrichtung, Branche und Berufsfeld und glänzen Sie in Ihrer Bewerbung mit detaillierten Unternehmenskenntnissen. Mehr unter **staufenbiel.de/jobboerse**.

Der aktuelle Stellenmarkt

>> Einstieg und Karriere

Ingenieure sind erfolgsverwöhnt. Wenn Technik-spezialisten in den vergangenen Jahren auf Job-suche gingen, war die Qual der Wahl ein Quell der Freude. Bei Verhandlungen über Gehalt, Wei-terbildungen und weitere Karriereperspektiven starteten sie in guter Ausgangsposition. Zu groß war die Ingenieurlücke, zu sehr mussten die Ar-beitgeber um qualifizierte Mitarbeiter werben.

Diese goldenen Zeiten schienen vorerst vor-bei. Die Finanzkrise hat auch auf dem Stellen-markt für Ingenieure deutliche Spuren hinterlas-sen. 2009 kämpften Schlüsselbranchen wie der Maschinen- und Anlagenbau gegen massive Umsatzeinbrüche. Hier sank die Auslastung der Kapazitäten im Sommer 2009 unter die 70-Pro-zent-Marke – nach Angaben des Verbands Deutscher Maschinen- und Anlagenbau (VDMA) der tiefste jemals ermittelte Wert. Die Bundesrepublik erlebte nicht weniger als die schwerste Wirtschaftskrise ihrer Geschichte.

Trend aus der Krise

Gerade für hoch qualifizierte Berufsgruppen wie Maschinenbau- oder Elektroingenieure entwi-ckelte sich der Arbeitsmarkt überdurchschnitt-lich negativ. Der Grund: Hochtechnologie- und Investitionsgüterbranchen schüttelte die Krise besonders durch. Neueinstellungen blieben des-halb weitgehend aus.

Das gilt aber nur vorübergehend. Automobil-hersteller fuhren in der ersten Hälfte des Jahres 2010 Sonderschichten, und auch die Auftragsbü-cher im Maschinen- und Anlagenbau füllen sich wieder. Von Januar bis Juni 2010 gingen 32 Pro-zent mehr Aufträge ein als im Vorjahr, im zweiten Quartal 2010 waren es sogar 53 Prozent, meldete der VDMA. Es wird noch dauern, bis wieder das Auslastungsniveau der Jahre vor der Krise erreicht wird – aber die Trendwende scheint erreicht.

Die Ingenieurlücke bleibt

Auf längere Sicht werden Ingenieure wieder be-gehrt sein wie in alten Zeiten. Dabei hilft nicht nur die aktuelle Konjunktur. Denn die Inge-nieurlücke ist noch lange nicht gefüllt. Im Juli 2010 taxierte der VDI den Fachkräftemangel bei Ingenieuren auf 36 800 Personen. Verschärft wird die Situation dadurch, dass bis zum Jahr 2022 in Deutschland mehr als 500 000 Inge-nieure in Rente gehen werden, wie das Institut der deutschen Wirtschaft Köln (IW) errechnete. Das ist die Hälfte aller Techniker, die in Deutschland als Ingenieure arbeiten.

Schon die demografische Entwicklung sorgt also dafür, dass der Nachwuchsmangel langfris-tig bestehen bleibt, so das Institut, das gemein-sam mit dem VDI die Studie „Ingenieurarbeits-markt 2009/10" veröffentlichte. „Wir haben nicht damit gerechnet, dass wir im Krisenjahr 2009 einen solch deutlichen Fachkräftemangel zu spüren bekommen", kommentierte VDI-Di-rektor Willi Fuchs die Zahlen.

Das Problem: Pro Jahr schließen nur etwa 40 000 Ingenieure ihr Studium ab. Sie decken da-mit gerade einmal den Ersatzbedarf der Unter-nehmen für ausscheidende Mitarbeiter. Die be-

reits bestehenden Engpässe bei den Fachkräften können sie nicht reduzieren, geschweige zusätzlichen Expansionsbedarf erfüllen. Da ein Ingenieur eine deutlich höhere Pro-Kopf-Wertschöpfung erzielt als ein durchschnittlicher Arbeitnehmer, sind die Folgen für die Volkswirtschaft erheblich, argumentieren VDI und IW in ihrer Studie.

Ingenieure: Immer mehr gehen in Rente >>>>>>>>

Ingenieure, die jährlich aus dem Erwerbsleben ausscheiden

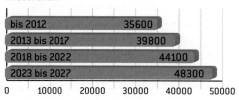

bis 2012	35600
2013 bis 2017	39800
2018 bis 2022	44100
2023 bis 2027	48300

0   10000   20000   30000   40000   50000

Quelle: Statistische Ämter des Bundes und der Länder/Institut der deutschen Wirtschaft Köln

<<<<<<<<<<<<<<<<<<<<<<<<<<<<<<<<<<<<<<<<

Ein Grund für den Ingenieurmangel sind die immer noch zu hohen Abbrecherquoten in den Ingenieur-Studiengängen. Ein anderes Phänomen ist das sogenannte Mismatch auf dem Arbeitsmarkt. Mismatch heißt, dass die Anforderungen an Ingenieure und ihre Qualifikationen nicht (genau) zusammenpassen. Während auf der einen Seite Unternehmen technische Fachkräfte suchen, stehen auf der anderen Seite arbeitslose Ingenieure. Diese bringen aber oft nicht das geforderte Idealprofil mit. Das Resultat: Offene Stellen werden nicht besetzt.

Konjunktur entscheidet >>>>>>>>>>>>>>>>>>>>>

Der Bedarf an Ingenieuren ist viel stärker von der Konjunktur abhängig als bei Wirtschaftswissenschaftlern und richtet sich nach zyklisch auftretenden wirtschaftlichen Schwankungen. Wenn Produktion und Entwicklung zurückgefahren werden, geht der Bedarf an Ingenieuren bald zurück. Wegen der starken Abhängigkeit von der konjunkturellen Entwicklung sind Prognosen über die Perspektiven für Technikspezialisten besonders schwierig.

<<<<<<<<<<<<<<<<<<<<<<<<<<<<<<<<<<<<<<<<

Arbeitsmarkt >>>>>>>>>>>>>>>>>>>>>>>>>>>>>

freie Stellen im ersten Quartal 2010

Ingenieure	
Wirtschaftswissenschaftler	
Informatiker	
Juristen	
Geistes- und Sozialwissenschaftler	
Naturwissenschaftler	

0   1000 2000 3000 4000 5000 6000 7000 8000

Mehrfachnennungen möglich

staufenbiel JobTrends Deutschland 2010

Der aktuelle Arbeitsmarkt

Auch der Arbeitsmarkt für Ingenieure ist schwieriger geworden. Doch Ingenieur ist nicht gleich Ingenieur. Junge Ingenieure haben es leichter als ältere, im Süden der Republik sieht es besser aus als im Osten. Generell gilt: Je besser die Qualifikation, desto größer sind die Chancen.

Trotz der Wirtschaftskrise stieg die Zahl der sozialversicherungspflichtig beschäftigten Ingenieure im Jahr 2009 gegenüber dem Vorjahr noch leicht um 1,2 Prozent an. Aber auch die Zahl der arbeitslosen Ingenieure stieg, und zwar um 21 Prozent, ermittelte das Institut für Arbeitsmarkt- und Berufsforschung (IAB). Der guten Million als Ingenieur arbeitenden Personen standen damit 25 000 arbeitslose Ingenieure gegenüber. Das entspricht einer Arbeitslosenquote von 3,6 Prozent – und gilt volkswirtschaftlich immer noch als Vollbeschäftigung. Zum Vergleich: Die Arbeitslosenquote bei der Gesamtbevölkerung in Deutschland beträgt etwa acht Prozent.

Dennoch ist die Zahl der Stellenanzeigen für Ingenieure im Vergleich zu den Vorjahren deutlich gesunken. Noch im ersten Quartal 2010, als sich die Auftragbücher in der Industrie allmählich wieder füllten, ging die Zahl der Stellenangebote für Ingenieure gegenüber dem Vorjahreszeitraum um 21 Prozent zurück, ermittelte das Weiterbildungsinstitut WBS Training in seiner Stellenmarktanalyse. Die Zahlen sind keine Überraschung: Die Produktionskapazitäten in den meisten Unternehmen waren zu Beginn des Jahres 2010 noch lange nicht wieder ausgeschöpft.

Welche Ingenieure werden gesucht? >>>>>>>>>

Unternehmen suchen folgende Fachrichtungen

Mehrfachnennungen möglich

staufenbiel JobTrends Deutschland 2010

Im Vergleich zum Vorjahr sank die Zahl der Stellenangebote für Maschinenbau- und Elektroingenieure noch relativ moderat. Dabei muss aber berücksichtigt werden, dass die Zahlen im Jahr 2009 bereits massiv eingebrochen waren – auf Werte von nur noch etwa einem Drittel (Maschinenbauingenieure) und der Hälfte (Elektroingenieure) im Vergleich zu 2008.

Die richtigen Qualifikationen >>>>>>>>>>>>>>>

In schwierigeren Zeiten sind die richtigen Qualifikationen wichtiger denn je. Nur so können Absolventen im Wettbewerb um den attraktivsten Berufseinstieg gewinnen. Ob Fachkräftemangel oder nicht: Durch den hohen Innovationsdruck in den Hightech-Branchen werden die Anforderungen der Unternehmen immer größer. Der Trend geht zu Technologiefusionen und der damit verbundenen Notwendigkeit, interdisziplinär zu arbeiten. Deshalb sind heute Ingenieure gefragt, die auf einem oder zwei Gebieten vertiefte Spezialkenntnisse aufweisen und zusätzlich eine große fachliche Breite mitbringen.

<<<<<<<<<<<<<<<<<<<<<<<<<<<<<<<<<<<

So schaffte es das Bauwesen 2009 erstmals seit Langem wieder an die Spitze der Statistiken. Der Grund: Die Projekte im Bauwesen werden sehr langfristig geplant, die Baubranche profitiert deshalb noch von dem wirtschaftlichen Aufschwung bis Mitte 2008. Auch im ersten Quartal 2010 lag das Bauwesen wieder an der Spitze der Stellenangebote, trotz eines weiteren Rückgangs um etwa ein Fünftel.

Stellenanzeigen für Ingenieure
nach Fachrichtungen >>>>>>>>>>>>>>>>>>>>>>>

jeweils im ersten Quartal

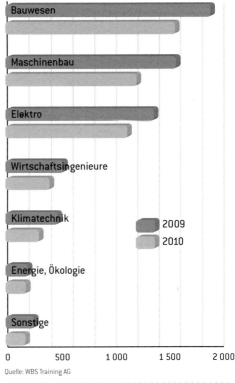

Quelle: WBS Training AG

<<<<<<<<<<<<<<<<<<<<<<<<<<<<<<<<<<<<<<<<<

Anders als WBS Training sah der VDI im Juli 2010 die Maschinenbauer mit 21 300 offenen Stellen an der Spitze. Dahinter rangierten die Elektroingenieure (136 000) sowie Architekten und Bauingenieure (12 300). Besonders auffallend ist die Entwicklung für Elektroingenieure: Die Zahl der offenen Stellen stieg im Vergleich zum Vorjahresmonat um mehr als 17 Prozent.

In welchen Bereichen haben Ingenieure Chancen? Aus der Studie „Staufenbiel JobTrends Deutschland 2010" geht hervor, dass Unternehmen in den Bereichen Entwicklung und Projektmanagement hohen Bedarf haben. Gerade im Projektmanagement sind technisches Wissen gepaart mit betriebswirtschaftlichem Know-how, Kommunikationsvermögen und Teamfähigkeit von Vorteil. Auch in den Einsatzbereichen Fertigung/Produktion, Konstruktion, Qualitätssicherung und Forschung meldeten die Unternehmen eine hohe Nachfrage.

Einsatzbereiche für Ingenieure >>>>>>>>>>>>>

Unternehmen suchen Ingenieure für folgende Einsatzfelder.

Innovationen

Innovationen sind der Motor der Industrie- und Hightech-Branche. Damit der nicht ins Stocken gerät, braucht die Industrie und Wissenschaft hoch qualifizierte Akademiker und Facharbeiter. Laut VDE-Trendreport 2010 gehen die größten Innovationsimpulse von der Automation sowie von der Elektro-, Energie- und Medizintechnik aus. Befragt wurden für die Studie insgesamt 1 300 VDE-Mitgliedsunternehmen sowie Hochschullehrer der Elektro- und Informationstechnologie. Laut VDE wird Deutschland seine Spitzenposition bis 2020 halten. In der Nanotechnologie fällt Deutschland dagegen auf den zweiten Platz hinter die USA zurück. Wichtige Innovationsimpulse geben die Bereiche Energie-Effizienz, E-Mobility und Smart Grids/ Intelligente Stromnetze.

Sorge bereitet dem VDE, dass nur jedes dritte Unternehmen mindestens so viel in den Bereich Forschung und Entwicklung investieren will wie im Vorjahr. Vier von fünf Unternehmen sehen in der Produktpiraterie eine Bedrohung des Innovationspotenzials.

Zukunftstechnologien >>>>>>>>>>>>>>>>>>>>

Deutschland behauptet sich als Innovationsführer in den folgenden Technologiebereichen (in Prozent der befragten Unternehmen und Hochschulen, Mehrfachnennungen möglich).

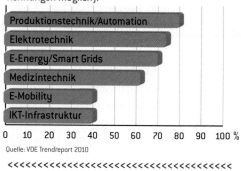

Quelle: VDE Trendreport 2010

<<<<<<<<<<<<<<<<<<<<<<<<<<<<<<<<<<<<<<<<

Studenten- und Absolventenzahlen

Immer dann, wenn schlechte Branchenzahlen die Nachrichten beherrschen, beginnen auch immer weniger junge Leute mit einem Studium im jeweiligen Bereich. Das führt dazu, dass in späteren Jahren des Aufschwungs zu wenig Absolventen zur Verfügung stehen. Das Ergebnis ist bekannt, die Ingenieurlücke in den vergangenen Jahren vielfach beklagt. Vor diesem Effekt warnen auch jetzt wieder Wirtschaftsexperten.

Um dem Ingenieurmangel vorzubeugen, wurde die Initiative „ThinkIng" ins Leben gerufen. Die Initiative informiert Schüler über Inhalte, Studium und Karrierechancen und möchte sie für den Ingenieurberuf begeistern. Denn die Ingenieurstudiengänge gelten als anspruchsvoll und sind nicht jedermanns Sache.

Schweinezyklus droht >>>>>>>>>>>>>>>>>>>>

Um junge Menschen für die MINT-Fächer (Mathematik, Informatik, Naturwissenschaften, Technik) zu begeistern, rühren Wirtschaft, Politik und Hochschulen weiterhin kräftig die Werbetrommel. Ansonsten droht der nächste Schweinezyklus. Das wollen die Entscheidungsträger verhindern. Sie haben aus den Fehlern der Vergangenheit gelernt. Als am Anfang der 1990er-Jahre junge Ingenieure auf der Straße standen, brachen auch die Studienanfänger weg. Der Effekt: Beim nächsten wirtschaftlichen Aufschwung fehlten massiv Studienabsolventen, viele Stellen blieben unbesetzt. Den Höhepunkt erreichte die Ingenieurlücke im Sommer 2008, als laut VDI 93 000 offene Stellen nicht besetzt werden konnten.

<<<<<<<<<<<<<<<<<<<<<<<<<<<<<<<<

Träger der Initiative sind die Arbeitgeberverbände der Metall- und Elektro-Industrie (Gesamtmetall), der Verband Deutscher Maschinen- und Anlagenbau (VDMA), der Zentralverband Elektrotechnik- und Elektronikindustrie (ZVEI), der Verband der Elektrotechnik Elektronik Informationstechnik (VDE), der Verein Deutscher Ingenieure (VDI) und der Verband der Automobilindustrie (VDA).

Initiativen wie diese sorgten – zusammen mit den guten Einstellungschancen für Ingenieure – dafür, dass in den vergangenen Jahren die Zahl der Studienanfänger in den technischen Bereichen seit 2006 kontinuierlich stieg. Im Studienjahr 2009 begannen rund 45 600 Studenten ein Studium im Bereich Maschinenbau/Verfahrenstechnik (sechs Prozent mehr als im Vorjahr), 19 000 in der Elektrotechnik (plus drei Prozent) und 12 400 im Bauingenieurwesen (plus 15 Prozent), errechnete das Statistische Bundesamt.

Frauen in Ingenieurberufen

Trotz zahlreicher Initiativen von Wirtschaft, Wissenschaft und Politik sind Frauen in den Ingenieurberufen nach wie vor deutlich in der Minderheit. Um mehr junge Frauen für ein Studium der Ingenieurwissenschaften zu begeistern, haben der Staat, Unternehmen und Verbände den Girls Day ins Leben gerufen. Damit soll schon den Mädchen in den weiterführenden Schulen der Ingenieurberuf schmackhaft gemacht werden.

Offenbar haben sich die Anstrengungen bereits gelohnt. Denn der Frauenanteil in den Ingenieurwissenschaften steigt, allerdings auf niedrigem Niveau. Laut einer Studie von VDI und IW waren 2007 16 Prozent aller ausgebildeten Ingenieure weiblich. Die Zahl der Studienanfängerinnen steigt ebenfalls langsam: Im Studienjahr 2008 waren nach Angaben des Statistischen Bundesamts 22 Prozent der Studienanfänger in den ingenieurwissenschaftlichen Fächern Frauen.

Aber auch wenn Unternehmen, Verbände und Hochschulen sich stark für den Einsatz von Ingenieurinnen einsetzen, haben es Frauen in der Männerdomäne Technik nicht immer leicht. Hier ist Durchsetzungsstärke gefragt, die schon im Studium und später beim Berufseinstieg bewiesen werden muss. Denn noch immer erreichen Frauen aus den MINT-Fächern seltener eine Leitungsposition als Männer – und selbst, wenn ihnen das gelingt, brauchen sie dafür mehr Zeit als Männer.

Auch in Sachen Gehalt stehen Ingenieurinnen schlechter da. Nach einer Studie der Hans-Böckler-Stiftung aus dem Jahr 2008 verdienen sie durchschnittlich 17 Prozent weniger als ihre männlichen Kollegen.

>> Der aktuelle Jobmarkt für Maschinenbauingenieure

Maschinenbauingenieure sind vielseitig einsetzbar. Wegen ihrer klassischen Ausbildung haben sie Einstiegschancen in den unterschiedlichsten Branchen. Nach wie vor klagen die Unternehmen der Branche, dass zu wenige Maschinenbauer die Hochschulen verlassen.

Im Krisenjahr 2009 arbeiten im Jahresdurchschnitt 939 000 Menschen im Maschinenbau, nur 0,6 Prozent weniger als im Vorjahr. „Gemessen am Produktionsrückgang ist der Rückgang der Stammbelegschaft dank Reduktion von Zeitarbeit, Kurzarbeit und betriebsindividueller Maßnahmen bisher noch vergleichsweise moderat ausgefallen", erläuterte VDMA-Präsident Manfred Wittenstein Anfang 2010 die Zahlen. „Die Unternehmen hielten dieses Mal auf Biegen und Brechen ihre Mitarbeiter länger als in früheren Abschwüngen."

Die positiven Zahlen aus der ersten Jahreshälfte 2010 lassen hoffen, dass auch auf dem Arbeitsmarkt die Trendwende erreicht ist. Als besonders erfreulich bewertete der VDMA, dass das Inlandsgeschäft dem Export kaum nachstand.

Da in fast jeder Branche mit Maschinen gearbeitet wird, sind Maschinenbauabsolventen nicht auf eine Branche festgelegt. Die Einsatzgebiete und -branchen für Maschinenbauer sind vielfältig. Auch in Ingenieurbüros, Unternehmensberatungen, bei Herstellern von Haushaltsgeräten und bei Bauzulieferfirmen haben Absolventen des klassischen Ingenieurstudiengangs gute Chancen.

Maschinenbau mit Promotion

Gute Ein- und Aufstiegsperspektiven haben auch promovierte Ingenieure in der Industrie. Die deutschen Maschinenbau-Unternehmen legen bei Ingenieuren mit Doktortitel besonderen Wert darauf, dass sie beim Eintritt ins Unternehmen schnell einsatzfähig sind, so das Ergebnis der VDMA-Studie des „Promotion im Maschinenbau".

Forschungs-Know-how sei zwar in jedem Fall wichtig, so Manfred Wittenstein, „aber wenn ein promovierter Ingenieur zum Beispiel die Forschungsabteilung eines Unternehmens leitet, dann muss er sowohl die Kosten als auch die Kunden immer im Blick haben. Für seinen Erfolg ist es ebenso entscheidend, dass er seine Ideen im Unternehmen auch kommunizieren und Forschungsprozesse straff in Projekten or-

ganisieren und vorantreiben kann." Laut VDMA verfügen 43 Prozent aller Unternehmen über Positionen, die sie ausschließlich oder überwiegend mit Dr.-Ingenieuren besetzen.

>> Der aktuelle Jobmarkt für Elektroingenieure

Elektroingenieure haben wie Maschinenbauingenieure im Vergleich zu anderen Berufsgruppen gute Chancen auf dem Arbeitsmarkt. 2009 waren laut VDI knapp 155 000 Elektroingenieure in Deutschland beschäftigt – das waren 2,6 Prozent weniger als im Vorjahr. Ein kontinuierlicher Rückgang ist bereits seit 2001 zu verzeichnen, als noch mehr als 178 000 Elektroingenieure gezählt wurden.

Dafür stieg nach Angaben des VDI die Zahl der offenen Stellen für Elektroingenieure bis Juli 2010 auf 13 600 an. Im Juli 2009 waren es noch 11 600 – also ein satter Anstieg um 17 Prozent innerhalb eines Jahres. Nach dem Anziehen der Konjunktur geht es offenbar auch für Elektroingenieure auf dem Arbeitsmarkt wieder nach oben.

Der VDE betont in seinem Trendreport 2010, dass der Fachkräftemangel in Deutschland zur Innovationsbremse zu werden drohe. Der Bedarf an Ingenieuren der Elektro- und Informationstechnik werde sich weiter erhöhen, gleichzeitig befürchteten jedoch 84 Prozent der VDE-Mitgliedsunternehmen, dass sie ihren Bedarf an gut ausgebildeten Fachkräften künftig nicht werden decken können.

Mehr Studienanfänger

Diese langfristig guten Aussichten sind offensichtlich auch bei den Schülern angekommen. Die Zahl der Studienanfänger stieg bis zum Studienjahr 2009 auf knapp 19 000 Studenten an, drei Prozent mehr als im Vorjahr und der höchste Wert seit 1991.

Gefragt sind Prozessorientierung plus Verknüpfung fundierter Fachkenntnisse mit Kom-

Visionär sucht Weitsichtige

Wann beginnen Sie Ihre Karriere bei uns?
www.zeiss.de/karriere

We make it visible.

petenzen wie Methoden- und Sprachkenntnissen. Auch Wissensmanagement und Führungskompetenz werden immer wichtiger.

Auf dem Weg zu einem attraktiven Job sind vor allem Ingenieure mit einer praxisnahen Ausbildung erfolgreich. Da die Elektrotechnik und die Informationstechnik immer enger zusammenspielen, können Elektroingenieure häufig auch in der Informatikbranche einsteigen. Das Knowhow über die Hardware verschafft ihnen dabei oft einen wichtigen Vorteil gegenüber Informatikern.

>> Der aktuelle Jobmarkt für Bauingenieure

Die Bauindustrie war erst mit Verzögerung von der Wirtschaftskrise betroffen. Das zeigte sich auch auf dem Stellenmarkt. Während die Zahl der Stellenangebote für Maschinenbau- und Elektroingenieure massiv einbrach, fanden Architekten und Bauingenieure Mitte 2009 immer noch vier Prozent mehr Angebote als im Vorjahr. Bis zum Juli 2010 blieb der Wert stabil, während die Maschinenbauer und Elektrotechniker wieder aufholen konnten.

Rund 705 000 Mitarbeiter waren 2009 im Baugewerbe beschäftigt, etwa so viel wie 2008. Etwa 121 000 Architekten und Bauingenieure waren 2009 in Deutschland beschäftigt, 1,3 Prozent mehr als im Vorjahr. Nachwuchsingenieure haben etwa Einstiegschancen in Ingenieur- und Konstruktionsgesellschaften. Sie werden auch davon profitieren, dass jeder dritte Bauingenieur in Deutschland über 50 ist und in absehbarer Zeit ans Aufhören denken wird – sie machen Platz für den Nachwuchs.

Die gute Entwicklung der letzten Jahre spiegelt sich in der Anzahl der Studienanfänger wider. 2009 nahmen nach Angaben des Statistischen Bundesamts rund 12 300 Studenten ein Studium des Bauingenieurwesens auf – 15 Prozent mehr als 2008 und die höchste Zahl seit

1996. 28 Prozent der Studienanfänger waren Frauen, ein Rekordwert für Ingenieure.

>> Der aktuelle Jobmarkt für Wirtschaftsingenieure

Wirtschaftsingenieure werden oft als Alleskönner bezeichnet. Mit ihrer interdisziplinären Ausbildung sind sie in vielen Unternehmensbereichen gefragt – besonders da, wo qualifizierte Arbeit an Schnittstellen erforderlich ist. Wichtig ist die Verbindung von betriebswirtschaftlichem Know-how mit technischem Fachwissen.

Die Unternehmen benötigen Mitarbeiter, die Spezialaufgaben übernehmen können und gleichzeitig die gesamte Unternehmenseinheit im Blick haben. Deshalb sind Fachkräfte gefragt, die sowohl ein Verständnis der technischen als auch der wirtschaftlichen Unternehmensprozesse mitbringen. Hierfür sind Wirtschaftsingenieure bestens gerüstet. Wegen ihrer flexiblen Einsetzbarkeit sind Wirtschaftsingenieure in fast allen Wirtschaftszweigen und Branchen gefragt. Gerade die interdisziplinäre Ausbildung, die früher oft im Zentrum der Kritik stand, ist heute die Basis der ausnehmend guten Karrierechancen. Nach Ergebnissen der Studie „Staufenbiel JobTrends Deutschland 2010" suchen 47 Prozent der Unternehmen nach Wirtschaftsingenieuren – das ist der beste Wert für Ingenieurfachrichtungen überhaupt.

Die große Mehrheit der Absolventen wählt weiterhin den Direkteinstieg ins Berufsleben, stellt der Verband Deutscher Wirtschaftsingenieure (VWI) in einer Studie aus dem Jahr 2007 fest. Trainee-Programme – besonders internationale – gewinnen aber an Bedeutung. Laut VWI sind Wirtschaftsingenieure in fast allen Unternehmensbereichen anzutreffen, verstärkt jedoch in der Logistik, im Marketing, im Controlling und in der Beratung. Eine große Zahl von Wirtschaftsingenieuren erreicht nach Einschätzung des VWI Positionen in den Unternehmensleitungen.

Das Trendence Absolventenbarometer 2010 – Engineering Edition

Das Berliner Trendence Institut befragte rund 10 000 examensnahe Studenten der Ingenieurwissenschaften in ganz Deutschland nach ihren Top-Arbeitgebern.

trendence
research » strategies » careers

Rang	Arbeitgeber	%	Rang	Arbeitgeber	%
1	AUDI AG	19,6 %	28	Deutsche Bahn	1,9 %
2	BMW Group	14,2 %	29	ABB AG	1,8 %
3	Porsche AG	13,5 %	29	Carl Zeiss	1,8 %
4	Siemens AG	11,1 %	29	Enercon GmbH	1,8 %
5	Bosch Gruppe	9,6 %	29	Fraport AG	1,8 %
6	Volkswagen AG	9,4 %	33	McKinsey & Company	1,7 %
7	Daimler AG	8,9 %	33	Philips	1,7 %
8	EADS	6,8 %	33	Rolls-Royce Deutschland Ltd & Co KG	1,7 %
9	Lufthansa Technik AG	5,6 %	33	Vattenfall Europe	1,7 %
10	Fraunhofer-Gesellschaft	5,5 %	37	Evonik	1,6 %
11	E.ON	4,6 %	37	Festo AG	1,6 %
12	Deutsches Zentrum für Luft- und Raumfahrt e.V.	4,4 %	37	KUKA	1,6 %
12	ThyssenKrupp AG	4,4 %	37	Sennheiser electronic GmbH & Co. KG	1,6 %
14	SolarWorld AG	3,8 %	41	Dräger	1,5 %
15	BASF SE	3,3 %	42	BCG The Boston Consulting Group	1,4 %
16	RWE AG	3,2 %	42	Continental AG (inkl. Siemens VDO)	1,4 %
17	Bilfinger Berger AG	2,8 %	44	ALSTOM Deutschland AG	1,3 %
17	HOCHTIEF AG	2,8 %	44	Andreas Stihl AG & Co. KG	1,3 %
19	Bayer	2,6 %	44	Bombardier Transportation GmbH	1,3 %
20	ESA European Space Agency	2,5 %	44	CLAAS KGaA mbH	1,3 %
20	Max-Planck-Gesellschaft	2,5 %	44	EnBW Energie Baden-Württemberg AG	1,3 %
22	MAN Gruppe	2,4 %	44	Intel	1,3 %
23	ZF Friedrichshafen AG	2,3 %	44	Rohde & Schwarz	1,3 %
24	Bosch Rexroth AG	2,2 %	44	Schaeffler Gruppe	1,3 %
25	IBM	2,1 %	44	TRUMPF Werkzeugmaschinen GmbH + Co. KG	1,3 %
25	MTU Aero Engines GmbH	2,1 %	44	Voith AG	1,3 %
27	Liebherr	2,0 %			

© trendence Institut GmbH

MAKE YOUR MARK IN SINGAPORE –
THE ENGINEERING HUB OF ASIA

Photo courtesy of the Singapore Tourism Board

Erwin Merijn Wouterson
Associate Principal Engineer
Aero-Mechanics Systems
Vestas Technology R&D Singapore

> "I learn how people from various parts of the world think and handle situations. It is definitely an enriching experience."

As an engineer in the Asia Pacific R&D centre of Vestas, the world's largest manufacturer of wind turbines, Erwin Merijn Wouterson, 32, is excited to be shaping Singapore's emerging alternative energy sector.

"I can apply knowledge gained from my PhD research in composite materials in an industry that is attracting a lot of interest," he said of the growing wind energy market in Asia.

Erwin, a Dutch, first began to look for opportunities in Singapore when he met his wife while on an internship here. In 2002 he accepted a scholarship from Singapore's Nanyang Technological University to do his PhD research in composite materials at the School of Material Science and Engineering. The impressive research setup was what convinced him. He realised he would have a definite advantage over his peers back home because here, "the latest equipment is available to research students, 24 hours a day."

Having visited universities and research institutes in Europe, US and Asia Pacific, he remains convinced that there are very few places offering the kind of resources found in Singaporean universities and research institutes.

"Research facilities in Singapore are simply world-class which allow researchers to deliver leading-edge technologies," he added.

For a young professional just starting out, Singapore offers invaluable exposure to different cultures and nationalities. In his office alone, there are 16 nationalities represented.

"I learn how people from various parts of the world think and handle situations. It is definitely an enriching experience," he said.

From the start, Erwin found it extremely easy to adapt to life in Singapore. Now the father of a 14-month-old toddler, he appreciates that the cost of living is low compared to Europe. One of the examples he cites is dining out. "In Singapore, $3 to $4 will buy you a simple dinner, but in Europe, for a similar price, you would have to cook it yourself."

In general, taxes are low too. Goods and services tax in Singapore is 7%, while income tax averages about 15%, both significantly less than in Holland.

He does work long hours, so a real perk of living here is the good housing facilities. The condominium where he lives has a swimming pool, playgrounds and tennis courts. "You only find that in hotels in Europe, so staying in a condominium puts me in a holiday mood," he said with a smile. "That is definitely a good feeling after a long day at work."

Ein Angebot von
staufenbiel
Institut

Erfolg kommt nicht über Nacht.
Sondern an zwei Tagen:

Absolventenkongress
24./25. November 2010, Köln

>>> Anmeldung zu Deutschlands größter Jobmesse unter **www.absolventenkongress.de**

Premium-Aussteller auf dem Kongress:

Medienpartner:

Dax & Co.
Special

>> Karriere im Konzern

Eine der wichtigsten Fragen für Ingenieurabsolventen: Wo soll es beim Jobstart hingehen – in ein mittelständisch geprägtes oder doch in ein Großunternehmen? Schaut man sich das „trendence Absolventenbarometer 2010" an, scheint die Antwort klar: Die drei beliebtesten Arbeitgeber bei Ingenieurabsolventen sind die Automobilhersteller Audi, BMW und Porsche. Und auf den ersten zehn Plätzen des Absolventenbarometers tauchen sechs Arbeitgeber auf, die auch im Dax 30 vertreten sind oder mehrheitlich zu einem Dax-30-Konzern gehören.

Gegenüber mittelständischen Unternehmen sind diese Namen schon wegen ihres hohen Bekanntheitsgrads im Vorteil. Was aber spricht für eine Konzern-Karriere – und was dagegen?

Sicher auf dem Parkett

Ein Vorteil beim Einstieg in ein Großunternehmen sind die vielfältigen Aufgaben und Möglichkeiten. Einsteiger können diese oft in einem Trainee-Programm kennenlernen und werden dann vom Arbeitgeber gezielt auf den Bereich vorbereitet, für den sie besonders geeignet sind. Bei einem späteren Aufstieg sind auch Wechsel des Aufgabengebiets häufig eher möglich als in kleineren Unternehmen. Gelegenheiten für internationale Einsätze finden sich ebenfalls für eine größere Anzahl von Mitarbeitern, und die Budgets für Weiterbildungen und Führungskräfteschulungen sind höher als im Mittelstand. Wer lernen möchte, sich sicher auf dem Parkett großer Organisationen zu bewegen, findet in einem Konzern das passende Umfeld.

Gerade Technikern sollte aber klar sein, dass sie sich im Konzern auch nach ihrem Einstieg regelmäßig zeigen müssen, wenn sie dort Karriere machen wollen. Wer nicht so kommunikationsstark ist und sich lieber in seinen Projekten vertieft, ist vermutlich besser bei einem innovativen Mittelständler aufgehoben. Typisch für die Arbeit in einem Großkonzern sind auch zahlreiche Hierarchie-Ebenen und eine stärkere Arbeitsteilung. Beides führt zu einer früheren Spezialisierung auf einen bestimmten Bereich und einem höheren Abstimmungsbedarf. Taktische Manöver zwischen den Unternehmensteilen gehören dabei manchmal dazu, und der Weg zu den Entscheidungsträgern in der Firma ist oft weit. Ein Aufstieg in einem Großunternehmen kann deshalb deutlich länger dauern.

Der Weg nach oben

Und wer schafft es in einem Großunternehmen ganz nach oben? Mit dieser Frage haben sich die Personalberater von Odgers Berndtson in ihrer Studie „In 20 Jahren zum CEO: Profile von Dax-Vorstandsvorsitzenden 1988 – 2008 – 2028" beschäftigt. Der CEO von morgen wird demnach bei seiner Ernennung durchschnittlich 52 Jahre alt sein, ein Studium im Bereich der Ingenieur-, Wirtschafts- oder Naturwissenschaften absolviert haben und über eine Zusatzausbildung in strategischer Unternehmensführung und berufliche Erfahrungen im Ausland verfügen. Er besitzt eine hohe Kundenorientierung und hat in den Kernbereichen seines Unternehmens operative Erfolge erzielt.

Das gewonnene Fachwissen wird dabei als selbstverständlich vorausgesetzt. Im Vordergrund

Nirgendwo kann ein Strich, den Sie ziehen, so viele Menschen bewegen.

Steigen Sie ein – bei einem einzigartigen Unternehmen. Alles begann mit dem Käfer, der schnell zur Legende wurde. Der Golf definierte eine völlig neue Fahrzeugklasse. Und Volkswagen entwickelte sich zu einem Weltkonzern, dessen Vielfalt unvergleichlich ist: Wir bieten innovative Mobilität in jeder Größenklasse – vom ökonomischen Kleinwagen über luxuriöse Limousinen bis hin zum traumhaften Sportwagen.

Um unsere Erfolgsgeschichte fortzusetzen, suchen wir ständig nach den klügsten Köpfen. Wenn Sie zu ihnen gehören und darauf brennen, Ihre Ideen auf die Straße zu bringen, finden Sie bei uns beste Voraussetzungen. Fangen Sie mit einem **Praktikum** an, arbeiten Sie bei uns an Ihrer **Abschlussarbeit** oder bewerben Sie sich für unser Trainee-programm **StartUp**. Wer also den Ehrgeiz hat, Meilensteine auf dem Weg in die automobile Zukunft zu setzen, der ist bei uns genau richtig. Denn wir bauen nicht einfach nur Fahrzeuge. Wir bauen: Das Auto.

Alle weiteren Informationen finden Sie unter www.vw-personal.de

Das Auto.

für die Ernennung zum CEO stehen künftig Soft Skills wie Führungsstärke, Mitarbeiterorientierung, Sozialkompetenz und Teamfähigkeit.

„Die wachsende Komplexität der Wirtschaft und die Vielzahl der unternehmerischen Risiken erfordern ein immer tieferes Verständnis vom Kerngeschäft – auch auf der Ebene des Vorstands", analysiert Patrick Schild, Partner bei Odgers Berndtson, die Ergebnisse der Studie. Für gut ausgebildete Ingenieure mit betriebswirtschaftlichen Zusatzqualifikationen ist das eine gute Nachricht. „Die wahre Hürde bilden in Zukunft die Führungsfähigkeiten und Charaktereigenschaften eines CEOs. Nach den Erfahrungen aus der Krise werden Aspekte wie Bescheidenheit, Integrität und nachhaltiges Handeln bei der Ernennung und Kontrolle eines CEOs künftig stärker berücksichtigt."

Was die Chefs studiert haben

Bei Gründung des Dax 1988 hatte noch fast die Hälfte aller Dax-Chefs einen juristischen Abschluss. Jeweils etwa ein Viertel hatte ein natur- oder ingenieurwissenschaftliches Studium absolviert oder eine wirtschaftswissenschaftliche Ausbildung hinter sich. Dieses Verhältnis ist gekippt: Zwanzig Jahre später lagen Ingenieure und Naturwissenschaftler mit insgesamt 42 Prozent vorne. Und das, obwohl der Anteil der produzierenden Unternehmen im Dax 1988 mit 71 Prozent noch deutlich höher war als zwanzig Jahre später mit 64 Prozent.

Diese Entwicklung hat Gründe: Jura galt früher als Basis-Studium mit einem breiten Spektrum an Einsatzmöglichkeiten. Diese Rolle nimmt mehr und mehr das BWL-Studium ein. Ingenieure und Naturwissenschaftler profitieren von der immer stärkeren Differenzierung und Spezialisierung der Branchen und Unternehmen. Das macht ein tieferes Verständnis vom Kerngeschäft auch auf Vorstandsebene nötig.

Deutlich verändert haben sich auch die Unternehmensbereiche, in denen die Kandidaten

vor ihrer Berufung zum CEO tätig waren. 1988 kamen noch mehr als die Hälfte der Top-Manager aus dem Finanzbereich. Zwanzig Jahre später hat der Bereich Finance mit nur noch 39 Prozent zugunsten der übrigen Bereiche an Bedeutung verloren. An zweiter Stelle steht der Bereich Operations, aus dem heute 35 Prozent der Dax-CEOs stammen.

Studienabschluss von Dax-Vorstandsvorsitzenden >>>>>>>>>>>>>>

Quelle: Odgers Berndtson

<<<<<<<<<<<<<<<<<<<<<<<<<<<<<<<<<<<<<<<<<

Ohne Zusatzqualifikationen in strategischer Unternehmensführung geht es aber in keinem Fall. Das zeigt der Anteil von CEOs in den Dax-Unternehmen mit einem MBA-Abschluss: Der stieg in den letzten Jahren von null auf 23 Prozent. Der Anteil von CEOs mit Doktortitel sank dagegen von 1988 bis 2008 von 68 Prozent auf 55 Prozent. „Aufgrund der abnehmenden Halbwertzeit des Wissens müssen künftige CEOs eine hohe Bereitschaft zum lebenslangen Lernen haben. Der Bedarf an einer Zusatzausbildung wird daher steigen", erläutert Projektleiter Schild. Die Autoren der Odgers-Berndtson-Studie gehen davon aus, dass der Anteil der natur- und ingenieurwissenschaftlichen Studiengänge in Zukunft etwa auf demselben hohen Niveau bleibt.

WIR FÖRDERN NICHT NUR UNTER TAGE.

Sie sind dynamisch, voller Ideen und Tatendrang? Sie haben eine unstillbare Neugier auf Menschen und neue Projekte? Sind begeisterungsfähig und begeistert zugleich? Dann freuen wir uns auf Sie! Wir suchen Nachwuchskräfte, die von neuen Wegen fasziniert sind und zukunftsorientiert denken und handeln.

k+s

Wachstum erleben.

Dr. Tiemo Kracht ist Geschäftsführer der **Kienbaum Executive Consultants GmbH**. Er studierte Wirtschafts- und Sozialwissenschaften an den Universitäten Kiel, Penn State (USA) und Bratislava (Slowakei) und promovierte in den USA.

Was versteht man unter Konzern-Karrieren?

Konzern-Karrieren beschreiben den nach dem Studium vollzogenen Eintritt in nationale oder internationale Großorganisationen. Es gibt entweder den Direkteinstieg in eine bestimmte Division, zum Beispiel Finanzen, Konzernentwicklung, Vertrieb oder Produktion, oder ein thematisch aufgefächertes Trainee-Programm, das eine zielgerichtete Entwicklung von qualifiziertem Management-Nachwuchs vorsieht.

Wie verläuft eine typische Konzern-Karriere?

Der konkrete Ablauf von Konzern-Karrieren ist stark vom Ausgangspunkt – Direkteinstieg oder Trainee-Programm – abhängig. Beim Direkteinstieg wird eine zielgerichtete Qualifikation in einer „Unternehmenssäule" angestrebt – oft im Wechselspiel zwischen Zentrale und Auslands- oder Tochtergesellschaften. Bei einem inhaltlich gespreizten Trainee-Programm geht es meist um die Kultivierung einer General Management Competence. Die Trainee-Programme führen aber ebenfalls zu einer stärkeren Spezialisierung auf einen Wirkungskreis, sodass es insgesamt die Tendenz zu „versäulten" Karrieren in einer Business Line gibt.

Was muss ich für eine Bewerbung beim Konzern mitbringen, womit kann ich besonders punkten?

Durch den globalen Aktionsradius ist in der Regel Internationalität gefragt, gepaart mit überdurchschnittlichen Sprachkenntnissen. Die Grundlage bilden ein hochwertiges Studium im In- und Ausland und überzeugende Praktika. Der Lebenslauf sollte Flexibilität und Anpassungsfähigkeit wiedergeben und Zielsicherheit und Ergebnisorientierung belegen. Wegen der vielfältigen Schnittstellen im Konzern und der häufig etablierten Matrixstrukturen werden starke, multitaskingfähige Kommunikatoren gesucht. Also Persönlichkeiten mit sozialer Geschmeidigkeit, die auch in der Lage sind, heterogene Belegschaften an unterschiedlichen Standorten hinter gemeinsamen Zielen zu versammeln.

Wie kann ich es schaffen, aus der Masse der Bewerber positiv herauszuragen?

Die Bewerbung sollte nicht nur durch „name dropping" mit renommierten Universitäten und Praktika in namhaften Unternehmen auffallen. Sie sollte die Darstellung eines Leistungsprofils umfassen: Wo habe ich konkret einen Unterschied gemacht? Wo habe ich überdurchschnittliche Leistungen erbracht? Was waren meine bislang hervorstechenden Erfolge? Welche Ziele verfolge ich? Wo hebe ich mich als Persönlichkeit ab? Wo habe ich bereits Führungsqualitäten gezeigt? Antworten auf diese Fragen ergeben sich auch aus dem sozialen, gesellschaftlichen, politischen und familiären Kontext, dem Sport, der Kultur oder dem ehrenamtlichen Engagement.

Wo verdient man üblicherweise mehr: im Konzern oder Mittelstand?

Generell liegt beim Einstieg das Vergütungsniveau im Konzern über dem des Mittelstands. Das kann allerdings durch beschleunigte Karrieren in mittelständischen Unternehmen wettgemacht werden, die mit spürbaren Entwicklungen beim Gehalt einhergehen. Konzerne bieten aber oft ergänzende Einkommensbestandteile und Sozialleistungen, die im Mittelstand in der Regel nicht gewährt werden: Aktienprogramme, Betriebsrenten oder Versicherungspakete. Der Mittelstand punktet hier etwa durch flexible Sonderzahlungen, einen schnelleren Aufstieg, breitere Aufgabenvielfalt, konkret erfahrbare Erfolgserlebnisse und letztlich zügigere Gehaltszuwächse.

Wie groß sind die Gehaltsunterschiede?

In den Einstiegskonditionen tut sich ein Delta von rund zehn bis 20 Prozent auf. Das sollten Absolventen aber nicht überbewerten.

Ihre Tipps zum Thema Karriere im Konzern?

Erstens: Seien Sie anpassungsfähig und sozial geschmeidig, aber lassen Sie sich nicht verbiegen. Setzen Sie sich klare Grenzen. Zweitens: Überhöhen Sie nicht die Fachkompetenz, setzen Sie auf eine ausgereifte „General Management Competence" und fordern Sie Entwicklungsschritte konstruktiv ein. Drittens: Entwickeln Sie keine nationale Komfortzone, sondern sammeln Sie internationale Erfahrungen und springen Sie auch mal ins kalte Wasser.

>> **Die Top 30 Dax-Unternehmen**

Unternehmen	CEO	Mitarbeiterzahl	Umsatzerlöse[*]	Ergebnis vor Steuern[*]
Adidas AG	Herbert Hainer	39 596	10 381	358
Allianz SE	Michael Diekmann	153 203	97 385	5 328
BASF SE	Jürgen Hambrecht	104 779	50 693	3 079
Bayer AG	Marijn Dekkers[1]	108 595	31 168	1 870
Beiersdorf AG	Thomas-B. Quaas	20 346	5 748	583
BMW AG	Norbert Reithofer	96 230	50 681	413
Commerzbank AG	Martin Blessing	62 671	20 215	-4 659
Daimler AG	Dieter Zetsche	256 407	78 924	-2 298
Deutsche Bank AG	Josef Ackermann	77 053	27 952	5 202
Deutsche Börse AG	Reto Francioni	3 333	2 061	558
Deutsche Lufthansa AG	Wolfgang Mayrhuber	117 521	22 283	-229
Deutsche Post AG	Frank Appel	436 651	46 201	276
Deutsche Telekom AG	René Obermann	258 000	64 602	2 655
E.ON AG	Johannes Teyssen[2]	88 227	81 817	11 793
Fresenius Medical Care AG & Co. KGaA	Ben J. Lipps	67 988	11 247	1 455
Fresenius SE	Ulf M. Schneider	130 510	14 164	1 443
HeidelbergCement AG	Bernd Scheifele	53 302	11 117	-14
Henkel KGaA	Kasper Rorsted	51 361	13 573	885
Infineon AG	Peter Bauer	26 464	3 027	-268
K+S AG	Norbert Steiner	15 208	3 573	126
Linde AG	Wolfgang Reitzle	47 731	11 211	838
MAN SE	Georg Pachta-Reyhofen	47 743	12 026	-331
Merck KGaA	Karl-Ludwig Kley	33 062	7 377	486
Metro AG	Eckhard Cordes	286 091	65 529	1 050
Munich Re	Nikolaus von Bomhard	47 249	41 400	3 828
RWE AG	Jürgen Großmann	70 726	47 741	5 598
SAP AG	Bill McDermott und Jim Hagemann Snabe[3]	47 584	10 672	2 435
Siemens AG	Peter Löscher	405 000	76 651	3 891
ThyssenKrupp AG	Ekkehard Schulz	187 495	40 563	-2 364
Volkswagen AG	Martin Winterkorn	368 500	105 187	1 261

Stand: 31.12.2009   [1] ab 01.10.2010 [2] seit 01.05.2010 [3] seit 08.02.2010   * in Mio. Euro in 2009

www.heidelbergcement.com

Are you ready for growth?

„Mein Job bei HeidelbergCement eignet sich nicht für Unentschlossene. Hier sind individuelle Fähigkeiten genauso wie Team-geist, Einsatz und Flexibilität gefragt. Und das Beste: Es macht einfach Spaß, Verantwortung zu haben und selbstständig arbeiten zu können. Ich bin Teil eines weltweiten Ganzen und trage Tag für Tag sichtbar zum Erfolg des Unternehmens bei."

HEIDELBERGCEMENT

Karriereplanung & Berufsbild

>> Berufsbild im Wandel

Der Berufsalltag gleicht nicht immer dem, was Ingenieure im Studienalltag erleben. Arbeitgeber haben unterschiedliche Anforderungen und der Arbeitsmarkt ändert sich ständig. Da ist es gut, schon vor dem Jobstart zu wissen, was das Arbeitsleben mit sich bringt.

Wer seine Karriere vorausschauend plant und bereits im Studium die Weichen stellt, hat gute Chancen auf einen erfolgreichen Start in den Job.

Bei der Karriereplanung geht es vor allem darum, realistische Ziele zu setzen – ansonsten ist der Frust vorprogrammiert. Berufsplanung ist ein kontinuierlicher Prozess, der nicht mit dem erfolgreichen Studienabschluss endet, sondern die gesamte Karriere begleitet.

Daher müssen angehende Ingenieure die Anforderungen kennen, die Unternehmen an Nachwuchskräfte stellen. Kandidaten, die nicht wissen, was potenzielle Arbeitgeber erwarten, werden bei der Bewerbung nicht das Rennen machen. Das gilt nicht nur für Einsteiger, sondern für alle, die einen Job suchen.

Soft Skills >>>>>>>>>>>>>>>>>>>>>>>>>>>>>

Fachwissen ist Pflicht, Soft Skills die Kür. Ohne sie geht heute nichts mehr. Kommunikationsstärke, Teamfähigkeit und Durchsetzungsvermögen muss jeder vorweisen, der auf Dauer erfolgreich sein will. Mit der Frage, wie welche Soft Skills erworben werden können, beschäftigt sich das Kapitel „Soft Skills" der Sommersemester-Ausgabe dieses Buchs. Mehr Tipps finden Sie auch auf **staufenbiel.de**.

<<<<<<<<<<<<<<<<<<<<<<<<<<<<<<<<<<<<<

Früher galt der Ingenieur als Erfinder, Bastler und Tüftler. Heute entwickelt er nicht nur neue technische Lösungen, auch gesellschaftliche Verantwortung und Umweltbewusstsein zählen selbstverständlich zum Joballtag. Eine technische Lösung allein ohne Rücksicht auf ökologische und soziale Verträglichkeit genügt nie.

Technik, Kreativität, Verantwortung

Die Hauptaufgabe von Ingenieuren ist und bleibt: möglichst effiziente Lösungen für technische Probleme finden. Gibt es verschiedene Alternativen, wird diejenige mit dem optimalen Kosten-Nutzen-Verhältnis umgesetzt. Um diese ideale Lösung zu finden, sind eine hohe Spezialisierung und immer aktuelles technisches Detailwissen nötig.

Die Lebenszyklen einzelner Produkte werden immer kürzer. Daher müssen neue Ideen immer schneller umgesetzt und auf dem Markt etabliert werden. Allein technisches Know-how reicht dafür nicht. Gerade in der Entwicklung zeichnet die Kombination aus Kreativität und Ideenreichtum einen guten Ingenieur aus.

Wegen ihrer fachlichen Kompetenz werden Ingenieure auch als Experten zurate gezogen, wenn es etwa darum geht, die Folgen neuer Technologien abzuschätzen und zu bewerten. Oft klären interdisziplinäre Gruppen diese Fragen. Wer glaubt, dass der Austausch mit Vertretern anderer Fachrichtungen die Kreativität bremst, liegt falsch. Das Gegenteil ist der Fall: Der Austausch ist eine große Chance für eine bessere Technik. Je nach Aufgabe werden zudem Kunden und Anwender in Innovationsprozesse eingebunden.

Die ökologische Verantwortung wird immer wichtiger. Ob in der Automobilbranche oder der chemischen Industrie – Ingenieure müssen darauf achten, bei ihren Lösungen sparsam mit Rohstoffen umzugehen und Abfall zu vermeiden. Auch der sorgsame Umgang mit dem Element Wasser ist eine wichtige Anforderung. Wasser wird etwa in der Produktion als Emulsionsbestandteil in Kühlmitteln, beim Fräsen oder als Spülmittel benötigt. Ingenieuren ist es zu verdanken, dass durch eine technisch geschickte Wiederaufbereitung in einigen Unternehmen bereits abwasserfrei produziert werden kann.

Sozial und politisch

Ingenieure tragen nicht nur technische und ökologische Verantwortung. Auch bei sozialen und gesellschaftlichen Fragen sind sie nicht wegzudenken. So diskutieren sie etwa die gesellschaftlichen Folgen neuer Medizin- und Gentechniken. Um eine sozial verträgliche Technik schaffen zu können, müssen sie sich ihrer Wert- und Zielvorstellungen bewusst sein. So kann Technikgestaltung zur praktizierten Gesellschaftsphilosophie werden.

Da Ingenieure immer mehr in international zusammengesetzten Teams arbeiten und häufig für Projekte ins Ausland gehen, ist interkulturelle Kompetenz wichtig. Auch im Ausland müssen Ingenieure bei der Technikgestaltung Kriterien wie Funktionsfähigkeit, Wirtschaftlichkeit, Sicherheit, Gesundheit, Umweltqualität und Gesellschaftsqualität erfüllen.

Nicht selten formulieren und vertreten Verbände oder Vereine soziale und politische Forderungen an die Technik. So beeinflussen Interessenverbände oder Bürgerinitiativen Entscheidungsprozesse, wenn es um technische Entwicklungen oder die Umsetzung einzelner Technologien geht. Hier beraten Ingenieure und sind an rechtlichen und politischen Vorgaben beteiligt.

Letztlich bestimmt jedoch die Politik über gesetzliche Regelungen im Umweltschutz oder der Forschungsförderung: Ob Kernkraft oder Biotechnologie – viele politische Entscheidungen sind eng mit technischen Fragen verbunden. Allerdings sind Ingenieure in der Politik nach wie vor selten. Dabei wäre das fundierte Fachwissen von Ingenieuren hilfreich, um viele Diskussionen sachgerecht zu gestalten.

>> Leitlinien für die Entwicklung von Technik

Wenn Ingenieure technische Produkte oder Dienstleistungen entwickeln, orientieren sie sich an Leitlinien, die sich aus verschiedenen Prinzipien zusammensetzen:

Zukünftige Veränderbarkeit

Hier geht es um die Frage, in welchem Umfang technische Optionen für künftige Generationen offen gehalten werden. Heutige Entscheidungen können zu einem späteren Zeitpunkt zurückgenommen oder an veränderte Rahmenbedingungen angepasst werden.

Dialogische Kommunikation

Die heutigen Daten- und Bildübertragungssysteme können die Einweg-Kommunikation überwinden. Die Dialogfähigkeit muss daher zu einer grundlegenden Anforderung an technische Systeme werden. Das kann die soziale Akzeptanz technischer Einrichtungen verbessern. Ist ein System für Benutzer nicht verständlich oder durchschaubar, läuft es Gefahr, abgelehnt zu werden, auch dann, wenn die betreffende technische Einrichtung unter wirtschaftlichen Gesichtspunkten äußerst rentabel ist. Damit der Konstrukteur technische Systeme dialogfähig gestalten kann, ist ein umfassendes Verständnis von Kommunikationsprozessen nötig.

Rückgekoppelte Systeme

Das simple Ursache-Wirkung-Denken stößt schnell an Grenzen, wenn das Ergebnis wiederum Rückwirkungen auf die Ursache hat. Solche Kreisläufe müssen in allen Bereichen der Technik berücksichtigt werden. Nach diesem Prinzip funktioniert Recycling. Je nach Fachgebiet und Branche hat sich das Kreislauf-Denken unterschiedlich stark durchgesetzt. So ist die Wiederverwertung von Abfallstoffen beim Entwurf von Kältemaschinen für Thermodynamiker längst selbstverständlich, während die chemische Industrie zunächst gezögert hat. Hier ist Recycling auf breiter Front erst seit Kurzem in alle Produktionsabläufe integriert. Bei jedem neuen Produkt liegt es beim Ingenieur, ein Konzept zu erarbeiten, wie die verwendeten Materialien und Verfahren in einem geschlossenen Kreislauf eingesetzt werden können.

Miniaturisierung und Dezentralisierung

Technologie muss nicht groß sein, um wirtschaftlich zu sein. Mit Blick auf eine effiziente und preiswerte Herstellung können kleine Technologien günstiger sein. Auch hier muss der Anwender das Gerät und den technischen Prozess schnell durchschauen können. Nur dann wird er Innovationen akzeptieren.

Die Chance kleinerer Technologien zeigt sich vor allem in der Informationsverarbeitung. Nach einer Phase undurchschaubarer Abläufe in Rechenanlagen wurde Technik handlicher gestaltet. PC, Notebook, Netbook, iPad und die Dienste der Mobilfunkbetreiber und Internetprovider bieten jedem die Chance, seinen Informationsbedarf nach eigenen Vorstellungen zu organisieren.

Subsidiarität

Eng verwandt mit dem Prinzip der Miniaturisierung und Dezentralisierung ist das Prinzip der Subsidiarität. Es besagt, dass Organisationsstrukturen feingliedrig sein sollen. Das heißt:

Organisiere klein und dezentral, was dezentral geht – Stichwort Gruppenarbeit bei Massenfertigung – und organisiere nur das zentral, was sich dezentral nicht organisieren und durchführen lässt.

Wege sparende Technologien

Schon lange wollen Unternehmen Transportwege verkürzen. Doch bei den Wege sparenden Technologien fehlt es derzeit noch an technischen und organisatorischen Innovationen. Hinzu kommt, dass Güter wegen des hohen Energiebedarfs beim Transport möglichst ohne Umwege vom Hersteller zum Nutzer gelangen sollten.

Langlebige Ressourcen

Die über Jahrzehnte herrschende Tendenz, die Lebensdauer von Produkten vor allem anhand von betriebswirtschaftlichen Kriterien festzulegen, ist nicht mehr zu verantworten. Ingenieure müssen künftig Ressourcen und Rohstoffe noch sparsamer nutzen. Und das nicht nur im Bereich der Energieerzeugung, sondern auch dann, wenn es um die Lebensdauer technischer Geräte geht.

Vielfalt

Beim Prinzip der Vielfalt soll durch parallele Steuerungssysteme die Sicherheit von technischen Systemen verbessert werden. Zudem kann es zu Symbiosen kommen, wenn sich Teilsysteme in ihren Funktionen überschneiden. Sicherheitsrelevante Bereiche bei Flugzeugen etwa sind bis zu dreifach parallel und in überlappend arbeitenden Rechnersystemen ausgelegt.

>> Arbeiten im Ausland

Viele Unternehmen sind international tätig und suchen Mitarbeiter, die sie weltweit einsetzen können. Doch um global zu arbeiten, muss sich niemand direkt dort bewerben. Viele Unternehmen mit Standort in Deutschland bieten Stellen im Ausland. Gute Chancen bestehen in multinationalen Konzernen, die etwa Beschaffung, Finanzierung und Distribution jeweils an dem Standort vornehmen, der am günstigsten ist. Vor allem im Vertrieb, im Kundendienst und in der Montage rekrutieren Unternehmen häufig Mitarbeiter aus den eigenen Reihen. Im Ausland übernehmen diese dann meist leitende Funktionen.

Häufig ist ein Auslandsaufenthalt bereits in Trainee-Programmen vorgesehen. Es gibt auch die Möglichkeit, dass Mitarbeiter mit einigen Jahren Berufserfahrung als Expatriates ins Ausland entsendet werden. Anders als früher bleiben Expats normalerweise nicht länger als maximal fünf Jahre. Der Grund: der Kostendruck auf die Betriebe hat sich erhöht, so dass Alternativen zu den traditionell großzügigen Gehältern und Sonderleistungen bei Auslandseinsätzen gesucht werden. Die Hälfte der Unternehmen zieht statt Langzeitaufenthalten befristete Entsendungen in Erwägung.

Ingenieure im Vertrieb sind immer mal wieder für ein paar Tage im Ausland. Während eine Entsendung ins Ausland früher etwas Besonderes war, ist sie heute selbstverständlich. Das gilt auch für den Mittelstand.

Anforderungen im Ausland

Wer im Ausland arbeiten möchte, sollte auch in einem multikulturellen Umfeld sicher auftreten können. Der ideale Kandidat spricht mindestens eine, besser zwei Fremdsprachen verhandlungssicher und ist schon zwei bis drei Jahre im Betrieb. Allerdings lässt sich diese Wunschvorstellung in der Realität oft nicht verwirklichen.

In den letzten Jahren klagten viele Unternehmen über mangelnde Mobilität. Vor allem bei den Technik-Absolventen, die schon länger im Unternehmen sind, schwindet das Interesse an einem Auslandsaufenthalt. Grund sind hier oft die familiären Umstände. Auf dieses Problem haben die Unternehmen reagiert und geben Berufseinsteigern immer öfter die Möglichkeit des internationalen Einsatzes. Während sie früher zunächst nur im Mutterhaus arbeiteten, sind heute häufig mehrmonatige Auslandseinsätze schon in die Einarbeitungsprogramme integriert.

Jobsuche in Europa

Wer sich direkt im Ausland bewerben will, sollte nationale Besonderheiten berücksichtigen. In Großbritannien etwa spielen die Career Services an Hochschulen und private Arbeitsvermittler eine wichtige Rolle. In Frankreich hat sich die Association pour l'Emploi des Cadres (Apec) auf die Vermittlung von Akademikern spezialisiert.

Bei einer Bewerbung auf eigene Faust sind Stellenanzeigen in Zeitungen, Zeitschriften und im Internet ein Erfolg versprechender Weg. Auch hierbei gibt es regionale Unterschiede: Englischsprachige Zeitungen etwa konzentrieren sich an jedem Tag auf einen speziellen Bereich. Auch der Besuch einer Firmenkontaktmesse im jeweiligen Land kann zum ersehnten Job führen.

Ins Ausland >>>>>>>>>>>>>>>>>>>>>>>>>>>>

Weitere Infos zum Thema Ausland gibt es im Kapitel „Der Frühstart" und „Die Bewerbung" in der Sommersemesterausgabe dieses Buches und im Internet unter **staufenbiel.de**.

<<<<<<<<<<<<<<<<<<<<<<<<<<<<<<<<<<<<

Nach wie vor sind Praktika bestens geeignet, um Unternehmen kennenzulernen und die Chance bei einer Bewerbung zu erhöhen. Networking lautet das Zauberwort. Vor allem in Südeuropa sind persönliche Kontakte unerlässlich.

Um herauszufinden, welche Unternehmen offene Stellen im Ausland anbieten, lohnt sich ein Blick in internationale Recruitment-Publikationen. Hier veröffentlichen die Unternehmen länderübergreifende Stellen. Interessante Perspektiven bieten auch kleinere Unternehmen, denn hier ist die Bewerberkonkurrenz nicht so hoch wie bei multinationalen Konzernen.

Hilfe bei der Suche

Lohnen dürfte sich auch ein Kontakt zu EURES, einem Netzwerk der nationalen Arbeitsverwaltung der EU-Staaten. Insgesamt stehen mehr als 700 Berater täglich mit Arbeitgebern und Arbeitsuchenden in Kontakt. Über eine Datenbank lassen sich europaweit Vakanzen von Unternehmen abrufen. Außerdem hält das Netzwerk Informationen zu den Themen Leben und Arbeiten sowie Aus- und Weiterbildung bereit. Das EURES-Netzwerk ist erreichbar über die Seite ec.europa.eu/eures.

Auch die Europäische Kommission steht bei Fragen mit Rat und Tat zur Verfügung. Die Seite ec.europa.eu/youreurope bietet unter anderem wichtige Infos zur Anerkennung von Diplomen, Einreiseformalitäten und zum Aufenthaltsrecht. Auch wenn die Bewerbungsverfahren in den verschiedenen Ländern grundsätzlich ähnlich sind, gibt es doch erhebliche Unterschiede bei den Bewerbungsunterlagen. Auffallend ist, dass die Bewerbungsmappe in den meisten Ländern nicht so umfangreich ist wie in Deutschland. Wer das weiß, kann sich Mühe und Kosten sparen – und beweist zudem, dass er sich mit den Gepflogenheiten des Landes befasst hat.

Über Europa hinaus

Für diejenigen, die es über die Grenzen Europas hinauslockt, gibt es verschiedene Möglichkeiten, einen Job zu finden. Wenn der Auslandsaufenthalt nicht über Firmen mit Standort in Deutschland läuft, ist der Weg ins außereuropäische Ausland allerdings etwas steiniger als in die europäischen Nachbarländer.

Zwar werden der Zentralstelle für Arbeitsvermittlung (ZAV) internationale Stellenangebote gemeldet – allerdings nur in geringer Zahl. Die Vermittlung von Arbeitnehmern in Industrieländer außerhalb der EU und nach Übersee ist zum Schutz des einheimischen Arbeitsmarktes stark begrenzt. Das gilt zum Beispiel für Australien, Japan, die USA und Kanada.

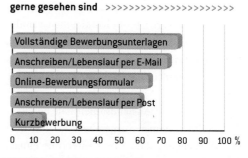

Bewerbungswege, die von Unternehmen gerne gesehen sind >>>>>>>>>>>>>>>>>>>>>>>>

- Vollständige Bewerbungsunterlagen
- Anschreiben/Lebenslauf per E-Mail
- Online-Bewerbungsformular
- Anschreiben/Lebenslauf per Post
- Kurzbewerbung

0 10 20 30 40 50 60 70 80 90 100 %

staufenbiel JobTrends Deutschland 2010

Internationale Jobsuche im Netz

Die internationale Vermittlung der ZAV (Zentralstelle für Arbeitsvermittlung) erreicht man über die Seiten von www.arbeitsagentur.de. Die Webseite des Centrums für internationale Migration und Entwicklung (CIM) findet man unter www.cimonline.de. Der Deutsche Entwicklungsdienst stellt unter www.ded.de Informationen bereit. Wer eine internationale Karriere anstrebt, findet den passenden Job unter www.targetjobs.eu. Wer einen Job im englischsprachigen Raum sucht, sollte einen Blick auf die Seite targetjobs.co.uk werfen.

Networking
Special

>> Kick für die Karriere

Was sind die wichtigsten Dinge, um seiner Karriere vom Start weg den richtigen Kick zu geben? Wissen, Können – und ein gut funktionierendes Netzwerk aus Kontakten. Natürlich nehmen fachliches Wissen und praktische Erfahrungen auf dem Weg zum Traumjob weiterhin einen hohen Stellenwert ein. Doch ein breit gefächertes Netz von Kontakten ist wichtiger denn je und kann für den Einstieg und die Karriere der entscheidende Schub sein. „Eine Absolventenbefragung des Abschlussjahrgangs 2005 zeigt, dass vier von zehn Hochschulabsolventen ihren ersten Job über persönliche Beziehungen finden", berichtet Kolja Briedis, Referent beim Hochschulinformationssystem HIS.

Netzwerke aufbauen

Es gibt für Ingenieurstudenten viele Möglichkeiten, sich ein Netzwerk aufzubauen. Jeder Studienschwerpunkt, jedes Praktikum und jede Karrieremesse bieten Anknüpfungspunkte. Wichtig ist in allen Fällen, rechtzeitig mit dem Aufbau des persönlichen Netzwerks zu beginnen. Langfristig gepflegte Kontakte zahlen sich aus. Studenten können gut Beziehungen knüpfen – etwa durch intensiven Kontakt zu Dozenten, zu Betreuern von Praktika und zu anderen Studenten, auch über Fachgrenzen hinweg. Je mehr Personen wissen, was man kann und was man später machen möchte, desto besser. Aber wie und wo baut man ein Netzwerk auf? Neben Business-Plattformen im Internet bieten Hochschul- und Fachmessen, Firmenpräsentationen und natürlich Praktika gute Gelegenheiten.

Kontakte auf Recruiting-Events

Bei speziellen Rekrutierungsveranstaltungen werden Bewerber auf ihre Qualifikation und Eignung geprüft, bevor sie Arbeitgebern vorgestellt werden. Hier kommt es auf exzellente akademische Leistungen, Auslandserfahrung und erste Berufserfahrungen an. Die Recruiting-Workshops bestehen meist aus Unternehmens- und Bewerberpräsentationen, der Bearbeitung von Fallstudien oder Praxisprojekten sowie aus Bewerbungsgesprächen für Trainee-Programme und Einstiegsjobs.

Große Unternehmen setzen bei der Suche nach Führungskräften auch auf eigene Recruiting-Events. Bei solchen Veranstaltungen gibt es meistens eine anspruchsvolle Vorauswahl. Für die Teilnehmer sind deshalb die Chancen gut, anschließend ein Praktikumangebot oder den ersten Arbeitsvertrag in der Tasche zu haben.

Termine vereinbaren

Da immer mehr Unternehmen auch Fachmessen als Plattform zur Personalwerbung nutzen, bieten sich – spätestens zum Ende des Studiums – Besuche von Messen an. Personalmanager geben hier vor Ort Auskunft über Einstellungsbedarf, Anforderungen und Jobprofile. Für alle Arten von Veranstaltungen gilt: Wer sich rechtzeitig überlegt, welche Firmen er kennenlernen möchte, kann sich schon vor der Messe gründlich über die Unternehmen informieren und Gesprächstermine vereinbaren. Detaillierte Informationen über ein Unternehmen liefern auch Firmenpräsentationen. Über Termine wie Firmenpräsentationen und -besichtigungen sowie Workshops informieren die Unternehmen auf ihren Internetseiten. Interessante Termine für Ingenieurstudenten und -absolventen stehen unter staufenbiel.de/kalender.

Studentische Initiativen

Gerade studentische Initiativen bieten sich dazu an, Kontakte zu knüpfen und zu pflegen, die manchmal ein ganzes (Berufs-)Leben lang halten. Für Ingenieurstudenten sind eine ganze Reihe von Vereinigungen interessant.

Die Studenteninitiative Bonding ist zum Beispiel an elf Hochschulen in Deutschland vertreten und hat das Ziel, frühzeitig Kontakte zwischen Studenten und Unternehmen herzustellen. Im Zentrum stehen die ehrenamtlich organisierten Firmenkontaktmessen. ESTIEM richtet sich an Studenten des Wirtschaftsingenieurwesens und möchte die Kommunikation und Kooperation zwischen Studenten verschiedener Hochschulen verbessern. Die Organisation ist in 25 Ländern aktiv. In Deutschland arbeitet sie mit einigen VWI-Hochschulgruppen zusammen. Bei VDE Young Net, der Studenteninitiative unter dem Dach des Verbands der Elektrotechnik, Elektronik und Informationstechnik, haben sich bundesweit 29 Bezirksvereine zusammengeschlossen. Bei IAESTE steht die Vermittlung von Auslandspraktika im Vordergrund. Die Organisation verfügt über ein weltweites Netz von Nationalkomitees in mehr als 80 Ländern.

Darüber hinaus gibt es an vielen Hochschulen gut funktionierende Ehemaligen-Netzwerke. Hier profitieren die Studenten von den Erfahrungen und Kontakten von Absolventen, die bereits im Berufsleben stehen.

Studentische Unternehmensberatungen

Eine weitere gute Möglichkeit für Ingenieurstudenten, praktische Erfahrungen zu sammeln und sich zu präsentieren, bieten studentische Unternehmensberatungen. Hier bearbeiten nicht nur Wirtschaftswissenschaftler, sondern Studenten aller Fachrichtungen in interdisziplinär zusammengesetzten Teams Praxisprojekte für Unternehmen und Organisationen. Dadurch entstehen oft langfristige Kontakte zu Arbeitgebern. Einen Überblick bieten der Bundesverband deutscher studentischer Unternehmensberatungen (BDSU) und das Junior Consultant Network (JCNetwork).

Social Networking

Auch im Internet lautet die Devise „Social Networking". Business-Netzwerke werden immer beliebter. Die Mitglieder können sich nicht nur mit anderen Usern austauschen, sondern auch über Jobangebote und Jobsuche informieren. Personalvermittler und Headhunter nutzen diese Plattformen regelmäßig. Hilfreicher als die bekannten, großen Communities sind oft kleinere, fachspezifische Netzwerke. Die Ratschläge sind häufig spezifischer und fundierter als in den Massenmedien unter den Netzwerken. Doch auch wenn die Internetplattformen ein nützliches Instrument zum Informationsaustausch und zum ersten Kennenlernen sind – den persönlichen Kontakt können sie nicht ersetzen. Ein Gespräch bringt mehr als viele, viele Klicks.

Netzwerke im Netz >>>>>>>>>>>>>>>>>>>>>>>>

- Karriere-Termine: **staufenbiel.de/kalender**
- BDSU (Bundesverband deutscher studentischer Unternehmensberatungen): **bdsu.de**
- Bonding-Studenteninitiative: **bonding.de**
- EESTEC (Electrical Engineering Students' European Association): **eestec.de**
- ESTIEM (European Students of Industrial Engineering and Management): **estiem.org**
- IAESTE (International Association for the Exchange of Students for Technical Experience): **iaeste.de**
- Junior Consultant Network (JCNetwork): **jcnetwork.de**
- VDE Young Net: **vde.com/youngnet**
- Verband der Alumni-Organisationen im deutschsprachigen Raum: **alumni-clubs.net**
- VWI (Verband Deutscher Wirtschaftsingenieure): **vwi.org**

<<<<<<<<<<<<<<<<<<<<<<<<<<<<<<<<<<<<<<<

Dr. Andreas Lutz ist Autor des „Praxisbuch Networking". Er veranstaltet in Deutschland, Österreich und der Schweiz Seminare zur Nutzung der Businessplattform Xing.

Herr Lutz, was ist Networking?

Grundsätzlich kann man es so definieren: Networking ist, wenn man Fürsprecher gewinnt, die einen kennen und aus innerer Überzeugung weiterempfehlen. Es geht dabei darum, sein eigenes Netzwerk auf- und auszubauen, denn der einzelne Absolvent trifft ja immer nur eine begrenzte Anzahl etwa an potenziellen Arbeitgebern. Oft findet man so auch einen Mentor, den man bei schwierigen beruflichen Fragen und Entscheidungen vertrauensvoll um Rat fragen kann.

Wie funktioniert Networking?

Beim Networking suche ich aktiv Situationen, in denen ich andere kennenlernen und ihnen nützlich sein kann. Gemeinsame Interessen und Themen sind dabei der Ausgangspunkt. Bei einem ersten Gespräch etwa geht es darum, in kurzer Zeit Themen zu finden, zu denen beide etwas sagen können.

Wann und wie sollte ich mit Networking beginnen?

Bekanntlich kann man nie früh genug beginnen. Studenten sollten spätestens ein bis zwei Jahre vor Ende ihres Studiums mit dem Aufbau eines beruflichen und persönlichen Netzwerks beginnen. Man kann aber auch schon früher vom Networking profitieren, etwa indem man mit anderen cleveren Studenten eine Lerngruppe bildet oder Informationen über Praktika austauscht.

Wie finde ich die passenden Netzwerke für mich?

Die sollte jeder selbst aktiv etwa mittels Internet suchen und Bekannte nach Empfehlungen fragen. Es gibt kein Gesamtverzeichnis der Netzwerke. Viele Netzwerke sind ja auch informell. Im privaten Bereich kann man über Sport und andere Engagements interessante Menschen kennenlernen. Im beruflichen Bereich finden Studenten erste Netzwerke an der Hochschule selbst. Im Laufe des Studiums sollte man Ausschau nach weiteren beruflichen Netzwerken halten. Auch über Studienstiftungen und Stipendienorganisationen lässt sich gut netzwerken. Probieren Sie verschiedene Netzwerke aus und wählen Sie dann einige wenige aus, in denen Sie sich regelmäßig engagieren.

Welche ungeschriebenen Regeln gelten?

Eine lautet sicher: Immer zuerst fragen, wie ich anderen nützlich sein kann. Wenn ich immer nur frage, wer mir bei der Erreichung meiner Ziele helfen kann, werde ich kein gut funktionierendes Netzwerk aufbauen können. Netzwerke basieren auf Geben und Nehmen – und das Geben steht am Anfang.

Welche Bedeutung spielt Web 2.0 fürs Networking?

Business-Netzwerke wie Xing oder LinkedIn spielen für die Kontaktaufnahmen und -pflege im beruflichen Bereich eine immer größere Rolle. Sie sollten sich hier ein aussagekräftiges Profil mit seriösem Foto einrichten. Bleiben Sie dabei authentisch und geben Sie nicht vor, jemand zu sein, der Sie nicht sind.

Welche Fehler sollten Studenten und Absolventen beim Networking vermeiden?

Der größte Fehler ist, sich selbst oder andere unter Druck zu setzen. Wer sich zu sehr verkaufen will, löst beim anderen eine Art Fluchtreflex aus. Für ein erstes Gespräch mit einem Angestellten bietet sich zum Beispiel die Frage an, ob dem Gesprächspartner der Job Spaß macht – und warum. Beim Netzwerken müssen Sie auch schon einmal Berührungsängste überwinden. Trauen Sie sich. Wichtig ist, neugierig und offen für neue Kontakte zu sein. Schlimmstenfalls haben Sie bei einer Person keinen perfekten Eindruck hinterlassen, aber Sie werden noch viele andere Menschen kennenlernen.

Wie lauten Ihre zentralen Tipps für Networking?

Zuerst sollte sich jeder überlegen, wie er für andere hilfreich sein kann: Haben Sie spezielles Know-how aufgebaut? Können Sie besonders gut zuhören oder für andere Kontakte knüpfen? Der zweite Punkt lautet: Wenn Sie jemanden um Hilfe bitten, dann fragen Sie immer so, dass der andere auch nein sagen kann. Dann können Sie fast um jeden Gefallen bitten. Und drittens: Seien Sie offen dafür, unterschiedliche Menschen kennenzulernen – und zwar ohne gleich eine Bewertung vorzunehmen, wer Ihnen am nützlichsten sein könnte. Glauben Sie mir: Alles, was Sie anderen Gutes tun, werden Sie auch wieder zurückerhalten, wenn auch nicht zwingend von derselben Person.

WORKING FOR THE ICRC
AND HELP LOCAL COMMUNITIES DESIGN PROJECTS FOR A BETTER AND SUSTAINABLE FUTURE

as an **agricultural engineer**

- providing technical support, hands-on training and materials for food production
- alleviating the suffering of victims of armed conflict with adequate and sustainable responses

as a **water and habitat engineer**

- assessing the water, hygiene and housing needs of victims of armed conflict
- supervising the execution of every aspect of your projects

as a **livestock specialist/veterinarian**

- providing back-up and know-how for vaccinations campaigns
- setting up courses for animal health assistants in cooperation with other organizations
- helping local communities adapt to efficient methods of husbandry

Your profile:

- strongly motivated to do humanitarian work
- excellent command of English and French
- at least three years of practical experience in your field of study
- able and willing to work in a multicultural team
- responsible, well-organized and able to adapt to different cultural settings
- willingness to live for extended periods under difficult conditions
- good communication and negotiation skills

We offer:

- an opportunity to practice your profession in a humanitarian cause
- a multicultural working environment
- a preparatory training course

ICRC

WWW.ICRC.ORG/ENG/JOBS

Karriere bei Familienunternehmen

>> Der Jobmotor

Familienunternehmen spielen für Erhalt und Schaffung von Arbeitsplätzen eine herausragende Rolle. Laut einer Studie des Instituts für Mittelstandsforschung (IfM) in Mannheim erwirtschaften sie knapp 50 Prozent der Gesamtumsätze aller Unternehmen und beschäftigen mehr als die Hälfte aller Arbeitnehmer in Deutschland.

Was sind überhaupt Familienunternehmen? Je nach Definition können das Firmen sein, die sich noch vollständig in Familienbesitz befinden, oder – weiter gefasst – alle inhabergeführten Unternehmen oder auch Gesellschaften, in der eine Familie der größte Anteilseigner ist. Mehr als 90 Prozent der deutschen Unternehmen befinden sich in jedem Fall in Familienbesitz.

Familienunternehmen sind zwar meist Teil des Mittelstands, verfügen aber über spezifische Merkmale. Zum Mittelstand zählt das IfM alle Unternehmen mit zehn bis 500 Mitarbeitern und einem Umsatz von bis zu 50 Millionen Euro im Jahr. Doch Familienunternehmen können sowohl kleine und mittlere Betriebe als auch Großunternehmen sein – man denke nur an namhafte Familienunternehmen wie Bosch, Haniel oder Henkel mit Umsätzen im zweistelligen Milliardenbereich.

Attraktiv auch in der Krise

In Familienunternehmen sind die Familienmitglieder gleichzeitig Unternehmer und Eigentümer. Das zahlt sich in Krisenzeiten aus. Wer länger im Unternehmen verbleibt als viele angestellte Manager, geht mit seinem Kapital vorsichtiger um und verhält sich oft loyaler gegenüber seinen Mitarbeitern. Anders als die großen Konzerne haben die Familienunternehmen die Zahl ihrer Mitarbeiter seit Beginn der Wirtschaftskrise nicht reduziert, sondern sogar vergrößert.

Bei Familienunternehmen herrscht oft noch eine auf Langfristigkeit und Wachstum ausgerichtete Personalpolitik. Sie bauen ihre Mannschaft von Führungskräften häufig unabhängiger von zyklischen Veränderungen der Wirtschaftslage auf. Mit Blick auf die Zukunft sehen die meisten Familienunternehmer, so die Stiftung Familienunternehmen, steigenden Mitarbeiterbedarf.

Familienkontrollierte Unternehmen

in Deutschland >>>>>>>>>>>>>>>>>>>>>>>>>>>

(Anteil an allen Unternehmen 2008)

Anteil an allen Unternehmen	93 %
Anteil am Gesamtumsatz	49 %
Anteil an allen Beschäftigten	54 %
bei Unternehmen mit	
0–9 Beschäftigten	95 %
10–49 Beschäftigten	83 %
50–249 Beschäftigten	53 %
250–499 Beschäftigten	35 %
500 und mehr Beschäftigten	21 %

Quelle: Mannheimer Unternehmenspanel/Berechnungen des Zentrums für Europäische Wirtschaftsforschung (ZEW)

<<<<<<<<<<<<<<<<<<<<<<<<<<<<<<<<<<<<<<<

Jung und wachstumsstark

Bei der Hälfte aller börsennotierten Unternehmen in Deutschland (ausgenommen Finanzunternehmen) handelt es sich um Familienunternehmen.

Wir suchen Menschen mit Drive

Faszination Technik: Innovationen in der Automobilbranche sorgen für echte Emotionen, für Begeisterung und Leidenschaft. Webasto steht für mehr Komfort und Erlebnis in der Mobilität. Daran können Sie teilhaben! Unsere Teams sind kommunikationsstark, engagiert und offen. Bei uns können Sie Ihre Ideen einbringen und verantwortlich umsetzen.

Wir suchen **Studierende (m/w) der Ingenieur- und Wirtschaftswissenschaften** für Praktika, Abschlussarbeiten und als Werkstudenten.

Webasto, mit Sitz in Stockdorf bei München, ist einer der weltweit 100 größten Automobilzulieferer. Die Gruppe ist an mehr als 50 internationalen Standorten tätig. Webasto entwickelt und produziert komplette Cabrio-, Dach- und Karosseriesysteme sowie Heiz-, Kühl- und Lüftungssysteme für Pkw, Nutzfahrzeuge und für die Märkte Camping, Marine und Spezialfahrzeuge.

www.webasto.com/career

Dachsysteme

Cabrioverdecke

Thermosysteme

Diese repräsentieren etwa ein Drittel der Marktkapitalisierung, also der Börsenwerte, und die Börsenkurse entwickelten sich von 1998 bis 2008 ähnlich wie bei den großen Dax-Unternehmen. Inhabergeführte Unternehmen sind meist wachstumsstark und in fast allen Branchen vertreten. Das sind die zentralen Aussagen einer Studie der Stiftung Familienunternehmen, die vom Center for Entrepreneurial and Financial Studies (CEFS) an der TU München erstellt wurde.

Die Analyse zeigt, dass Familienunternehmen die Jobmotoren in Deutschland sind. Bezogen auf ihre Bilanz- und Umsatzsumme sind sie zwar kleiner als Nicht-Familienunternehmen und beschäftigen weniger Mitarbeiter. In einem börsennotierten Familienunternehmen sind im Durchschnitt 6 100 Mitarbeiter beschäftigt, bei Nicht-Familienunternehmen sind es rund 15 600. Aber: Die untersuchten Familienunternehmen weisen eine stärkere Wachstumsrate bei den Beschäftigten auf. Ihre Mitarbeiterzahl stieg 1998 bis 2008 um durchschnittlich 27 Prozent, während es bei Nicht-Familienunternehmen im Mittel sechs Prozent waren, so die Studie.

Familienunternehmen online >>>>>>>>>>>>>>>

Infos über Familienunternehmen gibt es bei der „Stiftung für Familienunternehmen in Deutschland und Europa" unter **familienunternehmen.de**. Die Stiftung ist auch Veranstalter des „Karrieretags Familienunternehmen", der jährlich an verschiedenen Orten stattfindet. Über mittelständische Unternehmen informieren die Institute für Mittelstandsforschung in Bonn, **ifm-bonn.org**, in Mannheim, **ifm.uni-mannheim.de**, sowie das Mittelstandsinstitut Lüneburg (MIL), **perso.uni-lueneburg.de**.

<<<<<<<<<<<<<<<<<<<<<<<<<<<<<<<<<<<<

>> Attraktive Arbeitgeber

Auch Familienunternehmen müssen sich bewegen. Die unternehmerischen Aktivitäten werden auf globalisierten Märkten komplexer und internationaler. Das zwingt auch Familienunternehmen zu zunehmender Professionalisierung und Delegation der Aufgaben. Das anhaltende und hohe Wachstum im Mittelstand erfordert zusätzlich eine Verbreiterung der Führung. Aus den eigenen Reihen kann dies nicht mehr ausreichend getragen werden, heißt es in der Studie „Talente für den Mittelstand" des Beratungs- und Prüfunternehmens Deloitte aus dem Jahr 2008. Der Führungsnachwuchs von morgen kommt nicht nur aus der Eigentümerfamilie, sondern zunehmend auch von außen – von der Hochschule.

Ruf des Unternehmens

Kulturell-führungsbezogene Kriterien stehen bei der Entscheidung für einen Arbeitsplatz an erster Stelle, heißt es in der Deloitte-Studie. So werden eine „abwechslungsreiche Teamarbeit" und ein „guter Ruf des Unternehmens" als zentrale Eigenschaften gesehen. Im Mittelstand profitieren Absolventen häufig von den Vorteilen flacherer Hierarchien. Auch abwechslungsreiche Teamarbeit und internationale Einsatzmöglichkeiten sind in vielen Familien- und mittelständischer Unternehmen selbstverständlich.

Eine große Zahl hat sich in der jeweiligen Branche einen Ruf als Marktführer geschaffen. Das sollten diese Unternehmen auch gezielt kommunizieren. Denn wie die Deloitte-Untersuchung zeigt, ist es für Absolventen wichtig, für ein renommiertes Unternehmen zu arbeiten. Führungsnachwuchskräfte möchten sich geschätzt fühlen, und mittelständische Unternehmen können ihnen dies aktiv sowohl in kultureller als auch in materieller Hinsicht vermitteln.

Charme der Provinz

Für Absolventen ist die Nähe des potenziellen Arbeitsplatzes zu einem Ballungsgebiet oder einer größeren Stadt ein Kriterium, das durchaus bei der Jobwahl berücksichtigt wird. Mehr als die Hälfte der Befragten weisen dem Standort ei-

Die OSTO® Systemberatung GmbH
setzt sich für Bewegung in Unternehmen ein.

Bewegung...

... bildet die Grundlage aller Unternehmen.

Wie bewältigt man als Führungskraft die enorme Dynamik und Komplexität sich wandelnder Märkte, Kundenbedürfnisse oder Technologien und den sich wandelnden Wettbewerb?

▶ Mit der zertifizierten Change Management Intensivausbildung der OSTO® Systemberatung GmbH rüsten Sie sich als Führungskraft für die Zukunft. Qualifizieren Sie sich, Veränderungen frühzeitig zu erkennen und in einer lernenden Organisation visionär umzusetzen.

▶ Im Seminar „SYMA plus" erkennen Sie soziologische Grundmuster in Organisationen. Sie werden komplexe Organisationen besser durchschauen und mit neuen Denk- und Handlungsstrategien erfolgreiche Veränderungsprozesse anstoßen.

www.osto.de

OSTO® Systemberatung GmbH
Schurzelter Str. 25 | 52074 Aachen
Tel.: 0241 72746 | E-Mail: osto@osto.de

ne „wichtige" oder „eher wichtige" Rolle zu. Für lediglich 22 Prozent ist der Standort „eher unwichtig" oder „unwichtig". Die Untersuchung des Bewerberverhaltens zeigt aber, dass Aspekte des unmittelbaren und unternehmensspezifischen Arbeitsumfelds – wie Arbeitsbedingungen, Bezahlung, Attraktivität der Aufgaben oder ein partizipativer Führungsstil – eher den Ausschlag geben als die Standortfrage. Wenn Führungsstil und Gehalt stimmen und das Unternehmen seinen Ingenieuren hochinteressante Aufgaben bietet, gewinnt auch die Provinz wieder ihren Charme.

Mittelständische Arbeitgeber finden >>>>>>>>>

Bei der Suche nach Familienunternehmen und mittelständischen Arbeitgebern können helfen:
• Karriere-Handbücher für Absolventen
• Job- und Karriereportale im Netz
• regionale Tageszeitungen
• Hoppenstedt-Hochschuldatenbank
• Industrie- und Handelskammern
• Branchen- und Berufsverbände
• Institute für Mittelstandsforschung
• Hochschul- und Fachmessen
• Fachzeitschriften.

<<<<<<<<<<<<<<<<<<<<<<<<<<<<<<<<<<

>> Hidden Champions

Die Hidden Champions, die heimlichen Gewinner, findet man in den unterschiedlichsten Branchen, so Professor Hermann Simon, Autor des Wirtschaftsbestsellers „Hidden Champions". Unter Hidden Champions versteht man mittelständische Unternehmen, die in ihrem Segment eine führende Marktposition einnehmen, aber dennoch relativ unbekannt sind. Sie sind häufig Familienunternehmen.

„Enabled in Germany"
Deutsche Weltmarktführer kommen häufig aus der Provinz. Sie haben meist einen sehr hohen Spezialisierungsgrad und vermarkten seltener Endprodukte, sondern stellen hochwertige Einzelkomponenten her, nach denen weltweit Bedarf besteht. Aus dem Label „Made in Germany" hat sich das Markenzeichen „Enabled in Germany" entwickelt. Die Spezialisten produzieren Gelatine, Zeiger für Armbanduhren oder Badewannen für Luxushotels und sind in ihrer Nische unter den drei Größten der Welt – oft sogar als Nummer eins.

Durch ihre internationale Vernetzung bieten diese inhabergeführten Unternehmen und Mittelständler abwechslungsreiche Arbeitsinhalte, die in kleinen Teams frühzeitig zu verantwortungsvollen Aufgaben führten. Die flache Hierarchie bietet Talenten unerwartete Möglichkeiten, sich zu entwickeln und Erfahrung zu sammeln. Es gibt mehr als tausend solcher „Champions" in Deutschland. Ihre Namen kennen oft nur Experten.

Enge Spezialisierung, globale Vermarktung
Ihr Ziel ist, in ihrem Markt die Nummer eins zu sein und zu bleiben. Um dieses Ziel zu erreichen, definieren Hidden Champions ihre Märkte enger als andere Unternehmen. Sie beziehen technologische Innovationen von Beginn an stark in die Produktentwicklung ein. Spezielle Kundenbedürfnisse zu befriedigen, ist ihnen oft wichtiger als geschlossene Verträge. Daraus resultiert, dass sie mehr in der Tiefe als in der Breite arbeiten. Das bedeutet: Sie bieten mehrere Varianten des gleichen Produkts oder eine umfassende Problemlösung auf einem eng definierten Markt an. Der Vertrieb erfolgt jedoch weltweit.

Denn um die eigene Nische nicht zu klein werden zu lassen, weiten die heimlichen Gewinner den Markt räumlich aus. Globalisierung ist das Stichwort. Von Anfang an sind Hidden Champions darauf aus, ihre Produkte auch international zu vermarkten. In den wichtigsten Zielmärkten sind die Unternehmen mit eigenen Tochtergesellschaften präsent und delegieren die Beziehung zum Kunden nicht an Dritte. Die meisten Auslandsniederlassungen haben deutsche Hidden Champions nach Angaben des Buchautors Hermann Simon in den USA, Frankreich und Großbritannien. Der tragende Erfolgsfaktor für den klaren Vorsprung gegenüber der Konkurrenz sind engagierte Mitarbeiter, die sich täglich weltweit herausfordernden Aufgaben stellen.

Hohe Qualität der Produkte

Etablierte Unternehmen mit langer Tradition sind genauso zu finden wie junge Unternehmen. Obwohl die Unternehmen unterschiedlich sind, haben sie doch eine wichtige Gemeinsamkeit: Neben ihrer führenden Position in Nischenmärkten zeichnen sie sich durch eine langfristige Wachstumsorientierung aus.

Viele Hidden Champions haben als Pioniere Produkte neu eingeführt oder neue Märkte geschaffen. Hierbei beschränken sie sich auf ihre Kernkompetenzen und setzen auf Innovationen bei Produkten und Prozessen. Oft sind sogenannte Durchbruchsinnovationen das Fundament ihres Erfolgs. Durch kontinuierliche Innovation bleiben sie an der Spitze. Wichtig für Hidden Champions ist die hohe Qualität ihrer Produkte. Auch eine hohe Forschungs- und Entwicklungstiefe sowie der Schutz ihres Knowhows haben große Bedeutung. Sie stellen häufig Maschinen und Software für die Produktion selbst her, um so eine Basis für ihre einzigartige Kompetenz zu schaffen.

Geringe Mitarbeiterfluktuation

Die Einbindung ins Unternehmen und die Identifikation mit dem Arbeitgeber ist bei Hidden Champions typischerweise höher als bei Konzernen. Dies spiegelt sich auch in der vergleichsweise geringen Mitarbeiterfluktuation wider. Sowohl die Firmen als auch die Mitarbeiter fühlen sich gegenseitig verpflichtet und weisen eine hohe Loyalität auf. Gründe dafür liegen einerseits in der oft besonderen Unternehmenskultur. Die

Mitarbeiter haben es oft durch einen strengen Auswahlprozess geschafft und nehmen die Kultur des Unternehmens anschließend häufig umso überzeugter an. Andererseits stehen an der Spitze dieser Firmen oft beeindruckende Persönlichkeiten, die als Vorbilder motivieren und begeistern.

Hidden Champions sind oft im Familienbesitz und werden meist lange von den Gründern geführt. Diese zeichnen sich durch Zielstrebigkeit, Risikobereitschaft, Ausdauer und vor allem Begeisterungsfähigkeit aus.

Erfolgsfaktoren von Hidden Champions >>>>>>>>

Woran erkennt man Hidden Champions – außer daran, dass sie nicht auf Seite eins in Wirtschaftsmedien stehen?

- Hidden Champions streben nach Marktführerschaft. Ein typisches Ziel lautet: „Marktführer – sonst nichts."
- Hidden Champions definieren ihre Märkte eng. Sie entwickeln einzigartige Produkte, die sich ihre eigenen Nischen schaffen. Für sie gilt: Groß in kleinen Märkten.
- Hidden Champions kombinieren die enge Spezialisierung mit einer globalen Vermarktung. Sie sind von Anfang an auf internationale Expansion ausgerichtet.
- Für Hidden Champions ist Kundennähe der Dreh- und Angelpunkt der Marktführerstrategie.
- Innovation ist eines der Fundamente für Marktführerschaft. Dabei sind sie sowohl markt- als auch technologiegetrieben. Viele „stille Stars" haben als Pioniere ein völlig neues Produkt eingeführt.
- Heimliche Weltmarktführer bieten sich mit Konkurrenten einen intensiven, aber leistungssteigernden Wettbewerb.
- Hidden Champions schützen ihre Kernkompetenzen und lagern Leistungen nur selektiv aus. Dadurch werden hoch qualifizierte Mitarbeiter an Bord gehalten.
- Hidden Champions sind team- und leistungsorientiert. Für sie sind Macherqualitäten und anpackende, dynamische Mitarbeiter gefragt.

Quelle: Hermann Simon: „Hidden Champions des 21. Jahrhunderts", Campus Verlag

<<<<<<<<<<<<<<<<<<<<<<<<<<<<<<<<<<

Wer gleich zu Beginn seiner Karriere etwas bewegen will, Eigeninitiative und einen unternehmerischen Geist mitbringt, findet bei Hidden Champions und anderen Mittelständlern interessante Positionen. Wenn bei Konzernen die Zahl der Stellen stagniert oder zurückgeht, ergeben sich für engagierte Absolventen oft Chancen bei mittelständischen Unternehmen. Diese Einstiegsmöglichkeiten sollte man nicht ungenutzt lassen – gerade in Zeiten wirtschaftlicher Umbrüche.

>> Jobeinstieg und Perspektiven

Absolventen fällt der Einstieg bei mittelständisch geprägten Unternehmen häufig leichter als bei manchem Konzern. Das liegt unter anderem am Arbeitsmarkt: Das Verhältnis von Angebot und Nachfrage ist hier für Führungskräfte oft günstiger ist als bei Großunternehmen. Allerdings finden sich systematische Trainee-Programme hier immer noch seltener als bei Konzernen. Stattdessen sind der Direkteinstieg und Learning by Doing üblich.

Der Einstieg im Mittelstand bedeutet meist kurze Einarbeitungsphasen und ein breites Aufgabenfeld. Bewerber müssen nicht so spezialisiert sein wie in Großunternehmen. Die Vorteile: Nachwuchskräfte übernehmen früh Verantwortung, sie sind nah an strategischen Entscheidungen und erleben eine Leistungskultur, die mit Familiarität gekoppelt ist. Im Unternehmen verläuft der Aufstieg wegen flacher Hierarchien häufig rascher als bei Großunternehmen, denn es gibt weniger Wettbewerb um die Top-Positionen.

International tätige Unternehmen, besonders die Hidden Champions, schicken ihren Nachwuchs meist schon nach kurzer Zeit zum ersten Einsatz ins Ausland, um neue Märkte zu erschließen – gute Chancen für Einsteiger, die erste Auslandserfahrung bereits mitbringen.

Viele Perspektiven

Für Absolventen bieten sich vielfältige Karrierechancen, die für viele Bewerber durchaus attraktiver sein können als bei Konzernen. Die Karrieren guter Absolventen fallen dort oft bescheidener aus als in mittelständischen Unternehmen. Denn in den bekannten Konzernen ist oft auch die Konkurrenz größer.

Expandierende mittelständische Unternehmen bieten viele Perspektiven für ambitionierte Absolventen. Ein häufiger Nachteil ist dagegen, dass man für seine Weiterbildung oft selbst sorgen muss. Wer sich trotzdem weiterqualifiziert, dem wird auch ein späterer Einstieg bei einem Konzern gelingen. Ein Wechsel vom Klein- zum Großunternehmen – und umgekehrt – ist heute keine Seltenheit.

Nicht nur die Big Player

Beim Wettbewerb um die Top-Absolventen haben manche Familienunternehmen immer noch das Problem, dass sie kein so umfassendes Hochschul- und Personalmarketing realisieren wie Konzerne. Das gilt oft sogar für mittelständische Weltmarktführer aus Deutschland. Auch deshalb sind sie selbst bei erstklassigen Absolventen weniger präsent. Da in den vergangenen Jahren mittelständische Betriebe für einen Zuwachs an Arbeitsplätzen gesorgt haben, sollten Bewerber dennoch nicht nur die Big Player ins Auge fassen. Ein großer Teil der Stellenangebote für Akademiker stammt regelmäßig aus mittleren und kleinen Unternehmen.

Aber auch bei diesen Unternehmen steigen die Erwartungen an den Nachwuchs kontinuierlich, etwa in punkto Praxiserfahrungen. Neben Praktika während des Studiums sollte man daher auch eine Tätigkeit als Werkstudent nachweisen können – am besten in einem mittelständischen Unternehmen.

Web-Check Mittelstand >>>>>>>>>>>>>>>>>>>>

Welche Anforderungen stellen mittelständische Arbeitgeber an Absolventen? Einen ersten Überblick gibt die Checkliste unter **staufenbiel.de/ingenieure**.
<<<<<<<<<<<<<<<<<<<<<<<<<<<<<<<<<<

Die wichtigsten Branchen

>> Von Automotive bis Stahl

Es gibt viele gute Gründe für Ingenieurabsolventen, sich in verschiedenen Branchen auszukennen. Einer davon ist das Bewerbungsgespräch. Hier kommt die aktuelle Situation in der jeweiligen Branche gerne zur Sprache. Wer sich schon während des Studiums über die Entwicklungen, Trends und Perspektiven in verschiedenen Branchen auf dem Laufenden hält, kann bei der Bewerbung punkten.

Außerdem sollten Hochschulabsolventen wissen, in welchen Branchen besonderer Bedarf herrscht. Denn die Nachfrage nach Ingenieuren fällt sehr unterschiedlich aus. Im ersten Halbjahr 2010 füllten sich wieder die Auftragsbücher im Maschinen- und Anlagenbau, der 2009 noch besonders von der Krise betroffen war. Und auch die Automobilindustrie erholte sich wesentlich schneller, als dies erwartet worden. Schwieriger wurden dagegen die Zeiten für die Bauindustrie, die 2009 noch von langfristig vergebenen Aufträgen profitierte.

Hochschulabsolventen müssen in wirtschaftlich unruhigen Zeiten also flexibel sein. Wenn die ursprünglich anvisierte Wunschbranche keine adäquate Einstiegsstelle bietet, findet sich der passende Job vielleicht in einer benachbarten Branche. Das muss keine Festlegung für das ganze (Berufs-)Leben sein. Ein Wechsel der Branchen während der Karriere ist in modernen Lebensläufen mittlerweile eher die Regel als die Ausnahme.

In vielen Industrie- und Dienstleistungsbranchen werden Ingenieure wieder stark gesucht, denn die Ingenieurlücke ist noch lange nicht gefüllt. Die Ingenieurabsolventen eines Jahrgangs ersetzen gerade einmal die Techniker, die pro Jahr altersbedingt aus dem Beruf ausscheiden. Laut der Studie Staufenbiel JobTrends Deutschland 2010 sind der Maschinen- und Anlagenbau, die Automobilindustrie und Ingenieurdienstleistungen die wichtigsten Einstiegsbranchen für Ingenieure. Auch Beratungsunternehmen, die Elektroindustrie und die Energie- und Versorgungswirtschaft suchen technische Spezialisten.

Einstiegsbranchen für Ingenieure >>>>>>>>>>>>

Unternehmen, die Ingenieure suchen, ordnen sich den folgenden Branchen zu.

staufenbiel JobTrends Deutschland 2010

Web-Tipp >>>>>>>>>>>>>>>>>>>>>>>>>>>>>>>

Weitere Informationen über interessante Einstiegsbranchen für Hochschulabsolventen gibt es im Internet unter **staufenbiel.de/branchen**.

<<<<<<<<<<<<<<<<<<<<<<<<<<<<<<<<<

>> **Automotive/Schienenverkehr**

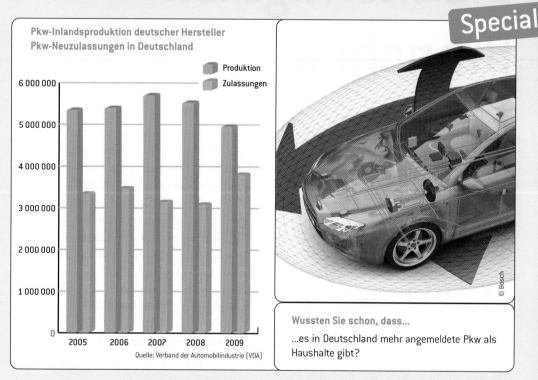

Pkw-Inlandsproduktion deutscher Hersteller
Pkw-Neuzulassungen in Deutschland

Produktion
Zulassungen

Quelle: Verband der Automobilindustrie (VDA)

Special

© Bosch

Wussten Sie schon, dass...
...es in Deutschland mehr angemeldete Pkw als Haushalte gibt?

Ein turbulentes Jahr liegt hinter der Automobilindustrie. 2009 verlief alles andere als rund für die Branche. Ein kleiner Rückblick: Porsche wollte VW schlucken – und ist nun Teil davon. Magna wollte Opel kaufen, um Saab wurde gepokert und GM meldete 101 Jahre nach Gründung Insolvenz an. Schlagzeilen aus dem Jahr 2009.

Aber es gab auch andere Meldungen. Die deutsche Abwrackprämie und ihre europäischen Pendants kurbelten den Verkauf von Kleinwagen an. Die Ergebnisse des fünf Milliarden Euro schweren Fördertopfes in Deutschland sind beeindruckend. Es wurden so viele Pkw neu zugelassen wie seit 1992 nicht. 3,8 Millionen Fahrzeuge, ein Viertel mehr als im Vorjahr. Begehrt waren vor allem günstige Kleinwagen. „Viele Menschen, die bislang Gebrauchtwagen gekauft hatten, konnten sich mit der staatlichen Prämie erstmals einen Neuwagen leisten", analysiert

Thomas Böhm, Sprecher des Verbands der Internationalen Kraftfahrzeughersteller (VDIK). Es wurden zwar viele Wagen verkauft, aber nicht die teuren. Der Absatz brach damit trotzdem um rund ein Fünftel ein.

Die Wirtschaftsberatungsgesellschaft Pricewaterhouse Coopers (PwC) prognostiziert in einer Studie, dass in diesem Jahr insgesamt 4,8 Millionen Fahrzeuge hergestellt werden. An das Niveau vor der Krise werde die Branche erst 2012 wieder anknüpfen können.

In Zeiten des Booms finanzierten die großen und teuren Modelle der Hersteller die kleineren Fahrzeuge. Diese Regel ist auf den Kopf gestellt, Downsizing heißt noch immer die Devise – also die Verkleinerung technischer Kenndaten bei gleicher Leistungsfähigkeit. Nicht mehr größer, schneller, teurer ist bei den Kunden begehrt, sondern kleiner und sparsamer. Eine höhere

Lösungen für die Zukunft finden.
Mit Ihnen.

Neue Ideen gehen wir voller Energie an. Da können Sie uns beim Wort nehmen.
Denn als erster Automobilhersteller integrierte Daimler die Lithium-Ionen-Batterie
serienfähig in Hybridfahrzeuge. Nicht nur neue Antriebskonzepte treiben uns an,
sondern z. B. auch in der Logistik, der Produktion, im Vertrieb, im Einkauf oder
in der Informationstechnologie gestalten unsere Mitarbeiter die Zukunft der
Mobilität. Wenn Sie dabei sein wollen, können wir gemeinsam Lösungen für die
Themen von morgen finden. Mit **CAReer** bieten wir Ihnen beste Startbedingungen –
unser Nachwuchsprogramm für alle, die mehr bewegen wollen.

Jetzt bewerben unter:
www.career.daimler.com

DAIMLER

Stückzahl soll die schrumpfenden Margen ausgleichen.

Die Hoffnung der Branche ruht jetzt auf dem Export, denn drei von vier Autos werden traditionell fürs Ausland produziert. Das Problem im vergangenen Jahr waren die Einbrüche in den USA. Das amerikanische Pendant zur deutschen Abwrackprämie mit dem treffenden Namen „Cash for Clunkers" („Geld für Schrottkisten") zeigte dort weniger Wirkung als erhofft. Die Absatzzahlen waren trotzdem so schlecht wie seit 1982 nicht mehr.

Ganz anders und viel besser fielen die Ergebnisse in China aus. Das Reich der Mitte überholte Deutschland gewissermaßen von rechts auf der Liste der größten Exporteure. „Die Dynamik, mit der sich der chinesische Automobilmarkt in den vergangenen Monaten entwickelte, ist von vielen unterschätzt worden", stellte Matthias Wissmann, Präsident des Verbandes der Automobilindustrie (VDA), fest. Und ein Ende ist nicht in Sicht, besitzt in China doch gerade einmal sechs Prozent der Bevölkerung einen fahrbaren Untersatz. Zum Vergleich: In den USA sind es 80 Prozent.

Der VDA rechnet, dass der Weltmarkt in diesem Jahr ein bis drei Prozent zulegen wird. Im vergangenen Jahr waren es fünf Prozent Minus. Im Einzelnen veranschlagt der VDA für China ein Plus von zwölf Prozent. Tritt das ein, würden die deutschen Exporte um drei Prozent zulegen können.

Was bedeuten diese Entwicklungen für Absolventen? Obwohl die meisten Branchenexperten optimistisch in die nahe Zukunft blicken, ist die Situation für Absolventen, die die Automobilindustrie im Visier haben, nicht einfacher geworden. Denn die Automobilindustrie ist bei den Absolventen nach wie vor begehrt. Im Ranking der beliebtesten Arbeitgeber für Ingenieure des Berliner Instituts Trendence sind von den ersten fünf Unternehmen vier Automobilhersteller.

Doch auch, wenn der Berufseinstieg bei einem Automobilhersteller nicht sofort gelingt, gibt es auch später noch die Chance zu wechseln. „Quereinstieg war für uns schon immer ein Thema", sagt Christine Regler, Leiterin Personalmarketing bei BMW. „Wer etwa in verwandten Bereichen wie der Luft- und Raumfahrt oder in der Medizintechnik aktiv war, kann später noch durchaus bei uns einsteigen. Außerdem ist die Zulieferindustrie eine attraktive Adresse. Hersteller galten schon immer als sexy, aber letztlich lernt man die Hersteller ja auch über die Zulieferer kennen."

Automobilzulieferindustrie

Doch auch dort stehen zurzeit nicht alle Türen offen. Die Automobilzulieferindustrie hängt am Nabel der Automobilindustrie. Kein Wunder, dass die Krise sie hart getroffen hat. Allerdings war die Branche erfolgsverwöhnt. Im internationalen Vergleich sind die deutschen Zulieferer sehr leistungsstark. So das Ergebnis der „Automotive Supplier Performance Study 2009", die das Center of Automotive der Fachhochschule der Wirtschaft (FHDW) und die Unternehmensberatung Management Engineers Ende vergangenen Jahres veröffentlichte. Wesentlich schlimmer als die deutschen Betriebe hat es die Zulieferer in Japan, in den USA und auch in anderen europäischen Staaten getroffen.

In den Jahren zwischen 2000 und 2007 konnte sich die gesamte Industrie noch über extrem gute Zahlen freuen. So wuchsen die Zulieferer im Schnitt pro Jahr um 5,8 Prozent und damit wesentlich schneller als die 17 globalen Automobilhersteller mit 3,6 Prozent. Der große Einbruch kam 2008. „Auch hat sich gezeigt, dass Automobilbauer weltweite Überkapazitäten haben, deren Anpassung erst mittelfristig möglich ist", berichtet Engelbert Westkämper, Leiter des Fraunhofer-Instituts für Produktionstechnik und Automatisierung (IPA). „Die sehr schwache Nachfrage in der Automobilindustrie hat natürlich die Zulieferer sehr stark getroffen.

ZF dankt allen Kunden für die nette Verpackung! Mal sehen, was für Sie drin ist?!

Dann zeigen wir Ihnen einmal, was ein Fahrzeug Spannendes in sich birgt: die Antriebs- und Fahrwerktechnik nämlich. Und die stammt bei vielen bekannten Marken von ZF, einem der weltweit größten Zulieferer der Branche. Was das für Sie als Ingenieur/-in bedeutet? Bei uns entwickeln Sie schon heute die Technik für die Fahrzeuge von morgen: in einem Team von 60.000 Kolleginnen und Kollegen, das als Innovationspartner und Problemlöser anspruchsvoller Kunden den Ruf eines Technologieführers genießt. Erleben Sie ein erfolgreiches Stiftungsunternehmen, das Ihre Leistung anerkennt und in dem interessante Aufgaben und Eigenverantwortung zum Tagesgeschäft gehören.

Arbeiten Sie sich zu uns vor auf:

www.zf.com

Antriebs- und Fahrwerktechnik

Wenn Zulieferer weit hinten in der Lieferkette stehen, spüren sie eine solche Krise heftiger als andere Firmen. Bricht die Nachfrage ein, haben die Unternehmen weniger Möglichkeiten, ihre Produkte auf den Markt zu bringen", erklärt er.

Krisen hat die Branche schon öfter erlebt. Allerdings ist die augenblickliche Situation damit nicht zu vergleichen. „Erstens befand sich die Produktion der deutschen Industrie durch große Inlandsnachfrage und Exporte auf sehr hohem Niveau", betont Westkämper. „Und zweitens brach diese Nachfrage in sehr kurzer Zeit drastisch ein. Unternehmen hatten keine Zeit und auch keine Vorkehrungen getroffen, richtig auf die Herausforderungen zu reagieren."

Denn in der Vergangenheit konzentrierten sich viele Zulieferer auf wenige Kunden und Märkte. Aus heutiger Sicht ein Fehler. Mit dieser Strategie war es in guten Zeiten möglich, Umsätze schnell zu steigern. Eine Umsatzkonzentration ist aber risikoreich. In schwierigen Zeiten profitieren diejenigen mit mehr Kunden, Produkten und Eigenkapital.

Nutzfahrzeuge

Ein Auf und Ab gab es auch in der Nutzfahrzeugindustrie. Vier Jahre lang verzeichnete sie Rekordumsätze. Die Zeit der positiven Rekorde war für die Sparte Nutzfahrzeuge in den vergangenen beiden Jahren allerdings vorbei. Lag die Zahl der Nutzfahrzeug-Neuzulassungen 2008 noch neun Prozent unter dem Vorjahreswert, brach der Absatz von Lastwagen, Transportern und Bussen laut dem europäischen Automobilherstellerverband (ACEA) 2009 um ein knappes Drittel auf rund 1,7 Millionen Fahrzeuge ein.

Doch seit März 2010 geht es wieder aufwärts. Im Mai 2010 wurden zwölf Prozent mehr Nutzfahrzeuge zugelassen als im Vorjahresmonat. In der Klasse über sechs Tonnen ging es im Mai erstmals seit 20 Monaten wieder aufwärts mit einem Plus von sieben Prozent. Matthias Wissmann, Präsident des Verbands der Auto-mobilindustrie (VDA), sagte: „Auch wenn das Niveau weiterhin noch sehr niedrig ist, so werten wir dies als ein ermutigendes Aufbruchssignal für diese Branche – gerade im Jahr der IAA Nutzfahrzeuge." Seit Beginn 2010 zogen auch die Exporte wieder an, insgesamt mit einem Zuwachs von 52 Prozent.

Auch die Produktion legte im ersten Quartal 2010 wieder zu – insgesamt um 31 Prozent. Im Einzelnen wurden 52 Prozent mehr Transporter hergestellt, die Zahl der schweren Fahrzeuge lag allerdings noch 16 Prozent unter dem ersten Quartal des Vorjahres.

Schienenverkehr

Die Bahnindustrie ist eine der wettbewerbsfähigsten und innovativsten Branchen Deutschlands. Sie konnte mit einem Umsatz von 10,4 Milliarden Euro im Jahr 2009 erstmals die Zehn-Milliarden-Euro-Grenze überwinden und wuchs im Vergleich zum Vorjahr um fünf Prozent.

Allerdings gehen auch an der Bahnindustrie die Folgen der Weltwirtschaftskrise nicht spurlos vorüber. Der Auftragseingang 2009 brach im Vergleich zum Vorjahr um fast 20 Prozent auf 10,3 Mrd. Euro ein. Die Nachfrage nach Schienenfahrzeugen sank um ein Viertel. Der Auftragseingang für die Infrastrukturausrüstungen profitierte von ausländischen Bestellungen. Insgesamt waren 44 800 Menschen in der Bahnindustrie beschäftigt. Das ist genauso viel wie im Vorjahr.

„Die Bahnindustrie in Deutschland profitierte 2009 noch von gut gefüllten Auftragsbüchern", sagte Verbandspräsident Klaus Baur auf der Jahrespressekonferenz. Der Umsatz erreichte 4,5 Milliarden Euro im Inland und 5,9 Milliarden Euro im Ausland. Der Umsatz mit Schienenfahrzeugen legte um acht Prozent zu und stieg auf ein Volumen von acht Milliarden Euro. Der Auftragseingang ging allerdings um mehr als ein Viertel zurück. Negativ zu Buche schlug 2009 das Geschäft mit Lokomotiven, Güterwagen und deren Komponenten. Grund hierfür

Are you auto-motivated? Welcome!

Continental gehört weltweit zu den führenden Automobilzulieferern. Als Anbieter von Bremssystemen, Systemen und Komponenten für Antriebe und Fahrwerk, Instrumentierung, Infotainment-Lösungen, Fahrzeugelektronik, Reifen und technischen Elastomerprodukten trägt Continental zu mehr Fahrsicherheit und zum globalen Klimaschutz bei. Continental ist darüber hinaus ein kompetenter Partner in der vernetzten, automobilen Kommunikation. Für Sie ergeben sich daraus vielfältige Möglichkeiten, Ihre Karriere anzukurbeln – in einer Atmosphäre, die durch Offenheit, flache Hierarchien, Internatio-nalität und Eigenverantwortlichkeit geprägt ist. Möchten Sie bei uns einsteigen? Hier geht's zu unserem High-Performance-Team:

www.careers-continental.com

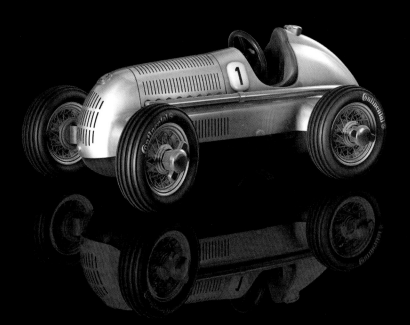

war der weltweite Einbruch des Schienengüterverkehrs. In Deutschland fiel die Güterverkehrsleistung auf der Schiene im vergangenen Jahr um über 17 Prozent – mehr als bei jedem anderen Verkehrsträger.

Im Bereich der Infrastruktur seien, so Baur, sowohl der Auftragseingang als auch der Umsatz im Inland unter den Erwartungen geblieben. Der Umsatz mit Infrastrukturausrüstungen sank um vier Prozent auf 2,4 Milliarden Euro. Die heimischen Bestellungen stagnierten 2009 auf dem niedrigen Niveau der beiden Vorjahre in Höhe von jeweils 1,7 Milliarden Euro.

Das Berufsbild des Eisenbahningenieurs kann sehr spannend sein. Er ist etwa für die Konstruktion einer Bahnsteiganlage verantwortlich. Eine weitere Möglichkeit für Ingenieure mit Schwerpunkt Fahrzeugtechnik oder Werkstoffwissenschaften ist der Start als Forschungs- und Entwicklungsingenieur in der Branche.

Anforderungen

Eine solide Grundlage brauchen Absolventen, die ihre Zukunft in diesen Branchen sehen, mehr denn je. „Grundsätzlich ist die Basis von allem eine gute, fundierte Ausbildung auf den klassischen Gebieten der Konstruktionstechnik, Produktionstechnik und der Grundlagen der Organisationstechnik", stellt Westkämper fest. Neben diesen Inhalten muss ein Ingenieur seiner Meinung nach die Fähigkeit mitbringen, eigenverantwortlich zu handeln, kreativ und engagiert an seine Aufgaben heranzugehen. Außerdem muss er auch den Mut haben, eingeschlagene Pfade zu verlassen und neue Wege zu gehen. Sehr wichtig sei eine große Kooperationsbereitschaft und Teamfähigkeit, mit der er zielorientiert die Arbeit erledigt, betont der Experte.

Auch Weiterbildung ist ein wichtiges Thema. „Wer derzeit keine Stelle findet, sollte sich weiterbilden", sagt Sören Salow, Leiter Personalmarketing in der Bosch-Gruppe. „Sprachen lernen ist ein wichtiger Punkt." Als Alternative schlägt er vor, erst im Unternehmensbereich Industrietechnik oder Gebrauchsgüter einzusteigen und dann später umzusatteln.

Und auf lange Sicht sind die Aussichten nach Meinung Westkämpers gar nicht so schlecht. „Die positive Nachricht ist, dass der Bedarf an Ingenieuren steigen wird", so seine Prognose. Die Verantwortlichen in den meisten Unternehmen haben erkannt, dass gut ausgebildete, engagierte und motivierte Ingenieure ein Garant dafür sind, Unternehmen in eine bessere Zukunft zu führen. Gefordert werden verbesserte oder neue Produkte, optimierte Produktionsprozesse und vor allem neben einer guten Qualität eine energieeffiziente Herstellung. Insofern wird die Kurve künftig wieder nach oben zeigen."

Einstieg

Bei den Konzernen sind seit Jahren Trainee-Programme Standard – wenngleich die Zahl der Plätze gemessen an der Bedeutung der Branche eher klein ist. Zudem sorgen die hohe Popularität und die angespannte augenblickliche Lage der Automobilbranche bei Absolventen und Young Professionals für zahlreiche Bewerbungen. Ohne Praktika in der Industrie, entsprechende Fächerkombinationen, eine praxisnahe Diplomarbeit und Auslandserfahrung mit exzellenten Sprachkenntnissen sind die Chancen aber gering, einen der begehrten Plätze zu erhalten.

Neben verschiedenen (internationalen) Trainee-Programmen bieten alle großen Unternehmen auch den Direkteinstieg an. Die Trainee-Programme dauern meist zwischen zwölf und 16 Monaten und sind so flexibel gestaltet, dass individuelle Wünsche und Interessen der Teilnehmer berücksichtigt werden.

Mehr Infos >>>>>>>>>>>>>>>>>>>>>>>>>>>>

Weitere Informationen über die Branche finden Sie auch unter **staufenbiel.de/automotive** und im Karriere-Ratgeber Staufenbiel *Automotive*.

<<<<<<<<<<<<<<<<<<<<<<<<<<<<<<<<<<<<<

Hier sehen Sie
drei unserer
Global Player.

KARRIERESTART FÜR HOCHSCHULABSOLVENTEN:
DAS INTERNATIONALE
TRAINEEPROGRAMM
BEI MAHLE.

Im Studium haben Sie gepunktet. Auch im Ausland waren Sie schon – nicht nur im Urlaub. Vielleicht haben Sie sogar schon erste Berufspraxis. Aber jetzt wollen Sie mehr: durchstarten und zeigen, was Sie können – wenn man Sie lässt. Und das natürlich nicht irgendwo. Sondern bei einem der Besten der Branche. Innerhalb eines international ausgerichteten Traineeprogramms, das individuell mit Ihnen abgestimmt ist. Mit Stationen in verschiedenen Fachbereichen und mindestens einem Auslandsaufenthalt. In denen Sie gefordert und gefördert werden – von Mentoren aus der Fachabteilung und aus dem Personalbereich. Das Ihnen Einstiegsmöglichkeiten sowohl im technischen als auch im kaufmännischen Unternehmensbereich bietet. Das Ihnen Wissen und Kompetenz vermittelt, Freiräume, Gestaltungsmöglichkeiten und Eigenverantwortung bietet, Sie in ein aktives Netzwerk einbindet. Und mit dem Sie weit kommen – weltweit. In diesem Sinne: willkommen beim Weltmarktführer, in unseren 8 Forschungs- und Entwicklungszentren, unseren 100 Produktionsstandorten für Motorenteile und Filter, als einer unserer rund 43.000 engagierten Mitarbeiter. Mehr Infos und Online-Bewerbung: **www.jobs.mahle.com**

Driven by performance

„China muss man erfahren"

Als der chinesische Mittelklassewagen SB4 auf den deutschen Markt kam, krachte es gewaltig. Aber nur beim ADAC-Sicherheitstest. Beim initiierten Crash mit 64 km/h riss das Bodenblech auf, der Kopf der Testpuppe knallte trotz Airbag auf das Lenkrad und die Pedale wurden zum Spieß. Das vernichtende Urteil der Autotester: null von fünf Sternen mit dem Fazit „Der technische Stand von vor zehn Jahren".

Kostengünstige Modelle

Doch die Chinesen stört das wenig. Sie kaufen ihre heimischen Autos, so dass China im Jahr 2008 erstmals die USA als größten Automarkt der Welt überholen konnte. Während in Amerika und in Europa die Absatzzahlen einbrachen, gab China Gas.

Das Gros der verkauften Wagen in Asien machen die kleinen, kostengünstigen Modelle aus, die meist von den chinesischen Herstellern produziert werden. Allerdings gibt es auch einen Markt für Prestige-Autos – und das sind in China vor allem die europäischen Hersteller. Alle deutschen Marken konnten ihre Zuwächse zuletzt im zweistelligen Bereich steigern.

Immense Unterschiede

Wer also eine internationale Karriere in der Automobil- oder Zulieferindustrie anstrebt, sollte China auf der Rechnung haben. Die kulturellen und sprachlichen Unterschiede sind allerdings immens. Auch wenn die Zeit knapp ist und der Termin für den Abflug nach Peking näher rückt, lohnt sich der Aufwand einer Vorbereitung – wie kurz sie auch sein mag.

China in Zahlen >>>>>>>>>>>>>>>>>>>>>>>>>>>>

- Fläche: 9,5 Millionen Quadratkilometer
- Einwohner: 1,3 Milliarden
- Zeitzonen: 5
- Länge der chinesischen Mauer:
  mehr als 6 000 Kilometer
- Wachstum des BIP in 2009: 8,7 Prozent
- Wachstum des Pkw-Verkaufs in 2009: 53 Prozent

<<<<<<<<<<<<<<<<<<<<<<<<<<<<<<<<<<<<<<<

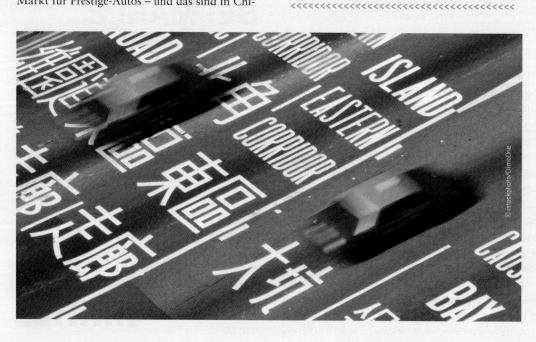

© istockphoto/ClimbOne

GOODYEAR DUNLOP
GERMANY

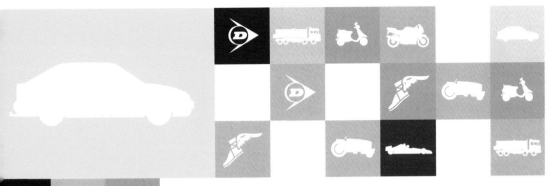

DRIVE ON
PERFORMANCE DRIVEN CAREERS

VON 0 AUF 200 – KARRIERE MIT VOLLGAS

Was haben eine berufliche Laufbahn und ein Autorennen gemeinsam? Wahrscheinlich mehr als Sie denken. Zu Beginn gilt es bei aller Motivation festen Halt zu bekommen, um durchstarten zu können. Den entscheidenden Vorsprung holen Sie sich durch die Weiterentwicklung in der Box. Und am Ende zählt, wer Runde um Runde besser wird.

Steigen Sie ein bei Goodyear Dunlop, einem Teil des weltweit führenden Reifenkonzerns Goodyear Tire & Rubber Company. In Deutschland können Sie an den Standorten Fulda, Fürstenwalde, Hanau, Köln, Philippsburg, Riesa und Wittlich Gas geben. Woher Sie auch kommen, welchen Studienabschluss Sie mitbringen und wohin Sie wollen – Goodyear Dunlop macht Ihren Karriere-Weg zum Ziel. Studierende, die noch an der Startlinie stehen, bekommen mit einem Praktikum oder einer bei uns verfassten Abschlussarbeit das „Go!" für ihre Karriere. Nach dem Hochschulabschluss kann gleich die nächste Kurve kommen: Unsere deutschen und internationalen Traineeprogramme, bieten Ihnen die Chance, Fahrt aufzunehmen und zu beschleunigen. Oder Sie nutzen unsere vielseitigen Startplätze für Direkteinsteiger und wechseln dann mit uns auf die Überholspur. In jedem Fall gilt: Von Null auf Karriere in Bestzeit!

Kupplung treten, Gang rein – und los geht's auf

www.gdtg-karriere.de
www.gdte-career.com

GOODYEAR   DUNLOP   FULDA   Sava   PREUMANT   DEBICA   GDHS

Roland Mohr, ehemaliger Trainee bei **Audi,** über seine Zeit in China, über Kommunikation mit Händen und Füßen und eine deutsche Community, die im Brauhaus ein bisschen Heimat findet.

Herr Mohr, Sie waren während Ihres Trainee-Programms acht Monate in Peking. Hatten Sie China schon während Ihres Studiums im Visier?

Nein, nicht direkt. Ich war schon immer extrem reiselustig und während des Studiums oft im Ausland. Ein Auslandsaufenthalt gehört bei meinem Arbeitgeber zu jedem Trainee-Programm. Als es um die Planung meines Programms ging, hat sich mein Mentor mit mir zusammengesetzt und wir haben überlegt, welche Projekte im Ausland für mich Sinn machen. Aber während meines Studiums hatte ich noch nichts mit China zu tun.

Wie verlief die Vorbereitung?

Als Erstes habe ich im Internet und in Reiseführern recherchiert. Dann gibt es bei uns ein breites Kontaktnetz von ehemaligen Trainees und Expatriates, also Kollegen, die längere Zeit in China gearbeitet haben. Außerdem konnte ich an Einführungsveranstaltungen für künftige Expats teilnehmen.

Wie sah es mit Sprachkursen aus?

In China habe ich Sprachunterricht genommen. Wir haben den Unterricht nach Schwerpunkten aufgebaut, also etwa Taxi fahren, einkaufen gehen, im Restaurant bestellen. So lernt man zumindest die Basics wie „Wo ist der Bahnhof?". In Metropolen wie Peking oder Schanghai sind Straßen und Plätze auch in lateinischer Schrift auf den Schildern verzeichnet. Außerhalb der Metropolen steht man aber mit dem Reiseführer in der Hand und vergleicht Schriftzeichen für Schriftzeichen, um herauszufinden, wo man gerade steht. Das ist schon sehr abenteuerlich. Kommunikation mit den Chinesen geht dann oft nur noch mit Händen und Füßen.

Die chinesischen Kollegen im Büro sprechen aber alle Englisch?

Ja, unsere Arbeitssprache ist Englisch. Die Chinesen sind unglaublich sprachbegabt und lernen Englisch oder auch Deutsch oft innerhalb eines halben Jahres. Hinzu kommt, dass es so viele und auch unterschiedliche Dialekte im Chinesischen gibt, dass sich auch die Chinesen zum Teil auf Englisch unterhalten, weil sie den Dialekt ihres chinesischen Gesprächspartners nur schlecht verstehen. Gerade das Fachvokabular für die Automobilherstellung ist auf Englisch dann geläufiger als auf Chinesisch.

Was ist der markanteste Unterschied im chinesischen Büroalltag im Vergleich zu Deutschland?

Der Umgang miteinander ist sehr verschieden. Wenn ein deutscher Manager in China aufbrausend reagiert und seine Fassung verliert, kann es leicht passieren, dass er vor den chinesischen Kollegen sein Gesicht und somit Respekt verliert. Das wird ihm aber niemand direkt sagen. Kritik wird nicht offen geäußert. Ist in einem Projekt etwas schief gegangen, dann wird erst einmal ganz ausführlich gelobt und anschließend vorsichtig darauf eingegangen, dass es eventuell noch Verbesserungspotenzial geben könnte. Die deutsche Unternehmenskultur unterscheidet sich an dieser Stelle sehr.

Was ist für China-Neulinge sonst noch schwierig?

Die chinesischen Kollegen sind grundsätzlich hierarchieorientiert. Das heißt, sie machen genau das, was ihnen gesagt wird. Eigeninitiative oder Kreativität sind weniger ausgeprägt. Die Automobilhersteller haben in China ein sehr gutes Image und bezahlen außerdem gut, so dass niemand einen Jobverlust riskieren will. Zur Absicherung gehört es dann etwa, dass Informationen nicht einfach erfragt werden können wie in Deutschland. Mein Vorgesetzter musste erst beim Vorgesetzten des Kollegen nachfragen, damit der Kollege mir die Informationen weitergeben darf. Als Neuer muss man sich erst einmal das Vertrauen der Kollegen erarbeiten.

Welchen Tipp geben Sie Absolventen, die sich für China interessieren?

China muss man erfahren. So wichtig die Vorbereitung ist, so wenig kann man sich auf manche Situationen vorbereiten. In der Automobilbranche hat man auch viel mit Menschen in Süd- und Osteuropa zu tun. Aber diese Länder sind mit uns doch letztlich viel verwandter als China. Allerdings ist die internationale Community in den chinesischen Metropolen sehr ausgeprägt, weil ja alle im selben Boot sitzen. So hat man sehr schnell Kontakt zu anderen Expats der Automobilbranche. Das Netzwerk ist auch auf lange Sicht von großem Nutzen. Ich kenne keinen Expat, der nicht Schwierigkeiten in der Auseinandersetzung mit der chinesischen Kultur hatte. Wer dann etwa in Peking ist, hat Glück gehabt, weil man dort eine deutsche Community findet – und ein Brauhaus, wo es deutsches Bier gibt und ein Essen mit Messer und Gabel.

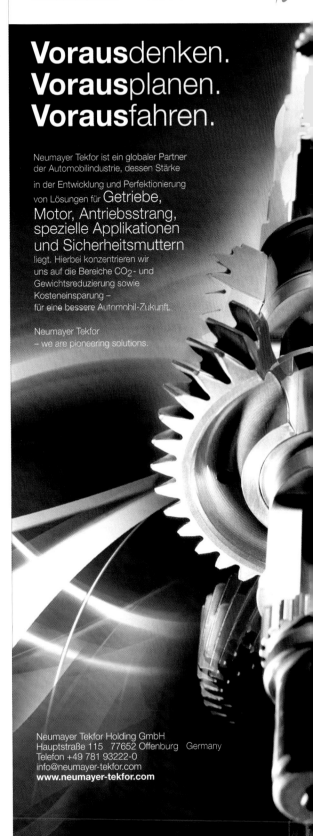

>> Bauindustrie/Bauwirtschaft

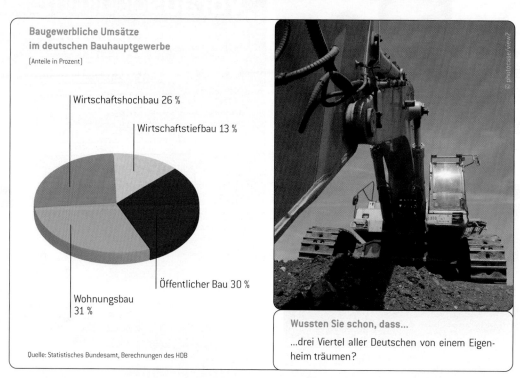

Baugewerbliche Umsätze im deutschen Bauhauptgewerbe

(Anteile in Prozent)

Wirtschaftshochbau 26 %

Wirtschaftstiefbau 13 %

Öffentlicher Bau 30 %

Wohnungsbau 31 %

Quelle: Statistisches Bundesamt, Berechnungen des HDB

© photocase/view?

Wussten Sie schon, dass...

...drei Viertel aller Deutschen von einem Eigenheim träumen?

Nach dem Bauboom der Wiedervereinigung hatte die Branche eine Talsohle durchschritten – und musste nach einer kurzen Erholungsphase 2008 erneut einen Auftragsrückgang hinnehmen. Doch inzwischen wächst die Zuversicht wieder. Der Grund ist die durchaus positive Auftragsentwicklung. Das erste Quartal 2010 zeigte eine Erholung der Lage, die Zahlen entwickeln sich unerwartet gut. Wie der Hauptverband der Deutschen Bauindustrie (HDB) mitteilte, ist der Auftragseingang im Bauhauptgewerbe im Vergleich zum Vorjahr um 5,2 Prozent gestiegen. Vor allem der von der Rezession besonders betroffene Wirtschaftsbau verzeichnete einen überraschend starken Ordereingang: Der Auftragseingang legte im ersten Quartal 2010 um rund zehn Prozent zu.

Der öffentliche Bau profitierte weiterhin von den Konjunkturprogrammen. Allerdings konnte die Branche daraus finanziell kein Kapital schlagen. Mit rund 24 Millionen Euro Umsatz erwirtschaftete die Branche im ersten Quartal 2010 rund 9,5 Prozent weniger als im vergleichbaren Quartal 2009. Ein Grund dafür war der harte Winter. Vor allem der Sektor Wirtschaftsbau war davon betroffen. Der Umsatz lag im ersten Quartal um 16 Prozent unter dem Niveau des entsprechenden Vorjahreszeitraums. 2009 lag der baugewerbliche Umsatz insgesamt bei 81,6 Milliarden Euro, was im Vergleich zum Vorjahr einem Rückgang von 4,7 Prozent entspricht, so der Zentralverband Deutsches Baugewerbe (ZDB).

Die Zahl der Beschäftigten ging weiterhin leicht zurück. Knapp 700 000 Mitarbeiter wurden im Mai 2010 im Bauhauptgewerbe gezählt, etwa ein Prozent weniger als 2009. Der dringenden Nachfrage nach Absolventen tut dieser Rückgang dagegen keinen Abbruch. Bauingenieure werden zurzeit besonders gesucht. Der HDB spricht sogar von einer Zuspitzung der Situation. So verlassen jährlich ungefähr 3 000 Absolventen der Bauindustrie die Hochschulen, aber 4 500 Nachwuchsingenieure werden in diesem Bereich jährlich gebraucht.

Einstieg & Perspektiven >>>>>>>>>>>>>>>>>>>

In Bauunternehmen, Ingenieur- und Architekturbüros, im öffentlichen Dienst, in der Baustoffindustrie und in Bauabteilungen anderer Branchen sind Ingenieure des Bauingenieur- und Vermessungswesens tätig. Wegen der weiter zunehmenden Bedeutung von Dienstleistungen bei Finanzierung und Entwicklung von Betreibermodellen suchen Betriebe immer häufiger Bauingenieure mit wirtschaftswissenschaftlichem Know-how.

Einige Unternehmen bieten spezielle Einarbeitungsprogramme für Hochschulabsolventen an. In diesen Programmen können Einsteiger etwa durch die Mitarbeit an einem Projekt die einzelnen Entstehungsphasen eines Bauvorhabens kennenlernen. Kleinere Unternehmen bieten meist eher den Direkteinstieg. Wer sich bewährt, kann in der Baubranche zum Bauführer oder Bauabschnittsleiter und anschließend zum Bauleiter oder Projektmanager aufsteigen.

<<<<<<<<<<<<<<<<<<<<<<<<<<<<<<<<<<<<<<

Langfristig hat die Branche gute Aussichten. Denn obwohl die Bevölkerungszahl tendenziell sinkt, nimmt die Zahl der Haushalte weiter zu. Der Anteil der Einpersonenhaushalte liegt heute bei einem Drittel. Der Trend zu größeren Wohnungen ist ungebrochen. So wird die Wohnflächennachfrage bis zum Jahr 2030 zunehmen.

Schon heute zeigen die Wohnungsmärkte ein entsprechend heterogenes Bild: In strukturschwachen Gebieten sind die Wohnungsmärkte eher entspannt, in strukturstarken Gebieten ist die Nachfrage nach qualifiziertem Wohnraum weiterhin hoch. Im Zuge des Strukturwandels diversifizieren viele Bauunternehmen ihre Palette und engagieren sich in Finanzierungs- und Betreiberaufgaben, in der Umwelttechnik oder der Altlastensanierung. Konzerne sind in nahezu allen Bereichen tätig. Kleinere Unternehmen spezialisieren sich häufig, etwa im Bereich der energetischen Wohnimmobilien oder in der Revitalisierung von Einzelhandelsgebäuden.

Anforderungen

In der Baubranche wird fast immer in Projektteams gearbeitet. Deswegen erwarten Unternehmen schon von Berufsanfängern gutes technisches Fachwissen, Kooperations- und Kommunikationsfähigkeit. Punkten können Nachwuchskräfte zudem mit versierten Sprachkenntnissen, Mobilität und Flexibilität. Nachwuchsingenieure, die ein Praktikum im Ausland absolviert haben, sollten das auf jeden Fall in den Bewerbungsunterlagen erwähnen.

Oft müssen enge Zeitpläne eingehalten werden. Hier heißt es, einen kühlen Kopf zu bewahren. Wer schnell wichtige Schritte erkennt und richtige Prioritäten setzen kann, erfüllt wichtige Kriterien. Auch Einfühlungsvermögen und Verhandlungsgeschick sind Voraussetzungen, genauso wie die Fähigkeit, fachliche Themen verständlich darzustellen. Da der Einsatz von Informationstechnologie auch im Bauwesen weiter an Bedeutung gewonnen hat, sind Rechenprogramme zur Statikberechnung über CAD, betriebswirtschaftliche Programme zur Bauabrechnung und die IT-Unterstützung von Projektplanungsaufgaben Standard. Zwar wird die Programmentwicklung häufig Spezialisten vorbehalten bleiben, praktisch jeder Bauingenieur muss sich aber mit der Anwendung von Programmen und der Bewertung der Ergebnisse beschäftigen.

Web-Tipp >>>>>>>>>>>>>>>>>>>>>>>>>>>>>

Der Hauptverband der Deutschen Bauindustrie ist unter **bauindustrie.de** zu finden. Der Zentralverband Deutsches Baugewerbe informiert unter **zdb.de** unter anderem über mittelständische Unternehmen. Die Bundesvereinigung Bauwirtschaft hat ihre Webseite unter **bv-bauwirtschaft.de**. Infos zum Facility Management gibt der Deutsche Verband für Facility Management unter **gefma.de**.

<<<<<<<<<<<<<<<<<<<<<<<<<<<<<<<<<<<<<<

>> Chemische Industrie

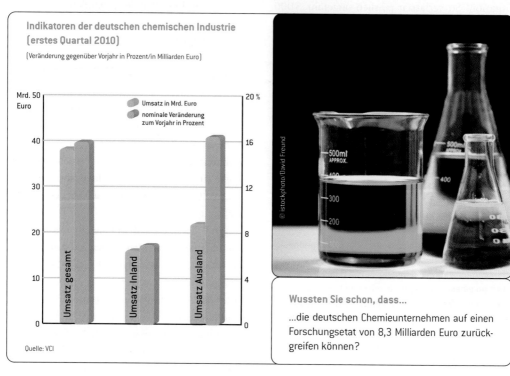

Indikatoren der deutschen chemischen Industrie (erstes Quartal 2010)

(Veränderung gegenüber Vorjahr in Prozent/in Milliarden Euro)

Umsatz in Mrd. Euro

nominale Veränderung zum Vorjahr in Prozent

Umsatz gesamt

Umsatz Inland

Umsatz Ausland

Quelle: VCI

© istockphoto/David Freund

Wussten Sie schon, dass...

...die deutschen Chemieunternehmen auf einen Forschungsetat von 8,3 Milliarden Euro zurückgreifen können?

Geht es der Gesamtwirtschaft gut, füllen sich auch die Auftragsbücher in der chemischen Industrie. Denn die Branche beliefert alle übrigen Industrien. So wundert es nicht, dass die Chemieunternehmen 2009 die Wirtschaftskrise unmittelbar spürten. Doch der Wind hat sich gedreht. Im ersten Halbjahr 2010 steigerten sie ihre Produktion um 13 Prozent. Und es gibt noch Potenzial nach oben: Die Chemieunternehmen haben das Vorkrisenniveau noch nicht erreicht. Zu diesen Ergebnissen kommt der Verband der Chemischen Industrie (VCI).

Zur Branche gehören klassische große Pharma-Unternehmen ebenso wie Pharmadienstleister, Unternehmen aus dem Bereich der Biotechnologie, der pflanzlichen Arzneimittel und der Homöopathie. Auch Hersteller von bauchemischen Erzeugnissen, Arzneimitteln, Ferrolegierungen, Körperpflegeprodukten, Waschmitteln,

Kunststoffen und Lacken werden zur chemischen Industrie gezählt.

Im ersten Quartal 2010 konnten alle Sparten der Chemiebranche bessere Zahlen als im Quartal zuvor aufweisen: Produktion, Preise und Umsatz sind gestiegen. Darauf verweist der VCI in seinem Quartalsbericht. „Der Aufwärtstrend in der Chemie hat sich in den ersten Monaten dieses Jahres fortgesetzt", fasst Professor Ulrich Lehner, Präsident des VCI, zusammen. „In den kommenden Monaten erwarten wir allerdings keinen wesentlichen Zuwachs." Vorsichtig stimmt ihn die Sorge, dass die wirtschaftliche Erholung der Europäischen Union einen Rückschlag erleiden könnte. Als Folge der Wirtschaftskrise konnten viele Chemieunternehmen nicht alle Mitarbeiter halten. 2009 ging daher die Zahl der Beschäftigten um knapp zwei Prozent zurück. In der Branche arbeiten nun fast 411 000 Mitarbeiter.

Zukunftsaussichten

Auf lange Sicht gesehen ist speziell die Pharma-industrie immer noch eine Branche mit sehr guten Zukunftsaussichten – so das Ergebnis der Studie „Deutschlands Zukunftsbranchen", die der Verband Forschender Arzneimittelhersteller (VFA) beim Institut der deutschen Wirtschaft Köln in Auftrag gab. Neben dem Maschinenbau und der Medizin-, Mess-, Steuer- und Regeltechnik zählt die Pharmabranche zu den Branchen, die am stärksten von den technologischen und gesellschaftlichen Veränderungen profitieren und die besten Wachstumsperspektiven haben.

Durch den Wunsch nach höherer Lebensqualität und besserer medizinischer Versorgung bietet die Branche ein globales und innovatives Arbeitsfeld mit zahlreichen neuen Forschungsansätzen.

Nanotechnologie >>>>>>>>>>>>>>>>>>>>>>>>>>>

Ein großes Thema ist die Nanotechnologie. Viele Unternehmen bauen diesen Bereich weiter aus. Nanopartikel sind bis zu zehntausendmal kleiner als der Durchschnitt eines menschlichen Haares. Das wohl bekannteste Beispiel, was Nanotechnik ermöglicht, ist der Lotuseffekt: Dank der kleinen Partikel werden sich selbst reinigende Oberflächen hergestellt. Die Vorbilder aus der Pflanzenwelt werden jedoch nicht nur bei der Oberflächenherstellung genutzt. Mit jährlichen Zuwächsen von bis zu 15 Prozent in den vergangenen zehn Jahren ist die Phytoextraktion ein äußerst dynamisches Marktsegment. Dabei werden Wirkstoffe aus Pflanzen gewonnen. Und noch längst sind nicht alle Möglichkeiten ausgeschöpft.

Das größte Innovationspotenzial sehen viele Experten im Pharmabereich. Da die Nachfrage nach Pflanzenextrakten steigt, muss die Technik zur Gewinnung der Wirkstoffe immer auf dem neuesten Stand sein. Eine Herausforderung nicht nur für Biologen, Chemiker und Pharmazeuten, sondern auch für Ingenieure.

<<<<<<<<<<<<<<<<<<<<<<<<<<<<<<<<<<<<<<<

Das Bild in der Öffentlichkeit ist geprägt von einigen börsennotierten Großunternehmen. Sowohl die pharmazeutische Industrie als auch die Chemiebranche sind aber weitgehend mittelständisch geprägt. Neben den weltweit bekannten Konzernen sind die meisten Unternehmen kleine und mittlere Unternehmen. Wichtige Antriebsfaktoren für die wirtschaftliche Entwicklung von pharmazeutischen und Chemieunternehmen sind Innovation und Forschung. „Innovationsstarke und forschungsintensive Branchen werden deshalb nach einer Art Auszeit gestärkt hervorgehen", sagt Professor Michael Hüther, Direktor des Instituts der deutschen Wirtschaft Köln. Die Branche zählt zu den forschungsintensivsten der Wirtschaft. Denn bestehende Produkte müssen verbessert werden. Und neue Erkenntnisse aus Pharmazie, Chemie, Medizin und Biowissenschaften werden in neue Produkte umgesetzt.

Hieraus ergeben sich außergewöhnliche Chancen für Patienten und Unternehmen. Die Rahmenbedingungen für Innovation in der pharmazeutischen Industrie sind besonders vielfältig und komplex. Dazu zählen Fragen der Finanzierung von Aufwendungen in der Fertigung und Entwicklung, die regulatorischen Anforderungen an die pharmazeutische Entwicklung, Fragen des gewerblichen Rechtsschutzes und die Rahmenbedingungen für die Refinanzierung der Forschungsaufwendungen am Markt.

Die Chemie gilt nach wie vor als Innovationsmotor. Ihre Ideen und Lösungen werden in vielen anderen Branchen gebraucht. Die Abnehmer der Chemieproduktion stammen vor allem aus der Industrie – etwa der Kunststoffverarbeitung, der Automobil- oder der Bauindustrie. Der wichtigste Kunde ist allerdings die Chemie selbst. Die Konsequenz aus Innovationen, Nachfrage-Entwicklung und Verschiebungen bei der weltweiten Arbeitsteilung ist die kontinuierliche Veränderung der Produktpalette.

Anforderungen

Ingenieure mit einem Abschluss in Verfahrenstechnik, Chemieingenieurwesen, Maschinenbau oder Elektrotechnik haben gute Einstiegschancen. Je nach Unternehmensschwerpunkt sind auch Mechatroniker, Pharma-, Kunststoff- und Werkstofftechniker gefragt. Die gewünschten Zusatzqualifikationen hängen vom Einsatzbereich der Ingenieure ab. In produktionsnahen Positionen sind Kenntnisse in Prozesstechnologie, Projektmanagement und Instandhaltung gerne gesehen.

Einstieg & Perspektiven >>>>>>>>>>>>>>>>>

Beim Einstieg ins Unternehmen werden Ingenieure in der Regel in den Fachabteilungen oder im Rahmen von speziellen Schulungsprogrammen eingearbeitet. Diese Programme bestehen aus On- und Off-the-Job-Elementen und sind immer häufiger auch individuell abgestimmt. In der Regel rekrutieren die Unternehmen Führungskräfte aus den Reihen und fördern sie mit speziellen (Trainee-)Programmen. Insgesamt gibt es in der chemischen Industrie einen Trend zum Abbau von Hierarchiestufen im Rahmen von Rationalisierungs- und Restrukturierungsmaßnahmen.

Die meisten Absolventen in der pharmazeutischen Industrie sind Chemiker, Biologen und Mediziner. Ingenieure sind besonders in den verfahrenstechnischen Bereichen gefragt. Hier kommt es zunehmend auf Qualifikationen im Umweltschutz, in der Bio- und Nanotechnologie an. Die Nachfrage nach Ingenieuren, die sich an den Schnittstellen zwischen Verfahrenstechnik, Maschinenbau, IT/Bioinformatik, Biologie und Prozessdatenverarbeitung bewegen können, ist in der Branche relativ stabil. Langfristig wird der Industriezweig für Ingenieure aber wohl eine größere Bedeutung erlangen.

<<<<<<<<<<<<<<<<<<<<<<<<<<<<<<<<<<<

In der Pharmaindustrie bringt die Good Manufacturing Practice (GMP) Pluspunkte. Außerdem sollten Ingenieure eine hohe Praxis- und Kundenorientierung und Interesse an betriebs- und naturwissenschaftlichen Fragen mitbringen.

Unternehmen setzen zunehmend interdisziplinäre Teams zur Lösung spezieller Probleme ein. Denn die Aufgaben in Forschung, Entwicklung, Produktion und Vertrieb werden immer komplexer. Daher stoßen Nachwuchsingenieure bei ihrem Berufseinstieg verstärkt auf Mitbewerber anderer Fachrichtungen. Hinzu kommt im Zuge der raschen Internationalisierung der Branche eine wachsende Konkurrenz durch ausländische Bewerber.

Generell sollte man für alle Positionen verfahrenstechnische Kenntnisse vorweisen können. Auch interkulturelle Kompetenz, Teamfähigkeit und Eigeninitiative gehören zu den gewünschten Zusatzqualifikationen.

Mehr noch als die Debatten um Budgetierungen oder Gentechnik macht der Pharmabranche der Abstand zur US-Konkurrenz zu schaffen. Deshalb haben besonders Nachwuchskräfte mit internationaler Erfahrung gute Einstiegschancen. Wegen der starken Exportorientierung gelten auch in der chemischen Industrie gute Sprachkenntnisse als Voraussetzung für einen schnellen Aufstieg. Wie auch in anderen Branchen legen die Unternehmen großen Wert auf Kommunikations- und Teamfähigkeit.

Vor allem große Unternehmen bevorzugen Absolventen und Young Professionals, die eine Tätigkeit als Werkstudent oder Praktika in der Branche vorweisen können. Bewerber, die im Ausland studiert oder dort ein Praktikum absolviert haben, sind in der global tätigen Branche ebenfalls gern gesehen.

Web-Tipp >>>>>>>>>>>>>>>>>>>>>>>>>>>>>>

Der Bundesarbeitgeberverband Chemie (BVAC) stellt Informationen unter **bavc.de** bereit. Informationen über die Branche bietet der Verband der Chemischen Industrie (VCI) unter **vci.de**. Der Verband angestellter Akademiker und leitender Angestellter der chemischen Industrie (VAA) ist unter **vaa.de** zu erreichen. Weitere Infos geben der Bundesverband der Pharmazeutischen Industrie (BPI) unter **bpi.de** und der Verband Forschender Arzneimittelhersteller (VFA) unter **vfa.de**.

<<<<<<<<<<<<<<<<<<<<<<<<<<<<<<<<<<<<

>> Consulting

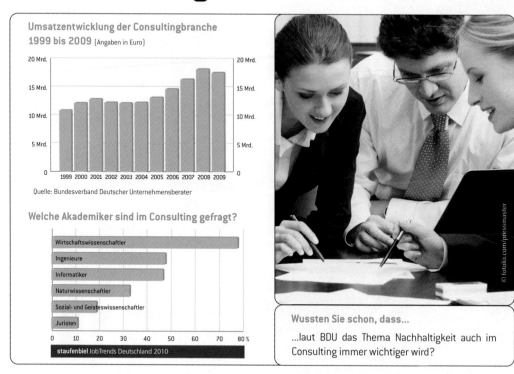

Umsatzentwicklung der Consultingbranche 1999 bis 2009 [Angaben in Euro]

Quelle: Bundesverband Deutscher Unternehmensberater

Welche Akademiker sind im Consulting gefragt?

- Wirtschaftswissenschaftler
- Ingenieure
- Informatiker
- Naturwissenschaftler
- Sozial- und Geisteswissenschaftler
- Juristen

0   10   20   30   40   50   60   70   80 %

staufenbiel JobTrends Deutschland 2010

Wussten Sie schon, dass...

...laut BDU das Thema Nachhaltigkeit auch im Consulting immer wichtiger wird?

© fotolia.com/pressmaster

Die Beraterbranche ist wieder im Aufschwung. Das zeigt sich etwa am Beispiel der Personalberatungen. Laut der Studie „Personalberatung in Deutschland 2009/2010" des Bundesverbands Deutscher Unternehmensberater (BDU) rechnen drei Viertel der Personalberatungsfirmen ab 2010 wieder mit steigenden Umsätzen. 2009 lag der Branchenerlös bei 1,1 Milliarden Euro und damit etwa ein Viertel niedriger als im Vorjahr. 2010 erwartet der BDU in der Personalberatung mit 1,22 Milliarden Euro aber wieder höhere Umsätze. Vor allem bei Personalberatungen im verarbeitenden Gewerbe und im Finanzwesen rechnet der Verband mit besseren Zahlen.

Ganz ähnlich ging es der gesamten Beratungswirtschaft. Der Branchenumsatz sank 2009 um gut 3 Prozent von 18,2 auf 17,6 Milliarden Euro. Damit fand das ständige Wachstum der vergangenen Jahre ein vorläufiges Ende.

Laut der BDU-Studie „Facts & Figures zum Beratermarkt 2009/10" rechnen drei Viertel aller Unternehmensberatungen damit, dass ihr Umsatz 2010 steigt. Den meisten Umsatz erwarten die Personalberatungen. Denn gerade beim Übergang von einer Krise in eine Wachstumsphase ziehen viele Unternehmen Berater für Mitarbeiterprogramme heran.

In den vergangenen Jahren wuchsen vor allem die größeren Unternehmen. Wenn 2009 eine Firma bessere Erlöse erwirtschaften konnte, war sie eher bei den kleineren Branchenvertretern zu finden. Denn diese arbeiten häufig mit freien Beratern zusammen und konnten so vergleichsweise flexibel auf die Wirtschaftslage reagieren.

Obwohl die Beratungsbranche 2009 einen Rückgang des Umsatzes hinnehmen musste, blieb die Verteilung auf die einzelnen Zweige etwa gleich: Fast die Hälfte des Umsatzes (43 Prozent) erzielte die Organisations- und Prozessberatung, gut jeweils ein Fünftel erwirtschafteten die Strategieberatung (24 Prozent) und die IT-Beratung (23 Prozent). Das Human Resources Management fuhr gut ein Zehntel (elf Prozent) ein.

Als einziger Consulting-Zweig konnte die IT-Beratung eine positive Entwicklung vorweisen. Damit setzt sich ein Trend fort. Viele Unternehmen suchten 2009 Beratung bei IT-Lösungen, um Prozesse zu flexibilisieren und Kosten zu senken. Auch mit dem Cloud Computing konnten die IT-Berater punkten. Dabei greifen Unternehmen auf externe Software, Datenspeicher oder Rechenleistung zurück und können sich so Lizenzzahlungen und Investitionen in eigene IT-Lösungen sparen.

Der größte Beratungszweig ist und bleibt die Organisations- und Prozessberatung. Die meisten Projekte befassten sich hier mit dem Projektmanagement (zehn Prozent), gefolgt vom Change-Management (neun Prozent). Im zweitgrößten Zweig, der Strategieberatung, waren vor allem Projekte zur strategischen Unternehmensplanung (zehn Prozent) gefragt.

Der BDU geht davon aus, dass es als Folge der Wirtschaftslage ab 2010 zu mehr Fusionen und Unternehmenskäufen (M&A-Geschäfte) kommt. Nicht nur hier ist mehr Beratungsleistung gefragt. Besonders von Finanzdienstleistern, aus der Chemie- und Pharmabranche, der Telekommunikation und der IT erwartet der BDU eine stärkere Nachfrage. Auch der Bereich des Inhouse Consultings wächst seit einigen Jahren stetig, so das Beratungs- und Marktforschungsunternehmen Lünendonk.

2009 erlebte Deutschland die größte Krise der Nachkriegszeit. Unternehmen sparten an allen Ecken und verzichteten auf viele Beratungsleistungen. Insgesamt gab es trotzdem relativ wenige Entlassungen in der Branche. Die Zahl der Beschäftigten sank in der gesamten Beratungswirtschaft von rund 115000 Mitarbeitern im Jahr 2008 auf gut 113500 im Folgejahr. Für 2010 sind

die Erwartungen aber wieder positiv: Knapp die Hälfte der großen Consulting-Unternehmen will wieder mehr Mitarbeiter beschäftigen. Vor allem Unternehmen, die zwischen 1 und 45 Millionen Euro Umsatz machen, planen Neueinstellungen.

Einstieg & Perspektiven >>>>>>>>>>>>>>>>>>

In renommierten internationalen Unternehmensberatungen durchlaufen Absolventen ein relativ festgelegtes Laufbahnsystem. Sie starten oft als Junior Consultant mit dem Ziel, später Senior Consultant, Projektleiter oder Manager und anschließend Partner zu werden. Dabei gehen viele Beratungsunternehmen davon aus, dass ihre Mitarbeiter regelmäßig in eine höhere Hierarchie-Ebene aufsteigen. Dieser Erfolgsdruck wird in der Branche mit knappen Formeln wie „Up or out" oder „Grow or go" beschrieben. Wer sich nicht regelmäßig weiterentwickelt, kann schlechte Karten haben. Regelmäßige Beurteilungen entscheiden über Auf- oder Ausstieg eines Beraters. Erfolgreiche Consultants haben bei Klientenunternehmen oft gute Einstiegschancen in Top-Positionen. Nicht selten werden sie direkt aus ihrem Beraterjob abgeworben. Auch eine Übernahme aus dem Inhouse Consulting ist möglich. Schon nach einigen Jahren als Berater können gute Consultants Führungspositionen bei Klientenunternehmen übernehmen.

<<<<<<<<<<<<<<<<<<<<<<<<<<<<<<<<<<<<<<<<

Der BDU rechnet damit, dass die Nachfrage nach Nachwuchsberatern auch in den nächsten Jahren ständig steigen wird. Vermehrt werden Consultants gesucht, die in einem Bereich sehr gutes Expertenwissen mitbringen. Vor allem Berater mit Berufs- und Branchenerfahrung sind gefragt. Auch erstklassig ausgebildete Absolventen können weiterhin mit guten Einstiegschancen rechnen.

Die großen Gesellschaften rekrutieren kontinuierlich Absolventen und Professionals, die Erfahrungen und Kontakte aus Industrie und Wirtschaft mitbringen. Unter den Hochschulabsolventen sind besonders Master-Absolventen, Betriebswirte und Wirtschaftsingenieure mit Prädikatsexamen, erster Berufserfahrung oder Promotion oder MBA gefragt. Grundsätzlich haben auch Top-Absolventen anderer Fakultäten sowie Bachelor-Absolventen gute Einstiegschancen im Consulting. Voraussetzung ist, dass sie sich in den gefragten Bereichen weiterbilden. Gute Karten hat, wer schon im Studium Praktika und erste Projekte in der Beratung gemeistert hat.

Anforderungen

Bewerber können einen bleibenden positiven Eindruck hinterlassen, wenn sie neben dem Studium auch einen MBA, eine Promotion oder Berufserfahrung nachweisen können.

Gern gesehen sind hervorragende Noten, praktische Erfahrung, eine analytische Denk- und Arbeitsweise, und Teamgeist – denn Beratungsprojekte finden immer in Gruppen statt. Sehr gute Englischkenntnisse sind ein Muss, eine weitere Fremdsprache gerne gesehen.

An Universitäten und Fachhochschulen haben sich zahlreiche studentische Unternehmensberatungen etabliert. Neben der eigentlichen Beratungsleistung haben sie ein weiteres Ziel: Die von Studenten organisierten Consultingfirmen ermöglichen es engagierten Studenten und Absolventen, ihr theoretisches Studienwissen praxisnah anzuwenden. Viele der klassischen Beratungsbereiche wie Strategie- oder Prozessberatung werden von ihnen abgedeckt. Die meisten studentischen Consultingfirmen sind in einem der beiden Dachverbände Bundesverband Deutscher Studentischer Unternehmensberatungen (BDSU) und im Junior Consultant Network (JCNetwork) organisiert. Absolventen, die zum Abschluss ihres Studiums die projektbezogene Mitarbeit in einer studentischen Unternehmensberatung vorweisen können, werden von Consultingunternehmen besonders gern gesehen. Denn sie haben bewiesen, dass sie ihr theoretisches Wissen auch in der Praxis anwenden können.

Qualifikation

Besonders die internationalen Consultingfirmen werben um High Potentials. Entsprechend aufwendig sind die Auswahlverfahren. Eine Einstellung erfolgt meist erst nach mehreren Interviewrunden. Ungewöhnliche Hobbys oder exotische Studienschwerpunkte können dabei unverhoffte Pluspunkte sein.

Die hohe Arbeitsbelastung bekommen auch junge Berater zu spüren. Eine 60-Stunden-Woche und ein Leben aus dem Koffer können in bestimmten Projektzeiten zum Normalfall werden. Immer häufiger legen aber sowohl Mitarbeiter als auch die Unternehmen selbst Wert auf eine ausgeglichene Work-Life-Balance. Dennoch: Wer als Consultant Karriere machen möchte, wird das nur mit besonderer Einsatzbereitschaft und entsprechender Performance schaffen.

Eine Alternative zur Karriere in der klassischen Beratungsgesellschaft kann die interne Unternehmensberatung sein. International agierende Konzerne haben ihre Inhouse-Consulting-Einheiten auf- und ausgebaut. Der Vorteil für die Industrieunternehmen liegt in teils geringeren Kosten und kürzeren Einarbeitungszeiten. Und schließlich gelten die Inhouse-Consulting-Firmen auch als Kaderschmieden für künftige Führungskräfte. Denn hier lernen die Mitarbeiter neu aufgebaute oder neu strukturierte Unternehmensbereiche sehr gut kennen. Nicht selten übernimmt der Nachwuchs später die Leitung des Bereichs.

Alle großen Beratungsgesellschaften stehen vor der Herausforderung, ihre Teams mit herausragenden Beratern zu besetzen. Der „war for talents" hat weiterhin Bedeutung für die Branche. Der Wettbewerb um die besten Nachwuchskräfte durch erfolgreiche mittelgroße Beratungsunternehmen ist größer geworden. Denn auch sie sind mittlerweile oft sehr bekannt und können Einsteigern attraktive Rahmenbedingungen bieten.

Mehr Infos >>>>>>>>>>>>>>>>>>>>>>>>>>>>>

Weitere Informationen über die Branche finden Sie auch unter **staufenbiel.de/consulting** und im Karriere-Ratgeber Staufenbiel *Consulting*.
<<<<<<<<<<<<<<<<<<<<<<<<<<<<<<<<<<<<<

>> Elektroindustrie

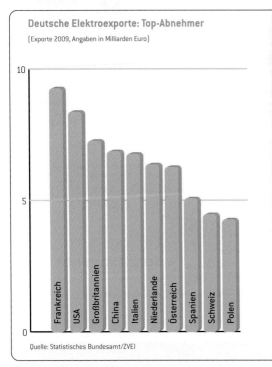

Deutsche Elektroexporte: Top-Abnehmer

[Exporte 2009, Angaben in Milliarden Euro]

Frankreich, USA, Großbritannien, China, Italien, Niederlande, Österreich, Spanien, Schweiz, Polen

Quelle: Statistisches Bundesamt/ZVEI

© istockphoto/gehringj

Wussten Sie schon, dass...

...2009 die Mitarbeiter in der Elektroindustrie zusammen 1 236 Millionen Arbeitsstunden leisteten?

Kaum eine Branche kommt mehr ohne die Elektroindustrie aus. Ob in der Unterhaltungselektronik, Telekommunikation, PC und Multimedia (Consumer Electronics), bei Haushaltswaren, Automatisierungstechnik, Medizin-, Sicherheits- und Kommunikationstechnik oder Kfz-Elektronik und Verkehrsleitsystemen: Überall ist sie vertreten. Die Unternehmen der Elektroindustrie bieten unzählige Produkte und Systeme an. Elektronische Bauteile und Haushaltsgeräte gehören ebenso dazu wie speicherprogrammierbare Steuerungen, medizinische Diagnosegeräte oder biometrische Technologien.

Die einzelnen Sparten lassen sich kaum noch voneinander trennen. Die Informations- und Kommunikationstechnik etwa verschmilzt immer mehr mit Bereichen wie der Unterhaltungselektronik und Multimedia. Hier entstehen ständig neue Technologien und Trends. Gut acht von

zehn Unternehmen bringen regelmäßig Neuerungen auf den Markt. Kein Wunder also, dass die deutsche Elektroindustrie etwa zehn Milliarden Euro in Forschung und Entwicklung (F&E) investiert. Das ist ein Fünftel aller F&E-Ausgaben in Deutschland. Alleine hier beschäftigt die Elektroindustrie über 70 000 Mitarbeiter.

Nimmt man die Beschäftigtenzahlen als Grundlage, war die Elektroindustrie 2009 der zweitgrößte Industriezweig. Mehr Mitarbeiter hatte nur der Maschinenbau. Ende Dezember 2009 arbeiteten 810 000 Menschen in der gesamten Elektroindustrie. Aber auch hier zeigte sich die Wirtschaftskrise. Denn ein Jahr zuvor waren es noch 17 000 Arbeitnehmer mehr. Zu diesen Ergebnissen kommt der Jahresbericht 2009/2010 des Zentralverbands Elektrotechnik- und Elektronikindustrie (ZVEI). Doch gerade beim Trendthema Elektro-Mobilität gehen viele

Wo gibt es die Zukunftstechno-logie, auf die ich meine eigene Zukunft bauen kann?

Yusuf Al-Ghamdi will es wissen. Bei Siemens macht der Ingenieur Karriere mit der Energie von morgen.

Schon als Kind war Yusuf Al-Ghamdi fasziniert von allem, was mit Technik zu tun hatte. Bis heute verfolgt der Ingenieur gespannt die neuesten Entwicklungen. Daher fällt ihm der Zugang zu der bahnbrechenden neuen Technologie, für die er als Vertriebsmanager zuständig ist, auch so leicht. Das Kraftwerk und die Entsalzungsanlage Shuaibah III sorgen für eine effiziente und nachhaltige Strom- und Wasserversorgung für Saudi-Arabien – und ermöglichen faszinierende Karrierechancen für Yusuf Al-Ghamdi. Wollen Sie wissen, wie Sie Ihre Interessen für eine Karriere bei Siemens nutzen können? **Finden Sie's heraus.**

siemens.com/careers

SIEMENS

Unternehmen davon aus, dass sie mehr Fachkräfte brauchen werden.

2009 produzierte die Elektroindustrie Güter im Wert von gut 111 Milliarden Euro. Die Branche erwirtschaftete in dem Jahr einen Umsatz von 145 Milliarden Euro. Mit gut 77 Milliarden erzielte der Industriezweig etwas mehr als die Hälfte davon in Deutschland, so der ZVEI-Jahresbericht. Damit macht sie ein Viertel der jährlichen Wirtschaftsleistung Deutschlands aus.

Die Branche erwartet weiter gute Zahlen. Denn alleine im ersten Halbjahr 2010 ehöhten sich die Auftragseingänge im Vergleich zum ersten Halbjahr 2009 um ein Viertel. Der Umsatz stieg um fast ein Sechstel, die Produktion um ein Zehntel. „Damit hat die Elektroindustrie bei Umsatz und Produktion inzwischen mehr als ein Drittel ihres 2009er Verlustes aufgeholt", fasst ZVEI-Chefvolkswirt Andreas Gontermann zusammen.

Trends

Die wichtigsten Entwicklungen der Branche untersucht der Trendreport „Elektro- und Informationstechnik 2010" des VDE. Demnach liegen die größten Trends bei intelligenten Stromnetzen und E-Mobility. Gerade im Bereich der elektronischen Fortbewegung trauen zwei Drittel der Befragten Deutschland bis 2020 eine Rolle an der Weltspitze zu. Bei elektrischen Antrieben und der Leistungselektronik sind die deutschen Unternehmen gut ausgestattet. Doch vor allem bei der Batterietechnologie und der Infrastruktur von Informations- und Kommunikationstechnologien sehen die Unternehmen noch Nachholbedarf: Neun von zehn Firmen erwarten die größten Herausforderungen der E-Mobility in der Akku-Technik und der Reichweite der Fahrzeuge. Auch bei einem flächendeckenden Netz von Ladestationen und der Ladegeschwindigkeit sehen sie Nachholbedarf, so der VDE.

„Das Elektroauto ist auch ein Elektroprodukt", sagt VDE-Präsident Joachim Schneider.

„Um ganz vorne mitzuspielen, brauchen wir deshalb ausreichend ausgebildete Ingenieure der Elektro- und Informationstechnik." Die Branchenvertreter gehen davon aus, dass sowohl bei der E-Mobility als auch den intelligenten Stromnetzen vor allem mehr Elektroingenieure benötigt werden. Gut acht von zehn Unternehmen erwarten aber, dass sie ihren Bedarf an Fachkräften nicht decken können. Personalmangel bestehe vor allem in den BereichenPlanung/Projektierung/Engineering, Forschung/Entwicklung und Vertrieb/Marketing. Laut VDE blieb daher für fast zwei Drittel aller Unternehmen die Nachwuchsförderung auch während der Wirtschaftskrise wichtig.

Elektroingenieure in der Gesundheitsbranche >>>>

Ob zur Vorbeugung, zur Rehabilitation oder um Menschen mit Behinderung das Leben zu erleichtern: Die Medizintechnik wird immer wichtiger. So sind klassische biomechanische Geräte wie Prothesen oder Implantate meist mit elektronischen Steuer- und Regelwerken ausgestattet. Nahezu jedes medizinische Gerät ist heute mit Elektronik versehen. So werden computergestützte Verfahren, Systeme und Geräte zur Diagnose und Therapie eingesetzt. Elektronik findet sich auch in der minimal-invasiven Chirurgie und in Diagnosegeräten. Außerdem nimmt die Vernetzung von medizinischen Instrumenten zu.

Elektroingenieure sind hier sehr gefragt. Spezielle Weiterbildungen in Biomedizin oder Medizintechnik sind von Vorteil. Wer sich für einen Einstieg in die Medizintechnik interessiert, sollte zudem kundenorientiert sein und Pionier- und Teamgeist haben. Der Gesundheitsmarkt verändert sich ständig. Darum ist Flexibilität gefragt, um sich diesem Wandel schnell anpassen zu können. Zu den Aufgaben zählt außerdem, medizinische Geräte zu warten, instand zu halten oder auf Messen vorzustellen. Daher ist auch Reisebereitschaft wichtig.

<<<<<<<<<<<<<<<<<<<<<<<<<<<<<<<<<<<<<<<

Anforderungen

Nach wie vor sind in der Elektroindustrie überdurchschnittlich viele Akademiker beschäftigt. Ingenieure und Informatiker sind besonders ge-

Join the Automation Team

Mit mehr als 1.850 Mitarbeitern und einem weltweiten Vertriebsnetz in 68 Ländern zählen wir zu den größten und erfolgreichsten Privatunternehmen der Branche. Unsere technologisch erstklassigen Lösungen im Bereich Steuerung, Antriebstechnik und Visualisierung setzen neue Maßstäbe in der industriellen Automatisierung.

AUTOMATION TRAINEE PROGRAM

Werden Sie Automation Trainee in unserem Engineering Camp und profitieren Sie von einer umfassenden Ausbildung in den Bereichen:

- Steuerungstechnik
- Antriebstechnik
- Visualisierung
- Projektmanagement
- Automation Studio
- Soft skills

Dieses mehrmonatige Trainingsprogramm mit internationalen Teilnehmern richtet sich an Absolventen technischer Fachrichtungen, die Automatisierungsprojekte in Österreich oder international abwickeln wollen, Vertriebs- und Supportaufgaben interessant finden und gerne im Team arbeiten.

Ausbildungsstandort ist das Stammhaus in Eggelsberg, Oberösterreich.

Für detaillierte Informationen wenden Sie sich bitte an:

Bernecker + Rainer Industrie-Elektronik Ges.m.b.H.
z.Hd. Mag. Nicole Rainer, B&R Straße 1, 5142 Eggelsberg, Austria
Tel.: +43 (0)77 48 / 65 86-0, jobs@br-automation.com

Perfection in Automation
www.br-automation.com

fragt. Gute Chancen haben diejenigen, die gut und schnell studiert haben. Eine der wichtigsten Schlüsselqualifikationen ist und bleibt die Teamfähigkeit – sowohl über Abteilungs- und Standort- als auch über Landesgrenzen hinaus.

Einstieg & Perspektiven >>>>>>>>>>>>>>>>>>>>>

Absolventen der Elektro- und Informationstechnik haben gute Berufsperspektiven – so der VDE. Denn schon lange klafft eine Ingenieurslücke: Die Belegschaft wird immer älter, doch zu wenige junge Ingenieure kommen nach.

Ein Ingenieur der Elektrotechnik kann in vielen Bereichen tätig werden. Die wichtigsten sind:
• Forschung, Entwicklung, Konstruktion
• Fertigung, Betrieb
• Vertrieb, Marketing
• Projektierung, Planung
• Qualitätswesen, Arbeitssicherheit
• Inbetriebnahme, Instandhaltung, Services
• Projekt- und Unternehmensmanagement
• Bildungswesen.

Wer Elektrotechnik studiert hat, muss aber nicht zwangsläufig in der elektrotechnischen Industrie arbeiten. In jeder Phase der beruflichen Entwicklung können sich Möglichkeiten zum Wechsel in andere Branchen oder den öffentlichen Dienst ergeben. Darüber hinaus stehen Elektroingenieuren weitere Türen offen – beispielsweise im Supply Chain Management oder im Softwarebereich.

Viele Absolventen planen ihren Berufseinstieg bei bekannten Großunternehmen. Doch in der Elektroindustrie gibt es vor allem mittelständische Unternehmen. Auch sie bieten Nachwuchskräften gute Einstiegsmöglichkeiten. Hier sind weniger Spezialisten als vielmehr Allrounder gefragt. Das liegt daran, dass die Aufgaben meist breit angelegt sind. Während Nachwuchskräfte bei Großunternehmen oft als Trainee einsteigen, ist im Mittelstand eher der Direkteinstieg mit Patenmodellen oder Learning by Doing üblich.

<<<<<<<<<<<<<<<<<<<<<<<<<<<<<<<<<<<<<<<<

Viele Unternehmen arbeiten international mit Kollegen, Kunden und Zulieferern zusammen. Daher sollten Ingenieure neben Kommunikationstalent und guten Problembewältigungsstrategien auch interkulturelle Kompetenz mitbringen. Denn bei einer solch internationalen Branche sind sehr gute Fremdsprachenkenntnisse ein Muss. Perfektes Englisch alleine reicht oft nicht. Denn viele Unternehmen engagieren sich stark in Asien (China, Japan, Indien) und anderen Weltregionen. Entsprechende Sprachkenntnisse sind daher gerne gesehen. Das gilt auch für mittelständische Unternehmen.

Pluspunkte haben Bewerber, die bereits während des Studiums Praxiserfahrung in der Branche gesammelt und sich auch außerhalb ihrer Hochschule engagiert haben. Erwartet wird vom Elektroingenieur heute zudem eine starke Kundenorientierung. Der moderne E-Ingenieur muss ein ausgeprägtes Kosten-, Qualitäts- und Terminbewusstsein mitbringen und dafür auch über kaufmännisches Know-how verfügen. Gerade für leitende Rollen brauchen Ingenieure fachlich-technisches Wissen, Führungsqualitäten und müssen Verantwortung für den Technik- und Personaleinsatz übernehmen können.

Je nach Schwerpunkt sind Zusatzqualifikationen empfehlenswert: Analoge und digitale Schaltungstechnik, Optik, Sensorik, Halbleiter, EMR-Technik, Mikroprozessoren, Automatisierungstechnik und Antriebstechnik sind Anforderungen, die man je nach Einsatzfeld mitbringen sollte.

IT-Kenntnisse sind immer eine Grundvoraussetzung. Da die nötigen IT-Skills aber stark von den zu erstellenden Produkten abhängen, ist eine pauschale Empfehlung nur schwer möglich. Generell gilt, dass Entwickler und Konstrukteure 3D-CAD-Systeme beherrschen sollten. Außerdem sind Kenntnisse von Programmiersprachen wie C++ und Java fast immer nötig.

Web-Tipp >>>>>>>>>>>>>>>>>>>>>>>>>>>>>>

Der Verband der Elektrotechnik, Elektronik & Informationstechnik (VDE) präsentiert die Branche unter **vde.de**. Infos über die Elektroindustrie bietet der Zentralverband Elektrotechnik- und Elektroindustrie (ZVEI) unter **zvei.de**.

<<<<<<<<<<<<<<<<<<<<<<<<<<<<<<<<<<<<<<<<

>> Energiewirtschaft

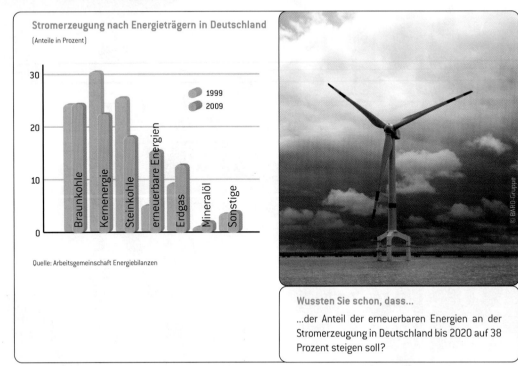

Stromerzeugung nach Energieträgern in Deutschland
(Anteile in Prozent)

Legende: 1999, 2009

Kategorien: Braunkohle, Kernenergie, Steinkohle, erneuerbare Energien, Erdgas, Mineralöl, Sonstige

Quelle: Arbeitsgemeinschaft Energiebilanzen

© BARD-Gruppe

Wussten Sie schon, dass...

...der Anteil der erneuerbaren Energien an der Stromerzeugung in Deutschland bis 2020 auf 38 Prozent steigen soll?

Zur Energiewirtschaft gehören Elektrizitätsversorger und die Mineralölwirtschaft genauso wie die Erzeuger von Primärenergie. Die Netto-Stromerzeugung in Deutschland ging 2009 auf 561 Milliarden Kilowattstunden zurück, ganze sechs Prozent weniger als im Vorjahr. Das ermittelte der Bundesverband der Energie- und Wasserwirtschaft (BDEW). Der Grund: Die schwächere Stromnachfrage in der Industrie. „Erholt sich die deutsche Wirtschaft, erwartet die Energiebranche wieder einen Zuwachs des Strombedarfs", erklärte Hildegard Müller, Vorsitzende der BDEW-Hauptgeschäftsführung.

Fast zwei Drittel der Stromproduktion beruhte auch 2009 auf Kohle und Kernenergie. Erdgas trug 13 Prozent zur Stromerzeugung bei. Die erneuerbaren Energien konnten erneut ihren Anteil steigern – auf mittlerweile 16 Prozent. Darin enthalten sind 6,6 Prozent Stromerzeu-

gung durch Windenergie, gut fünf Prozent durch Biomasse, mehr als drei Prozent durch Wasserkraft und gut ein Prozent durch Windenergie.

Nach einem Aktionsplan des Umweltministeriums sollen die erneuerbaren Energien bis zum Jahr 2020 in Deutschland 38 Prozent des Strombedarfs decken. 2010 feiert der Bereich der erneuerbaren Energien zudem ein Jubiläum. 2000 trat das Erneuerbare-Energien-Gesetz (EEG) in Kraft und verhalf der Branche zu einem gewaltigen Schub. Den Erzeugern von Strom aus Wind, Sonne, Wasser, Biowasser und Erdwärme garantiert es die Abnahme und Einspeisevergütungen für jede erzeugte Kilowattstunde.

Nachhaltig ist auch die Wirkung der erneuerbaren Energien auf dem Arbeitsmarkt – daran konnten weder die Wirtschaftskrise noch die seit Juli 2010 gesenkten Fördersätze für Solaranlagen etwas ändern. Nach einer Prognose des Ham-

Einmal Zukunft mit allem!

E.ON bietet Absolventen der Ingenieurwissenschaften einen einzigartigen Karriereeinstieg in die Zukunftsbranche Energie: Während Ihrer Traineezeit lernen Sie mehrere Stationen im Konzern kennen, arbeiten international und übernehmen früh Projektverantwortung. Engagierte und neugierige Zukunftsgestalter sind bei uns im Team herzlich willkommen!

Ihre Energie gestaltet Zukunft

Hier finden Sie mehr Infos zum E.ON Graduate Program:
www.eon-karriere.com

burgischen Weltwirtschaftsinstituts (HWWI) werden 2020 in Deutschland etwa 470 000 Menschen in dieser Branche arbeiten. Das sind 170 000 mehr als heute.

Einstieg & Perspektiven >>>>>>>>>>>>>>>>>>

Gut ausgebildete Ingenieure verschiedener Fachrichtungen haben im Energiesektor zahlreiche Karrieremöglichkeiten. Vielfältige technologische Herausforderungen machen die Branche besonders spannend. Das Tätigkeitsspektrum für Ingenieure reicht von technischen Aufgaben wie Planung, Projektierung, Wartung und Betrieb von elektrischen Anlagen in Kraftwerken, Umspannwerken, Übertragungs- und Verteilungsnetzen bis hin zur langfristigen Ausbauplanung . Dabei müssen der wirtschaftliche Nutzen, die Umweltverträglichkeit und die Ressourcenschonung berücksichtigt werden. Besonders spannend kann eine Einstiegsposition in der Forschung und Entwicklung sein.

Einstiegsmöglichkeiten bieten klassische Stromerzeuger, Betreiber von regenerativen Energiequellen und kommunale Versorgungsbetriebe. Optimal ist, vorher ein Praktikum im gewünschten Unternehmen absolviert zu haben, um Praxiserfahrung und erste Branchenkenntnis mitzubringen. Wer gute Leistungen zeigt, kann anschließend seine Examens- oder Doktorarbeit im Unternehmen schreiben.

In der Strombranche stehen weiterhin Unternehmenskooperationen, Beteiligungen und Fusionen auf der Agenda. Auch im Bereich der erneuerbaren Energien erwarten Experten einen Konzentrationsprozess. Kostensenkungspotenziale auszuschöpfen sowie Kundenorientierung, Vertrieb, Handel und Marketing werden immer wichtiger.

<<<<<<<<<<<<<<<<<<<<<<<<<<<<<<<<<<<<<<

Anforderungen

Das Aufgabenfeld von Ingenieuren in der Energiewirtschaft reicht von der Energieumwandlung über die Energieverteilung bis zur Energieversorgung. Die Branche sucht vor allem Ingenieure und Physiker mit entsprechender Spezialisierung. Allerdings sollte man sich nicht zu früh spezialisieren. Sinnvoller ist, einen Überblick über das gesamte Tätigkeitsfeld zu bekommen – etwa durch die klassischen Studiengänge

Maschinenbau und Elektrotechnik. Auch Verfahrenstechniker und Chemiker haben Chancen in der Energiewirtschaft. Energieingenieure sind mit der Planung, dem Bau und dem Betrieb von Kraftwerken beschäftigt. Oder sie entwickeln und optimieren Verfahren zur Nutzung regenerativer Energien. Eine zentrale Herausforderung ist, Speicherkapazitäten und Stromtrassen zu entwickeln, die die Energiemengen zum Verbraucher bringen.

Weitere Einsatzgebiete gibt es in der Planung von Energieversorgungsfirmen, in der landwirtschaftlichen und forstlichen Forschung oder im Anlagenbau. Auch Wirtschaftsingenieure sind gefragt. Sie werden in Finanzierungs- oder Fondsgesellschaften sowie als Nachfrager von Anlagen und Dienstleistungen in der Bioenergie eingesetzt. Branchenüblich sind auch kleine Unternehmen, die nach Allroundern suchen.

Wer einen Abschluss in Maschinenbau, Energie- und Verfahrenstechnik, Wirtschaftsingenieurwesen oder Informatik hat, erfüllt bereits die Grundbedingungen für einen Einstieg in die Energiebranche. Vor allem Bewerber, die bereit sind, international zu arbeiten, sind gefragt. Gute Englischkenntnisse und eine solide Grundlagenausbildung sind gute Voraussetzungen, um auch in benachbarten Branchen einen Job zu finden.

Web-Tipp >>>>>>>>>>>>>>>>>>>>>>>>>>>>>>

Der Bundesverband der Energie- und Wasserwirtschaft (BDEW) stellt unter **bdew.de** Informationen über die Branche zur Verfügung. Der Bundesverband der Erneuerbaren Energie (BEE) ist unter **bee-ev.de** erreichbar. Zahlreiche Infos halten auch der Bundesverband Windenergie (**windenergie.de**), der Bundesverband Solarwirtschaft (**solarwirtschaft.de**), die Fachagentur Nachwachsende Rohstoffe (**fnr.de**) und die Website **erneuerbare-energien.de** des Bundesumweltministeriums bereit.

<<<<<<<<<<<<<<<<<<<<<<<<<<<<<<<<<<<<<<

Theorie ist grau. Sagt man. Praxis ist bunt. Sagen wir.

Das Studium Universale ist eine schöne Vision: Alles kennen lernen, viele Einblicke gewinnen und das Wissen ganz verschiedener Disziplinen sammeln. Unser Angebot für Studenten (w/m) orientiert sich an diesem Gedanken. Als Konzern, der ein riesiges Spektrum rund um Energie und energienahe Dienstleistungen abdeckt, können wir diese Vielfalt auch bieten. Ob in einem Praktikum, einer Werkstudententätigkeit oder mit der Möglichkeit, die Abschlussarbeit des Studiums bei uns anzufertigen. Wir sind sicher, Ihnen die passende Chance bieten zu können.

Mehr Informationen unter:

www.enbw.com/karriere

EnBW

Energie
braucht Impulse

>> Entsorgungswirtschaft/Umwelt

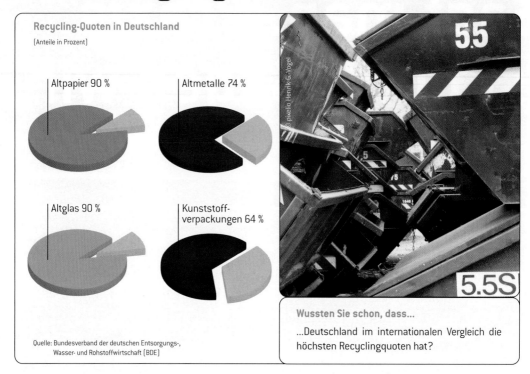

Recycling-Quoten in Deutschland

(Anteile in Prozent)

Altpapier 90 %

Altmetalle 74 %

Altglas 90 %

Kunststoff-
verpackungen 64 %

Quelle: Bundesverband der deutschen Entsorgungs-,
Wasser- und Rohstoffwirtschaft (BDE)

© pixelio_Henrik-G.-Vogel

5.5

5.5S

Wussten Sie schon, dass...

...Deutschland im internationalen Vergleich die höchsten Recyclingquoten hat?

Recycling und Entsorgung, Städtereinigung, Wasserver- und -entsorgung: So fasst der Bundesverband der Deutschen Entsorgungs-, Wasser- und Rohstoffwirtschaft (BDE) die Branche der Entsorgungswirtschaft zusammen. Darunter fallen etwa Betreiber und Bauer von Müllverbrennungsanlagen, Deponien, Kompostierungsanlagen oder Klärwerken.

Nur langsam erholen sich die deutschen Entsorgungsunternehmen von der Wirtschaftskrise. Nur etwa jedes 15. Unternehmen war nicht davon betroffen. Zu diesem Ergebnis kommt eine Konjunktur-Umfrage des BDE. Laut der Erhebung ist aber Besserung in Sicht. Während 2009 sechs von zehn Befragten über sinkende Umsätze klagten, rechnet 2010 nur noch ein Viertel der Unternehmen mit einem Umsatzrückgang. Fast ein Drittel der Branchenvertreter erwartet gar ein Wachstum. „Offensichtlich gilt auch für

die deutsche Kreislauf- und Entsorgungswirtschaft, dass die Talsohle durchschritten zu sein scheint", bestätigt BDE-Präsident Peter Kurth.

Die Hoffnung auf Besserung zeigt sich auch am Arbeitsmarkt: Etwa jedes sechste Unternehmen möchte weitere Mitarbeiter einstellen. Derzeit sind in den deutschen Unternehmen der Entsorgungs-, Wasser- und Kreislaufwirtschaft 250 000 Menschen beschäftigt.

Erneuerbare Energien

Die Bundesrepublik gilt bei den erneuerbaren Energien als Spitzenreiter. Mit dieser Rolle dient die deutsche Umweltbranche vielen Ländern als Vorbild. Und da die internationalen Umweltstandards immer schärfer werden, bieten sich deutschen Unternehmen weltweit gute Chancen. Die neuen EU-Länder etwa sind auf das Knowhow der deutschen Firmen angewiesen, um möglichst schnell die EU-Bestimmungen zur Abfallentsorgung zu erfüllen.

Einstieg & Perspektiven >>>>>>>>>>>>>>>>

Mit der wachsenden Bedeutung der Entsorgungswirtschaft und Umweltbranche eröffnen sich Ingenieuren viele Einsatzmöglichkeiten. Arbeitsplätze gibt es in Ingenieurbüros, Industrie- und Handwerksbetrieben, Behörden und privaten Dienstleistungsunternehmen. Gleiches gilt für den Einsatzbereich Entwicklung bei Anlagenherstellern und Recycling- und Müllverbrennungsanlagen. Verfahrenstechniker und Bioverfahrenstechniker werden gebraucht, wenn es darum geht, Methoden zu Kompostierung und Abbau von Schadstoffen im Müll auf biologischer Basis zu entwickeln. Hier arbeiten Chemiker und Biologen eng zusammen.

In der Entsorgungswirtschaft geht es aber nicht nur um das Sammeln, Recyceln und Entsorgen von Abfallstoffen. Die Organisation und Logistik dieser Prozesse, die Entwicklung neuer umweltfreundlicherer Anlagen und Verfahren zur Abfallentsorgung und -verwertung sind mindestens genauso wichtig.

Für Ingenieure, die im grünen Arbeitsmarkt einsteigen möchten, kann neben der Entsorgungswirtschaft auch der Bereich Umwelttechnik interessant sein. Denn in nahezu allen Branchen wird der Umweltschutz thematisiert. Damit wächst auch die Nachfrage nach Spezialisten, die Umwelt und Technik verbinden können.

Ingenieure in der Umwelttechnik befassen sich mit dem nachhaltigen Schutz und der Wiederherstellung der Umwelt. Sie entwickeln und verbessern umweltschonende Produkte und Prozesse. Vor allem treffen sie vorbeugende Maßnahmen, um Umweltschäden zu verhindern. Die Chancen in diesem Bereich stehen nicht schlecht. Denn viele Unternehmen mit einer eigenen Forschungs- und Entwicklungsabteilung haben auch einen Bereich, der dafür verantwortlich ist, dass Produkte umweltschonend gefertigt werden.

<<<<<<<<<<<<<<<<<<<<<<<<<<<<<<<<<<<

Die erneuerbaren Energien nehmen in der Entsorgungswirtschaft und der Umweltbranche eine wichtige Rolle ein. Gefragt sind etwa Ersatzbrennstoffe, die aus Abfällen oder Abwasser gewonnen werden. Speziell der Bereich Biogas boomt weiterhin. Nicht nur zur Stromerzeugung und als Kraftstoff, sondern zunehmend auch für die Wärmenutzung. Deutschland ist im Bereich Biogas weltweit absoluter Marktführer. Seit dem Jahr 2000 hat sich die Zahl der installierten Biogasanlagen laut Fachverband Biogas auf etwa 5 800 gut verfünffacht. 2009 lag der Umsatz der Biogasbranche in Deutschland bei 2,6 Milliarden Euro. In der Branche arbeiten aktuell 17 000 Mitarbeiter.

Anforderungen

Von der Abwasseraufbereitung über das Müll-Recycling und den Immissionsschutz bis hin zu Forschung und Entwicklung: Für Ingenieure in der Entsorgung und Umwelttechnik gibt es viele Einsatzgebiete. Gefragte Fachrichtungen sind Wirtschaftsingenieurwesen, Maschinenbau und Verfahrenstechnik, vereinzelt auch Bergbau und Bauwesen.

Je nach Einsatzgebiet arbeiten Ingenieure in Projekten mit Fachkräften anderer Disziplinen zusammen. Dabei treffen sie häufig auf Chemiker, Biologen, Physiker oder Geowissenschaftler. Gerade im interdisziplinären Umfeld und im Umweltschutz gibt es interessante Technik-Jobs. Unternehmen setzen zunehmend auf Allrounder, Fachwissen allein reicht längst nicht mehr. Neben Teamfähigkeit, einer selbstständigen Arbeitsweise und guten Fremdsprachenkenntnissen sollten Bewerber Interesse für verwandte Fächer mitbringen. Auch Zusatzqualifikationen etwa im Umweltrecht, im kaufmännischen Bereich oder chemische Kenntnisse sind sehr gerne gesehen. Wer eine Karriere in der Umwelttechnik anstrebt, sollte durch Praktika oder als Werkstudent Brancheneinblicke gesammelt haben. Denn Praxiserfahrung ist von zentraler Bedeutung.

Web-Tipp >>>>>>>>>>>>>>>>>>>>>>>>>>>>>

Der Bundesverband der Deutschen Entsorgungswirtschaft ist im Netz unter **bde-berlin.de** zu erreichen. Informationen etwa über Teilbereiche der Umweltbranche gibt das Umweltbundesamt unter **umweltbundesamt.de**. Auf **erneuerbare-energien.de** informiert das Bundesumweltministerium über regenerative Energien. Der Fachverband Biogas e.V. liefert Informationen zu Biogas unter **biogas.org**.

<<<<<<<<<<<<<<<<<<<<<<<<<<<<<<<<<<<

>> Spezielle Ingenieurdienstleistungen

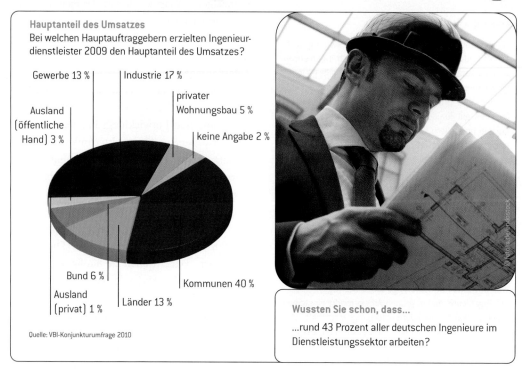

Hauptanteil des Umsatzes
Bei welchen Hauptauftraggebern erzielten Ingenieurdienstleister 2009 den Hauptanteil des Umsatzes?

Gewerbe 13 %

Industrie 17 %

Ausland
(öffentliche
Hand) 3 %

privater
Wohnungsbau 5 %

keine Angabe 2 %

Bund 6 %

Ausland
(privat) 1 %

Länder 13 %

Kommunen 40 %

Quelle: VBI-Konjunkturumfrage 2010

Wussten Sie schon, dass...

...rund 43 Prozent aller deutschen Ingenieure im
Dienstleistungssektor arbeiten?

Viele Unternehmen lagern Teile der Arbeit an externe Firmen aus. Ingenieurdienstleister haben gegenüber Konzernen den Vorteil, schnell und flexibel handeln zu können. Rund 58 000 mittelständische Ingenieurbüros beschäftigen in Deutschland mehr als 280 000 Menschen und generieren dabei ein Umsatzvolumen von etwa 30 Milliarden Euro. Berufseinsteiger haben hier nach wie vor gute Perspektiven. Laut Konjunkturumfrage vom Verband Beratender Ingenieure (VBI) stellten 2009 allein 215 VBI-Büros rund 1 000 Ingenieure ein. Und auch 2010 sollen neue Arbeitsplätze geschaffen werden. Zwei Drittel der befragten VBI-Unternehmen wollen ihren Personalstamm halten, knapp 20 Prozent wollen ihn erhöhen, knapp zehn Prozent ihn vermindern. „Wir hatten mit starken Umsatzeinbrüchen gerechnet, aber es ist ganz anders gekommen: Die deutschen Ingenieurunternehmen trotzten der Krise mit höheren Umsätzen und Personalaufbau 2009", stellt Klaus Rollenhagen, Hauptgeschäftsführer des Verbandes Beratender Ingenieure VBI fest.

Das Thema Ingenieurmangel wird die Branche auch 2010 beschäftigen. 71 Prozent geben an, offene Stellen nicht schnell genug adäquat besetzen zu können, und zehn Prozent der Büros sehen das Abwerben qualifizierter Mitarbeiter als wettbewerbsverschärfend.

Die Bilanz für das Geschäftsjahr 2009 zeigt in der Umfrage ein positives Bild. 28 Prozent steigerten ihre Umsätze, obwohl nur 16 Prozent das erwartet hatten. Unverändert war die Umsatzrendite bei 42 Prozent, gefallen ist sie bei 28 Prozent. 15 Prozent der Unternehmen erwarten auch für 2010 Umsatzsteigerungen, während die Hälfte zumindest mit stabilen Umsätzen rechnet. Damit sind die Erwartungen schlechter

Wollen Sie als Ingenieur die Zukunft gestalten?

Arbeiten Sie mit uns an der Entwicklung der Zukunft – und an Ihrer Karriere.
Als führender Engineering-Dienstleister bieten wir bundesweit in allen Ingenieur-
Bereichen beste Perspektiven für Berufseinsteiger und Berufserfahrene.

www.ee-ag.com/karriere

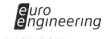

creating future

als im vergangenen Jahr, als noch zwei Drittel aller Befragten mit einer höheren Umsatzrendite rechneten. Die Erhöhung der Honorarordnung für Architekten und Ingenieure (HOAI) schlägt sich insofern nicht nieder. 29 Prozent erwartet eine Verschlechterung der Umsatzrendite. Im Vorjahr waren es noch 34 Prozent.

Das Konjunkturpaket der Bundesregierung hat sich kaum in der Branche bemerkbar gemacht. Nur sieben Prozent der VBI-Mitglieder konnten stark von den Konjunkturpaketen profitieren. Das ist in Anbetracht der großen Bindung der VBI-Büros an die öffentlichen Auftraggeber (knapp 60 Prozent) wenig. 28 Prozent sagen, sie hätten nur mäßig von der öffentlichen Förderung profitiert. Dennoch geben 38 Prozent der befragten Ingenieurunternehmen an, dass sie weitere Konjunkturpakete nützen würden.

Einstieg & Perspektiven >>>>>>>>>>>>>>>>>

Gerade für junge Ingenieure ist es wichtig, Erfahrungen zu sammeln. Für sie eignet sich der Einstieg bei einem Ingenieurdienstleister, denn nirgendwo sonst bestehen so viele Möglichkeiten, vielfältige Projektumgebungen kennenzulernen und so die eigenen Interessen und Stärken zu entdecken. Man arbeitet mit verschiedenen Unternehmen unterschiedlicher Branchen zusammen, ohne den Arbeitgeber wechseln zu müssen. Je nach Kunde kann es vorkommen, dass eine projektbezogene Zusammenarbeit mehrere Jahre dauert.
In der Produktentwicklung unterstützen Ingenieure den Kunden von der Ideenfindung bis hin zur Umsetzung in die Serienreife – etwa für Elemente der Karosserie, des Fahrwerks, der Aggregate oder der Elektronik. In der Produktion beschäftigen sie sich mit der Planung, Projektion und Konstruktion von Produktionsanlagen aus den Bereichen Rohbau, Presswerk oder Montage. Unternehmen lagern vor allem die Bereiche Software-Entwicklung, Komponentenfertigung, Komponentenentwicklung und Montage an Ingenieurdienstleister aus. Wichtigstes Kriterium bei der Wahl des Outsourcing-Partners ist die fachliche Kompetenz, gefolgt von methodischer und kommunikativer Kompetenz.

<<<<<<<<<<<<<<<<<<<<<<<<<<<<<<<<<<<<<<

Anforderungen

Nachwuchsingenieure, die bei einem Ingenieurdienstleister einsteigen wollen, sollten in jedem Fall praktische Erfahrung mitbringen. Gesucht werden qualifizierte Fachkräfte der Fachrichtungen IT, Maschinenbau und Elektrotechnik. Vor allem beruflich mobile Ingenieure sind in Dienstleistungsunternehmen gefragt, weil oft Projekte beim Kunden vor Ort bearbeitet werden. Da jedes Projekt mit einem Jobwechsel vergleichbar ist, sind Anpassungsfähigkeit, Flexibilität und Lernbereitschaft ein unbedingtes Muss.

Wer daran denkt, sich als Ingenieur selbstständig zu machen, sollte berücksichtigen, dass gerade in der Anfangszeit die zeitliche Belastung im Job sehr hoch ist. Deshalb ist eine gute mentale und körperliche Verfassung ebenso wichtig wie die Unterstützung durch Familie, Freunde, Bekannte und frühere Studienkollegen. Oft müssen einige Monate mit viel Arbeit und wenig Umsatz überwunden werden, ehe man genügend Kunden gewonnen hat.

Eine der wichtigsten persönlichen Voraussetzungen – neben einem gewissen Maß an Risikobereitschaft – ist die Fähigkeit, Kontakte zu Kunden und Geschäftspartnern knüpfen und pflegen zu können. Wer die Kosten der Gründung niedrig halten will, kann sein Büro in einem Technologiepark und Gründerzentrum ansiedeln. Als Starthilfe stellen Technologiezentren kleinere Gewerbeflächen zu günstigen Konditionen zur Verfügung. Telefonzentrale, Kopierer und Computernetze können gemeinsam genutzt werden. Diese Dienste werden meist je nach Inanspruchnahme bezahlt, sodass sich der Fixkostenanteil und die Anfangsinvestitionen auf ein notwendiges Minimum senken lassen.

Web-Tipp >>>>>>>>>>>>>>>>>>>>>>>>>>>>>>

Der VBI – Verband Beratender Ingenieure gibt detaillierte Infos unter **vbi.de**.

<<<<<<<<<<<<<<<<<<<<<<<<<<<<<<<<<<<<<<

>> IT/Telekommunikation

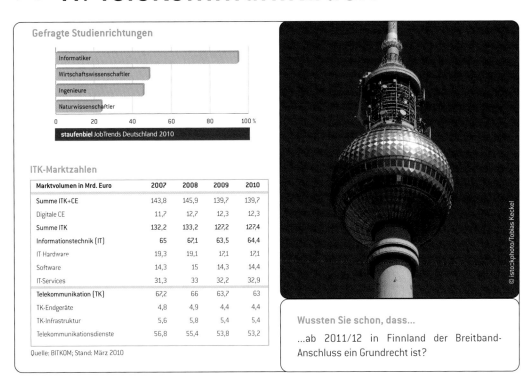

Gefragte Studienrichtungen

- Informatiker
- Wirtschaftswissenschaftler
- Ingenieure
- Naturwissenschaftler

0 20 40 60 80 100 %

staufenbiel JobTrends Deutschland 2010

ITK-Marktzahlen

Marktvolumen in Mrd. Euro	2007	2008	2009	2010
Summe ITK+CE	143,8	145,9	139,7	139,7
Digitale CE	11,7	12,7	12,3	12,3
Summe ITK	132,2	133,2	127,2	127,4
Informationstechnik (IT)	65	67,1	63,5	64,4
IT Hardware	19,3	19,1	17,1	17,1
Software	14,3	15	14,3	14,4
IT-Services	31,3	33	32,2	32,9
Telekommunikation (TK)	67,2	66	63,7	63
TK-Endgeräte	4,8	4,9	4,4	4,4
TK-Infrastruktur	5,6	5,8	5,4	5,4
Telekommunikationsdienste	56,8	55,4	53,8	53,2

Quelle: BITKOM; Stand: März 2010

© istockphoto/Tobias Keckel

Wussten Sie schon, dass...

...ab 2011/12 in Finnland der Breitband-Anschluss ein Grundrecht ist?

Die Branche für Informationstechnik und Telekommunikation (ITK) hat sich auf den vorderen Plätzen der deutschen Industrie etabliert. Da sind sich die Experten des Bundesverbands Informationswirtschaft, Telekommunikation und neue Medien (Bitkom) sicher. Demnach rangiert der ITK-Bereich noch vor Maschinenbau, der Automobil-, Elektro- und chemischen Industrie und der Ernährungswirtschaft auf Platz 1, wenn es um die Bruttowertschöpfung geht.

Aber auch an den IT- und Telekommunikations-Unternehmen war die Wirtschaftskrise nicht spurlos vorübergezogen. Lagen die Umsätze 2008 noch bei fast 146 Milliarden Euro, erwirtschafteten die Branchenvertreter im Folgejahr nur knapp 140 Milliarden Euro. Für 2010 geht der Bitkom aber wieder von einem leicht steigenden Umsatz um 0,1 Prozent aus.

Insgesamt schaut die Branche optimistisch in die Zukunft. Laut Branchenbarometer des Bitkom erwarten mehr als drei Viertel aller ITK-Unternehmen ein Wachstum. „Wir rechnen für 2010 mit einem positiven Geschäftsverlauf, die Nachfrage wird weiter steigen", ist sich Bitkom-Präsident August-Wilhelm Scheer sicher. Vor allem Software-Häuser und IT-Dienstleister sind von einer guten Entwicklung überzeugt. Große Veränderungen des Umsatzes erwartet der Verband 2010 aber in keinem Teilbereich der Branche. Die Experten gehen von einem leichten Anstieg bei den Unternehmen der Informationstechnik und einem ebenso leichten Rückgang bei den Vertretern der Telekommunikation aus.

Die Europäische Union will die Entwicklungen in der Branche unterstützen: Im Rahmen der „Digitalen Agenda für Europa" wird die EU-Kommission im Jahr 2011 IKT-Forschungsprojekte mit insgesamt 1,2 Milliarden Euro unterstützen. Und jedes Jahr soll das Budget weiter aufgestockt werden. Mit dem Geld sollen vor allem Entwicklungen von neuen Netz- und Dienstinfrastrukturen, Robotersysteme, Elektronik- und Photonik-Bausteine sowie Technologien zur Nutzung digitaler Medien gefördert werden. Ein weiteres großes Thema soll die Forschung darüber sein, was die ITK zu einer CO_2-ärmeren Wirtschaft, nachhaltigen Fabriken und der Herausforderung der Bevölkerungsalterung beitragen kann. Und schließlich sollen die Fördergelder genutzt werden, um europäische Schlüsselinfrastrukturen zu verbessern.

Arbeitsmarkt

2009 arbeiteten nach Schätzungen des Bitkom etwa 846 000 Beschäftigte in der Branche. Ein Jahr zuvor waren es 17 000 Mitarbeiter weniger. Auch während der Krise blieb die Branche also ein guter Arbeitgeber. Und Präsident Scheer ist sich sicher: „Die Bitkom-Branche wird weiter zulegen."

Schon seit einiger Zeit herrscht in der Branche ein Fachkräftemangel. Die jährlich zur Cebit im März erscheinende Umfrage des Verein Deutscher Ingenieure (VDI) belegt die Informatikerlücke: Im Januar 2010 gab es über 15 000 freie Stellen für IT-Fachkräfte, aber nur gut 8 000 ITler auf Jobsuche. Selbst wenn alle Positionen besetzt würden, fehlte bei fast 7 000 Stellen der Nachwuchs. „Zwar ging die Zahl der offenen Stellen im Krisenjahr 2009 um 14 Prozent zurück, aber dennoch haben wir einen Mangel an Informatikern", bestätigte Dieter Westerkamp, stellvertretender Leiter Technik und Wissenschaft im VDI im Vorfeld der Cebit. Die VDI-Studie kam auch zu dem Ergebnis, dass bei über der Hälfte aller Unternehmen die Wirtschaftkrise keinen Einfluss auf den Personalbestand in den IT-Abteilungen hatte.

Trends

Jährlich nennt der Bitkom die wichtigsten Trends im ITK-Bereich. Die Grundlage ist dabei eine branchenweite Unternehmensbefragung. Die aus Sicht der Bitkom-Umfrage wichtigsten Trends sind Virtualisierung und Cloud Computing. Fast die Hälfte aller Unternehmen setzt auf das „Rechnen in der Wolke", wie Cloud Computing auch genannt wird. Schon seit einiger Zeit stützen sich Unternehmen auf dieses Modell. Dabei stellen Anbieter verschiedene IT-Leistungen zu Verfügung. So können Firmen extern etwa auf Software, Programmierumgebungen oder Speicherplatz zugreifen.

Fast ebenso gefragt ist die IT-Sicherheit. „Der Datenschutz ist zu einem gesellschaftlichen Top-Thema geworden", sagt auch Bitkom-Präsident Scheer. Ob Daten über das Unternehmen, Kunden, Mitarbeiter oder Bürger: alle Informationen müssen sicher verwaltet und gespeichert werden. Denn Angriffe von Wirtschaftsspionen und Computer-Kriminellen nehmen zu.

Viele Unternehmen haben das mobile Internet als Trend entdeckt. Denn über Smartphones können User immer und überall im Netz surfen. Das ist ein Grund, warum die mobilen Geräte immer beliebter werden. Der Bitkom geht davon aus, dass im kommenden Jahr in Deutschland 5,6 Millionen Smartphones über die Ladentheke gehen.

Und schließlich erwartet jedes fünfte Unternehmen, dass soziale Medien wie Foren, Wikis, Blogs und Netzwerke noch wichtiger werden. Sie sind auch für Firmen ideal, um Kontakte zu knüpfen, Termine zu vereinbaren oder wichtige Informationen auszutauschen.

Internetwirtschaft

Die Internetwirtschaft gilt in Deutschland als eigenständiger Wirtschaftszweig, der ständig wichtiger wird. Die Bedeutung des Internets und der dort tätigen Unternehmen zeigt sich etwa darin, dass die Zahl der Internetnutzer und der Breitbandanschlüsse ständig steigt. Zu diesem Zweig zählen die Betreiber der Netze und alle Unternehmen, die direkt über das Internet

Dienstleistungen anbieten. Darunter fallen etwa die Betreiber der Infrastrukturen, die Anbieter oder Produzenten von Diensten und Inhalten wie etwa Suchmaschinen sowie Vermittler oder Händler. Im weiteren Sinne zählen auch die Hersteller der Infrastruktur und der Endgeräte zur Internetwirtschaft.

2008 erwirtschaftete die gesamte Branche einen Umsatz von 46 Milliarden Euro. Die Unternehmen aus dem E-Commerce trugen mit 22,5 Milliarden Euro fast die Hälfte des gesamten Umsatzes bei. Der Verband der deutschen Internetwirtschaft Eco geht in seiner Studie „Die deutsche Internetwirtschaft 2009–2012" davon aus, dass in der gesamten Branche 200 000 bis 250 000 Menschen beschäftigt sind.

Einstieg & Perspektiven >>>>>>>>>>>>>>>>>>

Der Branche fehlt es an qualifiziertem Personal. Insgesamt sind gut 15 000 IT-Arbeitsplätze nicht besetzt. Viele Branchen-Vertreter sind sich einig, dass das Problem aber nicht nur ein Fachkräftemangel, sondern auch ein Talentmangel sei. Ingenieure mit sehr guten Datenverarbeitungs- und Prozessautomatisierungskenntnissen haben daher gute Chancen, in der ITK-Branche einzusteigen. Elektroingenieure haben hier traditionell die besten Voraussetzungen. Eingesetzt werden Ingenieure vor allem in der Entwicklung von Software-Lösungen und in der Produktion. Vor allem Software- und Beratungshäuser haben großen Bedarf an Ingenieuren. An der Schnittstelle zur Betriebswirtschaft ist die Nachfrage nach Fachleuten für SAP-Anwendungen besonders groß. Deshalb sind Absolventen der Studienrichtungen Technische Informatik, Nachrichtentechnik mit zusätzlichen Netzqualifikationen und Wirtschaftsinformatik hier besonders gefragt.

<<<<<<<<<<<<<<<<<<<<<<<<<<<<<<<<<<<<<

Anforderungen

Die Branche sucht auch weiterhin sehr gut ausgebildete ITK-Kräfte – gerne mit Spezialisierungen. Die Anforderungen an den Nachwuchs sind hoch: Fachkenntnisse und Praxiserfahrung führen nur in Kombination mit Soft Skills zum Erfolg. Für viele Aufgaben, etwa im Vertrieb, werden vor allem Mitarbeiter mit ersten Praxiskenntnissen aus Praktika, Nebenjobs oder Tätigkeiten als Werkstudent eingestellt.

In der IT-Branche wird meist auf Projektarbeit gesetzt. Deshalb sind Kommunikations- und Teamfähigkeit wichtige Soft Skills. Konferenzsicheres Englisch ist Pflicht, eine weitere Fremdsprache häufig gewünscht. Gute Studienleistungen und ein zügiger Studienverlauf bringen ebenfalls Pluspunkte.

Erstklassige Absolventen, die betriebswirtschaftliche und technische Kenntnisse zusammen mit Programmierfähigkeiten mitbringen, kommen sowohl bei größeren als auch bei mittelständischen Unternehmen gut an. Der Grund: Die Branche sucht Personal, das nicht nur Fachwissen mitbringt, sondern auch gut organisieren kann und dabei die Kosten nicht aus den Augen verliert.

Möglichkeiten für Einsteiger ergeben sich etwa in der Anwendungsprogrammierung und der Entwicklung von Software Tools. Viele Unternehmen bieten individuell angepasste Einarbeitungspläne oder Schulungs- und Trainee-Programme an. Das erleichtert den Einstieg und bereitet Absolventen gezielt auf künftige Aufgaben vor. Gerade in jungen Unternehmen öffnen sich attraktive Führungs-, Projektmanagement- und Fachlaufbahnen. Mobilen und engagierten Nachwuchskräften bieten Unternehmen außerdem firmeninterne Auslandsprogramme in Form von konkreter Projektarbeit oder Job Rotation, Workshops und Seminaren.

Mehr Infos >>>>>>>>>>>>>>>>>>>>>>>>>>>>

Weitere Informationen über die Branche gibt es im Online-Channel **staufenbiel.de/it** und im Karriere-Ratgeber Staufenbiel *IT in Business*.

<<<<<<<<<<<<<<<<<<<<<<<<<<<<<<<<<<<<<

>> Konsumgüterindustrie

Special

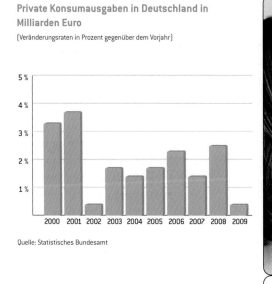

Private Konsumausgaben in Deutschland in Milliarden Euro

(Veränderungsraten in Prozent gegenüber dem Vorjahr)

Quelle: Statistisches Bundesamt

Wussten Sie schon, dass...

...der Süßwarenkonsum in Deutschland während der Wirtschaftskrise nicht ab-, sondern zunahm?

© IStock/swilmor

Zur Konsumgüterindustrie zählen ganz unterschiedliche Unternehmen verschiedener Größenordnungen. Automobilfirmen, Zigarettenkonzerne gehören ebenso dazu wie Konzerne für Drogerie- und Parfümprodukte oder Lebensmittel. Der deutsche Markenverband bezieht auch Unternehmen aus den Bereichen Nahrungs- und Genussmittel, pharmazeutische Produkte und Telekommunikation mit ein. Dem 1903 gegründeten Verband gehören rund 400 Mitglieder an, die – so die eigenen Angaben – im Konsumgüterbereich einen Umsatz von über 300 Milliarden Euro und im Dienstleistungsbereich von rund 200 Milliarden Euro erzielen. Die Markenartikelindustrie beschäftigt in Deutschland etwa 1,4 Millionen Mitarbeiter, ermittelte die Unternehmensberatung McKinsey im Jahr 2008.

Allein die Ernährungsindustrie – so die Bundesvereinigung der deutschen Ernährungsindus-trie (BVE) – hat in Deutschland 535 000 Mitarbeiter. 2009 kam sie auf einen Branchenumsatz von 150 Milliarden Euro. Allerdings bedeutete das im Vergleich zum Vorjahr einen Rückgang von über vier Prozent, nachdem der Jahresumsatz 2008 noch um fünf Prozent gestiegen war. Der Umsatzrückgang war laut BVE der stärkste seit Bestehen der Bundesrepublik.

Ursachen waren mehrere Preissenkungsrunden im stark umkämpften Lebensmitteleinzelhandel und ein stagnierendes Exportgeschäft. Mengenmäßig blieben Produktion und Absatz von Lebensmitteln und Getränken nämlich konstant. Auch die Erlöse im Exportgeschäft konnten 2009 nicht an das Wachstum der Vorjahre anknüpfen. Sie gingen ebenfalls preisbedingt um gut fünf Prozent auf 39 Milliarden Euro zurück. Insgesamt hat die deutsche Konsumgüterindustrie das Krisenjahr 2009 aber überraschend gut

Champions League sucht Nachwuchs

erfekte Einstiegsbedingungen im Team Coca-Cola.

eigen Sie in die Champions League der Marken auf! Die Coca-Cola Erfrischungsgetränke AG sucht talentierte
udenten und Absolventen und bietet beste Aufstiegschancen in den Bereichen Marketing, Sales, Supply Chain,
ance und Human Resources.

mm ins Team Coca-Cola!

os unter www.cceag.de

Coca-Cola Erfrischungsgetränke

überstanden, stellte die Unternehmensberatung Kienbaum fest, die 500 Unternehmen aus der Branche befragte. „Die Ergebnisse des Jahres 2009 entsprechen weitgehend den Renditen aus den Jahren vor der Krise. Die Konsumgüterunternehmen erweisen sich offenbar als vergleichsweise krisenresistent oder haben sich einfach gut auf die wirtschaftliche Talfahrt vorbereitet", sagt Ralph Hartmann, Geschäftsführer und Leiter der Practice-Group Konsumgüter bei Kienbaum.

Für 2010 rechnen die Unternehmen laut Kienbaum mit einem ähnlichen Konsumklima wie in den Vorjahren. Für 2011 sind sie optimistischer: 70 Prozent der befragten Unternehmen rechnen mit einer Verbesserung des Konsumklimas und erwarten, dass ihr Umsatz 2011 wächst. Vor allem die Vorstände von Großunternehmen mit einem Jahresumsatz von mehr als einer Milliarde Euro sind erwartungsfroh: Mehr als zwei Drittel von ihnen rechnen mit einen deutlichen Anstieg des Umsatzes und der Profitabilität.

Aktuelle Herausforderungen

Dennoch steht die Konsumgüterindustrie vor großen Herausforderungen. So hat sich in der Lebensmittelindustrie die Qualitätspolitik stark verändert. Während in den 1960er- und 1970er-Jahren das Hauptaugenmerk auf der Qualität des Endprodukts lag, stand in den 1980er- und 1990er-Jahren vermehrt die Kontrolle der Produktion im Vordergrund. Seitdem gibt es eine stärkere Ausrichtung an den Wünschen der Verbraucher. So können neue Trends wie Convenience Food schneller aufgegriffen werden.

Denn die Konsumenten wünschen immer bessere Produkte, eine immer größere Produktvielfalt und einen individuell gestalteten Service – und das, wenn möglich, bitte zu gleichen oder gar gesenkten Preisen. Dazu kommt, dass langfristige Geschäftsbeziehungen mit Lieferanten und Geschäftspartnern nur dann gehalten werden können, wenn diese die besten Konditionen erhalten. Außerdem kämpfen viele Hersteller in zunehmendem Maße mit globaler Produkt- und Markenpiraterie.

Macht der Marken >>>>>>>>>>>>>>>>>>>>>>>>>>

Warum sind die Kunden nach wie vor bereit, für eine Marke tiefer in die Tasche zu greifen? Der Kunde kauft mit einem Markenprodukt gleichzeitig ein Versprechen an Qualität und Image. Das funktioniert im Idealfall nahezu weltweit und kulturübergreifend. Marken werben in erster Linie um Sympathie und das oft mit Erfolg. Wer es geschafft hat, dass sein Markenname in den allgemeinen Sprachgebrauch eindringt – wie „Tempo" oder „Tesa" –, ist auf dem Marken-Olymp angekommen.

Kein Wunder, dass die klingenden Namen der Hersteller auch zu den bevorzugten Arbeitgebern von Hochschulabsolventen gehören. Nicht nur für Marketing-Spezialisten ist es reizvoll, für einen weltweit bekannten Markenhersteller zu arbeiten. Artikel, die praktisch jeder kennt, sind unabhängiger von lokalen Marktschwankungen und bieten stabile Zukunftsaussichten. Die globalen Strukturen führen dazu, dass Innovationen auf breiter Ebene umgesetzt werden können.

Denn bei aller Tradition: Wer bestehen will, erfindet sich ständig neu. Entwicklungen wie ein kleiner Kamm, der die Wimpern beim Tuschen auseinanderhält und durch feinste Nylonfasern verlängert, beleben etwa die Kosmetikindustrie. In der Lebensmittelindustrie gewinnt das Gesundheitsbewusstsein der Verbraucher immer mehr an Bedeutung – wenig Fett ist angesagt. Während es in der Vergangenheit nur um eine Fettreduzierung ging, gibt es mittlerweile schon das Null-Fett-Gebäck. Lecker, aber gesund soll es sein – hier gibt es für die Lebensmittelhersteller noch viele Möglichkeiten.

<<<<<<<<<<<<<<<<<<<<<<<<<<<<<<<<<<<<<<<<

Um Kosten zu senken, steht für die Konsumgüterhersteller regelmäßig die gesamte Wertschöpfungskette auf dem Prüfstand. Schwerpunkte sind dabei häufig Prozesse in Produktion, Vertrieb und Controlling sowie die Bereiche Einkauf, Qualitäts- oder Projektmanagement. Synergie-Effekte bei Kauf und Verkauf von Marken und Produktionsstätten zu erschließen, ist ebenso wichtig wie die unternehmensweite Harmonisierung der relevanten Daten (Data Management). Denn diese sind oft noch in verschiedenen Unternehmensbereichen mit völlig unterschiedlicher Software gespeichert.

Eine weitere Herausforderung für die Unternehmen ist, den Absatz zu erhöhen und neue Marktanteile zu gewinnen. Werbeaktionen müssen effizient durchgeführt werden, ohne die eigenen Produkte zu kannibalisieren. Ein weiteres Instrument ist das Category Management (Warengruppenmanagement). Hier geht es darum, Produktgruppen nach Kundenbedürfnissen zusammenzustellen und im Handel optimal zu präsentieren. Das Category Management findet deshalb an der Schnittstelle zwischen Konsumgüterindustrie und Handel statt.

Einstieg & Perspektiven >>>>>>>>>>>>>>>>>>>>>

Ob in der Lebensmittelproduktion und -verarbeitung, Forschung und Entwicklung oder im Maschinen- und Anlagenbau – auf Lebensmittelingenieure warten interessante Aufgaben. Angesichts des wachsenden Kosten- und Innovationsdrucks steigt der Bedarf an qualifizierten Fach- und Führungskräften.

Nicht nur für die Lebensmittelingenieure gibt es in der Nahrungs- und Genussmittelindustrie interessante Jobs. Die Branche sucht gut ausgebildeten Nachwuchs und kreative Köpfe, etwa als Food-Designer. Vor allem bei Markenherstellern geht es darum, neue Produkte, Verfahren und Produktionsanlagen zu entwickeln und dabei immer die Kosten und Qualitätssicherung zu berücksichtigen. Stärkere Rationalisierungsanstrengungen in den Unternehmen und auch in den ihnen zuarbeitenden Ingenieurbüros werden den Ingenieurbedarf mittelfristig wachsen lassen. Da die Arbeit in der Produktion sehr vielseitig ist, ist auch ein späterer Wechsel in eine andere produzierende Branche meist unproblematisch.

<<<<<<<<<<<<<<<<<<<<<<<<<<<<<<<<<<<<<

Anforderungen

Geforderte Studienrichtungen in der Konsum-, Nahrungs- und Genussmittelindustrie sind häufig Maschinenbau, Verpackungstechnik, Produktionstechnik, Verfahrenstechnik, Werkstofftechnik und natürlich Lebensmittelingenieurwesen. Für die verfahrenstechnische Produktion sind oft Spezialgebiete gefragt, die sehr stark auf die zu verarbeitenden Stoffe abzielen: etwa Kunststofftechnik oder Lebensmitteltechnologie. Gute Chancen haben zudem Absolventen mit Ausrichtung Elektrotechnik oder Wirtschaftsingenieurwesen.

In manchen Betrieben besteht traditionell hoher Bedarf an agrartechnisch ausgerichteten Ingenieuren, Lebensmitteltechnologen und Lebensmittelchemikern. Auch der klassische Maschinenbauingenieur hat wegen der weiter zunehmenden Automatisierung in der Herstellung gute Chancen.

Die Konsumgüterindustrie hält für nahezu alle Disziplinen des Ingenieurwesens Aufgaben bereit – sei es in der Lebensmittelproduktion, dem Qualitätsmanagement oder der internen Unternehmensberatung. Verfahren der Prozessdatenverarbeitung und der automatischen Betriebserfassung sowie die Einführung übergeordneter Steuersysteme werden dabei, wie in den meisten anderen Branchen auch, immer wichtiger.

Wer mit Marken arbeiten möchte und ein internationales Umfeld schätzt, findet in der Branche spannende Herausforderungen. Da die Märkte der Konsumgüterindustrie sehr dynamisch und wettbewerbsintensiv sind, müssen Einsteiger stressresistent, teamorientiert und kreativ sein und neben dem technischen Knowhow möglichst viel unternehmerisches Denken mitbringen. Absolventen sollten bereits Erfahrungen in der Konsumgüterindustrie gesammelt haben. Praktisch ein Muss sind internationale Erfahrung durch das Studium oder ein Praktikum und gute Englischkenntnisse.

Web-Tipp >>>>>>>>>>>>>>>>>>>>>>>>>>>>>>>>

Infos rund um die Marke liefern der Markenverband unter **markenverband.de** und die Gesellschaft zur Erforschung des Markenwesens (GEM) unter **gem-online.de**. Die Bundesvereinigung der deutschen Ernährungsindustrie (BVE) ist unter **bve-online.de** zu finden.

<<<<<<<<<<<<<<<<<<<<<<<<<<<<<<<<<<<<<

>> Kunststoff- und Textilindustrie

Menge nach Branchen

	Menge in Mio. t		
	2008	2009	+/–
Kunststoffverarbeitung	12,8	11,4	–11 %
Verpackung	4,1	3,8	–8 %
Bau	3,1	2,9	–7 %
Fahrzeug, Elektro und Maschinenbau	2,5	2,0	–19,0 %
Sonstige*	3,1	2,7	–14 %

* Haushalt, Konsumwaren, Medizin, Sport und Freizeit

Umsatz nach Branchen

	Umsatz in Mrd. Euro		
	2008	2009	+/–
Kunststoffverarbeitung	53,2	45,8	–14 %
Verpackung	13,9	12,5	–10 %
Bau	11,1	10,2	–8 %
Fahrzeug, Elektro und Maschinenbau	12,1	9,6	–20 %
Sonstige*	16,1	13,5	–16 %

* Haushalt, Konsumwaren, Medizin, Sport und Freizeit

Quelle: Gesamtverband Kunststoffverarbeitende Industrie (GKV)

Wussten Sie schon, dass...
...Verpackungen heute etwa 28 Prozent leichter sind als vor zehn Jahren?

Kunststoffe werden zu Verpackungen, Baubedarfsartikeln, technischen Teilen, Konsumwaren und vielen anderen Produkten verarbeitet. Dazu zählen auch Bereiche, in denen man sie zunächst vielleicht nicht vermutet, etwa die Medizintechnik. Hier müssen die Werkstoffe die höchsten technologischen und hygienischen Anforderungen erfüllen. Auch Designer nutzen den künstlichen Stoff: Fahrzeug-Cockpits, Möbel oder Wohnaccessoires – Kunststoffe sind in jeder Wohnung zu finden.

Gleiches gilt für Textilien. Polymere Werkstoffe sind etwa in Autodächern und Flugzeugwänden genauso vorhanden wie in Teppichböden, Polsterungen und Vorhängen. Insgesamt ist die Kunststoff verarbeitende Industrie mit 285 100 Beschäftigten einer der bedeutendsten Wirtschaftszweige in Deutschland, so der Gesamtverband Kunststoffverarbeitende Industrie (GKV).

Vom Einbruch des Jahres 2009 blieb auch die Kunststoffbranche nicht verschont. Die Gesamtumsätze gingen um rund 14 Prozent zurück, meldete der GKV. Ein Grund für die niedrigen Erlöse war die deutlich gesunkene Nachfrage aus dem Ausland. Das höchste Umsatzminus betraf die Automobil- und Elektroindustrie. Die Kunststoffhersteller verbuchten in diesem Bereich ganze 20 Prozent weniger Umsatz. Etwas besser schnitten die Produzenten von Kunststoff für Verpackungen ab. Der Einbruch fiel mit zehn Prozent geringer aus als in der Gesamtbranche. Der Zweig profitiert auch in wirtschaftlich schwierigen Zeiten davon, dass ein Drittel aller in Deutschland hergestellten Kunststoffe in Verpackungen wiederzufinden ist. Am besten kamen die Hersteller von Bauprodukten aus Kunststoff davon. Sie mussten nur einen Einbruch von acht Prozent hinnehmen.

Die Kunststoff verarbeitende Industrie blickt aber wieder optimistischer in die Zukunft. Laut der Konjunkturumfrage des GKV erwarten 65 Prozent aller Verarbeiter für 2010 steigende Umsätze. „Die Nachfrage zieht wieder an", bestätigt GKV-Präsident Reinhard Proske. „Wir rechnen aber nicht mit einem schnellen und stetigen Aufschwung. Es wird Jahre dauern, bis das Vorkrisenniveau erreicht sein wird." Damit es wieder nach oben geht, ist laut Proske wichtig, das Know-how und die Innovationsfähigkeit innerhalb der Branche weiter zu steigern. Das seien die wesentlichen Erfolgsfaktoren für die Kunststoffverarbeitung in Deutschland.

Einstieg & Perspektiven >>>>>>>>>>>>>>>>>>>>

Der Weg in die Kunststoffbranche kann über ein klassisches Maschinenbaustudium führen, in dessen Verlauf man sich auf die Fachrichtung Kunststofftechnik oder Kunststoffverarbeitung/-herstellung spezialisiert. Dabei sollten die Ingenieure weitsichtig entscheiden, ob sie lieber einen Arbeitsplatz in der Rohstofferzeugung oder in der Weiterverarbeitung besetzen möchten. Für Absolventen mit Studienschwerpunkt Kunststofftechnik eignet sich der Einstieg in einem Unternehmen der Kunststoff verarbeitenden Industrie. Auch Unternehmen der chemischen Industrie, der Maschinenbau-, Automobil- oder Flugzeugbaubranche suchen Kunststofftechniker. Interessante Einsatzbereiche sind Produktentwicklung, Fertigung, Konstruktion und Vertrieb. Absolventen der Verfahrenstechnik, des Chemieingenieurwesens und der Papier- und Textiltechnik sind nach wie vor gefragt.

<<<<<<<<<<<<<<<<<<<<<<<<<<<<<<<<<<<<<<<

In der Textilbranche geht es nach einem schwachen Jahr 2009 ebenfalls wieder bergauf. So wurden im Mai 2010 im Textilgewerbe 767 Millionen Euro erwirtschaftet – 19 Prozent mehr als im Mai des Vorjahres. Das meldet der Gesamtverband Textil und Mode. Damit befindet sich die Textilbranche wieder auf dem Niveau von Ende 2008. Der für den Umsatz wichtige Außenhandel legte ebenfalls zu, Textilexporte stiegen im Vergleich zum Vorjahr um neun Prozent. Die Beschäftigtenzahlen der Textilbranche gingen dagegen zurück. Im Mai 2010 arbeiteten in der Textilindustrie mit 52 700 Menschen rund sechs Prozent weniger als im Vorjahr.

Ein wichtiger Teilbereich der Textilbranche ist die Entwicklung und Herstellung von technischen Textilien für Flugzeug- und Schiffbau sowie rund um das Automobil, die Bahn und die Raumfahrt. Weitere Einsatzgebiete technischer Textilien sind etwa Industrietextilien (Förderbänder), medizinische Textilien (Verbandsstoffe und chirurgisches Nahtmaterial), Geotextilien (Erd- und Wasserbau) und Protekttextilien (schusssichere Westen, Raumanzüge).

Anforderungen

Das Arbeitsgebiet der Kunststoffingenieure erfordert umfangreiche Kenntnisse sämtlicher physikalischer und chemischer Eigenschaften der Kunststoffe und der entsprechenden Prüfungsmethoden. Außerdem müssen Kunststoffexperten über ein grundlegendes konstruktives Verständnis der Produktverarbeitung verfügen. Ingenieure, die mit textilen Werkstoffen arbeiten, sehen sich einer besonderen Herausforderung gegenüber: Da die sogenannten wackeligen Werkstoffe weder geschliffen noch gefräst werden können und nicht formstabil sind, erfordern sie ein besonderes Know-how bei der Berechnung oder der Materialverarbeitung.

Gerade im Textilmaschinenbau oder der Bekleidungsindustrie werden viele Geschäfte im asiatischen Raum abgewickelt. Fremdsprachenkenntnisse und Reisebereitschaft sind vor allem bei Bekleidungsingenieuren ein Muss.

Web-Tipp >>>>>>>>>>>>>>>>>>>>>>>>>>>>>>>

Der Gesamtverband Kunststoffverarbeitende Industrie ist unter **gkv.de** zu finden. Auch die VDI-Gesellschaft Kunststofftechnik (**vdi.de/kunststoffe**) und der Gesamtverband Textil und Mode (**textil-mode.de**) informieren über die Branche. Informationen aus erster Hand liefert die Fachmesse Techtextil (**techtextil.messefrankfurt.com**).

<<<<<<<<<<<<<<<<<<<<<<<<<<<<<<<<<<<<<<<

>> Logistik

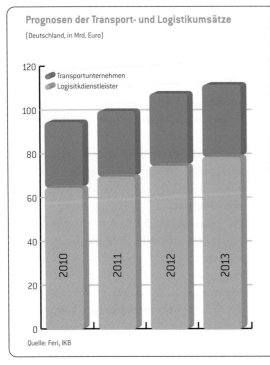

Prognosen der Transport- und Logistikumsätze

(Deutschland, in Mrd. Euro)

- Transportunternehmen
- Logisitkdienstleister

Quelle: Feri, IKB

© istockphoto/jfmdesig

Wussten Sie schon, dass...

...der Duisburger Hafen der größte Binnenhafen Europas ist?

Deutschland ist Europas Spitzenreiter in der Logistik. Das hoch entwickelte Know-how und die Lage im Herzen des Kontinents sorgen dafür, dass die Branche im internationalen Vergleich gut dasteht. So sind deutsche Logistikunternehmen und -dienstleister mit rund 20 Prozent am europäischen Gesamtumsatz beteiligt.

Rund 2,7 Millionen Menschen sind in Deutschland in der Logistik beschäftigt. Darunter waren 2009 etwa 480000 Hochschulabsolventen. Und die Einstiegschancen für Nachwuchs-Logistiker sind weiterhin gut. Wirtschaftsingenieure und -informatiker werden händeringend gesucht. Denn die Anforderungen sind deutlich gestiegen. Trends wie die „grüne Logistik" oder selbststeuernde Systeme (RFID-Technik) verändern die Branche und verlangen nach frischen Ideen. Kurz: Die Logistik braucht qualifizierten Nachwuchs.

Dass die Branche gute Zukunftsaussichten hat, zeigt der Logistikindikator der Bundesvereinigung Logistik (BVL). Das Geschäftsklima der Logistikwirtschaft entwickelt sich demnach nach der Wirtschaftskrise deutlich positiv. Die Branche erreichte im zweiten Quartal 2010 fast schon wieder das Niveau von vor zwei Jahren. Im Krisenjahr 2009 musste die Branche zwar immerhin über fünf Prozent Gewinnrückgang hinnehmen, erwirtschaftete aber dennoch rund 200 Milliarden Euro. Hinter der Autoindustrie und dem Handel rangierte die Logistik damit in Deutschland auf Platz drei.

Für die kommenden Jahre rechnen Experten mit einer klaren Tendenz nach oben. Sie erwarten wieder Steigerungsraten von jährlich vier bis fünf Prozent. Das geht aus der aktuellen Studie „Transport und Logistik" des Bankinstituts IKB hervor.

Einstieg & Perspektiven   >>>>>>>>>>>>>>>>>

Die Internationalisierung des Marktes der Paket-, Express- und Logistikdienstleister hat Konsequenzen für Einsteiger: Neben einem zügigen Studium mit guter Examensnote ist oft auch Auslandserfahrung gefordert. Englisch gilt in der Branche als obligatorisch. Wer über eine zweite Fremdsprache und interkulturelle Kompetenzen verfügt, hat bessere Einstiegschancen. Diese können im Auslandsstudium erworben werden, aber auch Auslandspraktika oder internationale Workshops können die nötigen Pluspunkte verschaffen.

Ein möglicher Arbeitsbereich ist das Supply Chain Management (SCM). Der Supply Chain Manager muss ganzheitliche, prozess- und kundenorientierte Managementkonzepte und Führungsinstrumente entwickeln können. Er überwacht und steuert die gesamte Wertschöpfungskette, also vom Einkauf bis zur Auslieferung des fertigen Produkts. Auch in Zukunft werden SC-Manager für den Bereich des elektronischen Supply Chain Managements (eSCM) gesucht, das einen durchgängigen elektronischen Datenaustausch zwischen Geschäftspartnern ermöglicht.

Die Entscheidung für den Einstieg in die Logistik muss keine endgültige sein. Die Branche ist sehr heterogen und stark mit anderen Branchen verbunden. Das bedeutet: Ein Wechsel mit relativ kurzer Einarbeitungsdauer — etwa in die IT- und Telekommunikationsbranche, in den Maschinen- und Anlagenbau oder die Unternehmensberatung — ist möglich.

<<<<<<<<<<<<<<<<<<<<<<<<<<<<<<<<<<<<<<

Anforderungen

Wer vor dem Studium eine Ausbildung in einer Spedition absolviert hat, ist bei der Bewerbung durchaus im Vorteil. Denn auch von Akademikern wird ein gewisses Maß an Hands-on-Mentalität erwartet. In der Branche gilt das Prinzip Training on the Job. Pluspunkte bringen daher Praktika und erste Berufserfahrung. Besonders gern gesehen sind sie, wenn sie mit einem Auslandsaufenthalt verbunden waren.

Gesucht werden etwa Warehouse-Logistiker, die sich schwerpunktmäßig mit Lagerhaltung und -technik beschäftigen, sowie Produktionslogistiker, deren Fokus auf internationaler Distributionslogistik, Transporteinkauf und -koordination liegt. Bei international agierenden Paket-, Express- und Logistikdienstleistern sind die Chancen für Bewerber mit (Fach-)Hochschulabschluss oft noch besser als bei klassischen Speditionsunternehmen.

Absolventen, die sich für einen Einstieg im Logistikbereich interessieren, sollten sich während des Studiums auch mit verkehrsspezifischen Fragen (Verkehrsbetriebslehre, Transportökonomie, Verkehrswissenschaft) auseinandersetzen. Sie müssen Organisationssysteme kennen und über Grundkenntnisse in Kostenrechnung, Planung, Marketing und Materialwirtschaft verfügen.

Profundes IT-Wissen ist wichtig, da ohne IT keine Warenströme mehr gesteuert werden können. Heute arbeiten Experten daran, dass Datenströme zwischen Produzenten, Logistikunternehmen und Kunden ohne Probleme fließen können – auch wenn die angeschlossenen Unternehmen auf völlig unterschiedliche IT-Systeme und Software zurückgreifen.

Besonders Wirtschaftsingenieure und -informatiker sind aktuell gefragt. Aber auch Ingenieure mit entsprechender Zusatzqualifikation haben sehr gute Chancen. Ingenieure können in der Logistikbranche sowohl in der Beratung, im Vertrieb und in der Konstruktion einsteigen als auch im General Management, der Wartung und Instandhaltung oder der Entwicklung. Vernetztes Denken und Teamfähigkeit gelten neben Fach- und Methodenwissen als Grundlage für eine weitere Karriere. Wer sich von vornherein auf die Speditions- oder Verkehrswirtschaft festlegen möchte, hat spezialisierte Studiengänge zur Auswahl – Logistik wird an über 100 Universitäten und Fachhochschulen gelehrt.

Web-Tipp   >>>>>>>>>>>>>>>>>>>>>>>>>>>>>>

Die Bundesvereinigung Logistik (BVL) stellt weitere Informationen unter **bvl.de** zur Verfügung. Der Bundesverband Internationaler Express- und Kurierdienste (BIEK) ist unter **biek.de** erreichbar.

<<<<<<<<<<<<<<<<<<<<<<<<<<<<<<<<<<<<<

>> Luft- und Raumfahrtindustrie

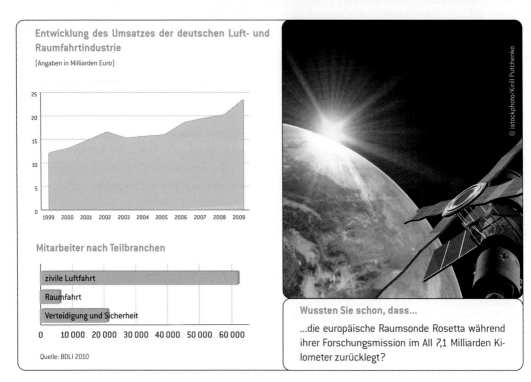

Entwicklung des Umsatzes der deutschen Luft- und Raumfahrtindustrie

(Angaben in Milliarden Euro)

Mitarbeiter nach Teilbranchen

zivile Luftfahrt
Raumfahrt
Verteidigung und Sicherheit

0   10 000   20 000   30 000   40 000   50 000   60 000

Quelle: BDLI 2010

© istockphoto/Kirill Putchenko

Wussten Sie schon, dass...

...die europäische Raumsonde Rosetta während ihrer Forschungsmission im All 7,1 Milliarden Kilometer zurücklegt?

Die Luft- und Raumfahrtindustrie konnte im Krisenjahr 2009 eine gute Bilanz verzeichnen. Ging der Branchenverband BDLI nach dem Rekordjahr 2008 noch von einem Wachstumseinbruch aus, legte die Branche erneut stark zu und konnte ihre Umsätze um vier Prozent steigern. Damit erreichte die Luft- und Raumfahrt ein weiteres Rekordergebnis von 23,6 Milliarden Euro. Eine entsprechende Entwicklung zeigte sich bei den Beschäftigtenzahlen: 2009 waren insgesamt 93 700 Mitarbeiter in der Branche tätig, 0,8 Prozent mehr als im Vorjahr.

Die zivile Luftfahrt bietet gut 62 000 Menschen einen Arbeitsplatz. Dabei blieb die Beschäftigtenzahl mit einem leichten Plus von 0,5 stabil. Stärker als die Zahl der Mitarbeiter stieg der Umsatz, nämlich um 2,7 Prozent auf 15,6 Milliarden.

Der Bereich Raumfahrt ist der deutlich kleinere Sektor der Branche. Aber auch er hat 2009 ein deutliches Wachstum vorzuweisen. Der Umsatz von zwei Milliarden Euro zeigt mit einem Plus von 14 Prozent gegenüber 2009 eine klare Steigerung. Auch bei den Beschäftigtenzahlen legte die Teilbranche zu, 2009 wurden 6 200 Mitarbeiter gezählt – das sind 9,5 Prozent mehr als im Vorjahr. Damit ist die Raumfahrt aktuell der Motor der Branche. Laufende Programme wie die europäische Trägerrakete Ariane 5 und der Erfolg des deutschen Erdbeobachtungssatelliten TerraSAR sprechen für Deutschland als wichtigen Standort auch in der Zukunft.

Die Luft- und Raumfahrtbranche lässt sich in drei Felder gliedern: Luftfahrt, Raumfahrt und Wehrtechnik. Durch den Airbus ist Europa zu einem der wichtigsten Standorte im zivilen Luftfahrtbau geworden. Besonders in der Forschung und Entwicklung ist Deutschland ein wichtiger Partner des französischen Herstellers.

Die Raumfahrt ist für viele verschiedene Forschungsbereiche wichtig: Durch die Beobachtungen in der Raumstation ISS wurden Erkenntnisse für die Werkstoffkunde, Robotik, Sensortechnik, Biologie, Pharmazie und Medizin gewonnen. Gerade wegen dieser interdisziplinären Ausrichtung ist die deutsche Raumfahrtindustrie weltweit anerkannt.

Der Klimaschutz ist ein Thema, das auch die Luft- und Raumfahrtindustrie beeinflusst. Ingenieure arbeiten gegenwärtig an emissionsärmeren Flugzeugkonzepten. Flugzeuge der Zukunft sollen sauberer, sparsamer und leiser werden – so das Ziel des Bauhaus Luftfahrt, das an dem Projekt „HyLiner" (Hybrid Airliner) an Ideen und Konzepten für umweltfreundlichere Mittelstreckenflugzeuge arbeitet.

Einstieg & Perspektiven>>>>>>>>>>>>>>>>>>>>>>

Noch immer kämpft diese Hochtechnolgiebranche um qualifizierte Nachwuchsingenieure. Vermehrt gesucht werden Spezialisten aus den Bereichen Maschinenbau, Luft- und Raumfahrttechnik, Elektrotechnik, Werkstofftechnik und Informatik. Der Ingenieuranteil an der Gesamtbeschäftigtenzahl ist in der Luft- und Raumfahrt höher als in anderen Branchen. In der Region München liegt der Anteil an Akademikern in Luft- und Raumfahrtunternehmen bei 60 Prozent. Ein Drittel aller Luft- und Raumfahrt-Jobs in Deutschland entfällt auf diese Region. Ansonsten konzentriert sich die Branche auf Norddeutschland und die Region Berlin-Brandenburg.

Mit einem Praktikum oder einer Diplomarbeit in einem Unternehmen der Branche können Nachwuchsingenieure ihre Chancen im Bewerbungsverfahren deutlich verbessern. Die EADS (European Aeronautic Defence and Space Company) bietet für Studenten neben Praktika und Diplomarbeiten auch andere Unterstützung: Das EADS Juniors Programme richtet sich an ehemalige Trainees, die zwar besondere Leistungen gezeigt haben, aber aus Studiengründen (noch) nicht übernommen worden sind. Im EADS-Programm Progress werden hoch qualifizierte Hochschulabsolventen innerhalb von 24 Monaten auf eine internationale Karriere vorbereitet.

<<<<<<<<<<<<<<<<<<<<<<<<<<<<<<<<<<<<<<<<

Anforderungen

Von Bewerbern werden sehr gute theoretische und praktische Kenntnisse erwartet. Englischkenntnisse sind Pflicht – punkten kann vor allem, wer sein Englisch in einem Auslandsstudium oder -praktikum in der Praxis erlernt und angewendet hat. Weitere Fremdsprachen, besonders Französisch und in der Raumfahrt auch Russisch, sind von Vorteil.

Hohe persönliche Mobilität und Flexibilität und interkulturelle Kompetenzen werden immer wichtiger, da die Firmen weltweit eng miteinander verbunden sind. Am Ariane-Raumfahrtprogramm sind mehr als zehn Nationen an Entwicklung, Produktion und Vermarktung beteiligt.

Junge Entwicklungsingenieure absolvieren zunächst meist einige Jahre Facharbeit, um dann zum Teamleiter und später zum Abteilungsleiter aufzusteigen. Viele Raum- und Luftfahrtpioniere werden in den nächsten Jahren in den Ruhestand gehen. Das sorgt für Nachfrage nach gut ausgebildeten technischen Fachkräften.

Die Raumfahrttechnik bewegt sich in vergleichsweise unbekanntem Terrain – hier sind vor allem kreative Köpfe gefragt. Gefragt sind neben Absolventen der Luft- und Raumfahrttechnik oder des Flugzeugbaus Ingenieure der Studiengänge Elektro- und Nachrichtentechnik, Maschinenbau und Informatik.

Web-Tipp >>>>>>>>>>>>>>>>>>>>>>>>>>>>>>>

Der Bundesverband der Deutschen Luft- und Raumfahrtindustrie (BDLI) gibt unter **bdli.de** einen Überblick über die Branche. Auch das Deutsche Zentrum für Luft- und Raumfahrt (**dlr.de**) und die Deutsche Gesellschaft für Luft- und Raumfahrt (**dglr.de**) haben interessante Informationen. Die wichtigste Branchenmesse ILA (Internationale Luft- und Raumfahrtausstellung) hat ihre Homepage unter **ila-berlin.de**, die Vereinigung Bauhaus Luftfahrt ist unter **bauhaus-luftfahrt.de** zu erreichen. Über Einstiegschancen bei mittelständischen Unternehmen der Branche informiert HECAS (Hanseatic Engineering & Consulting Association) unter **hecas-ev.de**.

<<<<<<<<<<<<<<<<<<<<<<<<<<<<<<<<<<<<<<<<

>> Maschinen- und Anlagenbau

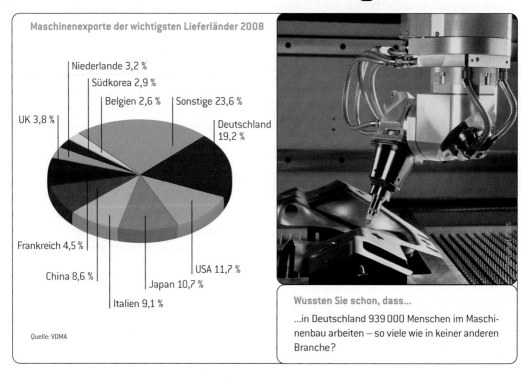

Maschinenexporte der wichtigsten Lieferländer 2008

- Niederlande 3,2 %
- Südkorea 2,9 %
- Belgien 2,6 %
- Sonstige 23,6 %
- UK 3,8 %
- Deutschland 19,2 %
- Frankreich 4,5 %
- China 8,6 %
- Japan 10,7 %
- USA 11,7 %
- Italien 9,1 %

Quelle: VDMA

Wussten Sie schon, dass...

...in Deutschland 939 000 Menschen im Maschinenbau arbeiten – so viele wie in keiner anderen Branche?

Mit rund 6 000 Unternehmen und mehr als 939 000 Mitarbeitern ist der Maschinen- und Anlagenbau einer der größten industriellen Arbeitgeber in Deutschland und zählt zu den fünf wichtigsten Branchen in Deutschland. Die erfolgsverwöhnte Branche durchlebte seit 2008 aber schwierige Zeiten.

Die Maschinenproduktion 2009 verfehlte den Vorjahreswert um fast ein Viertel. Die Kapazitätenauslastung sank teilweise unter die 70-Prozent-Marke. Der bisher tiefste Wert im deutschen Maschinenbau, so der Verband Deutscher Maschinen- und Anlagenbau (VDMA). Entsprechend sank auch die Zahl der Beschäftigten um 33 000. Ähnlich sah es beim Auftragseingang aus: Die Zahl der Bestellungen sank um 38 Prozent – das Tal war im Sommer 2009 erreicht. Und auch der Export brach ein – um nominal 23 Prozent im Vergleich zum Vorjahr.

Überholt wurde Deutschland in Sachen Export das erste Mal von China.

Doch Deutschland war nicht das einzige Land, das zu kämpfen hatte. Als Erstes hat es die Märkte getroffen, die starke Handelsbeziehungen mit den USA unterhalten, wie etwa Großbritannien. In Europa waren vor allem die betroffen, die sich in den vergangenen Jahren besonders gut entwickelt hatten. So brachen die Lieferungen nach Rumänien um 42 Prozent ein, die nach Irland um 44 Prozent und in die baltischen Länder bis zu knapp 60 Prozent. Russland verbuchte ein Minus von 41 Prozent und fiel damit vom vierten auf den sechsten Platz. Besser war die Situation in Südostasien. War der Markt dort nur um vier Prozent eingebrochen, erholte er sich bereits Ende 2009. Ähnlich wie der Export sah es auch im Import aus. Im Jahresverlauf sank er real um mehr als ein Viertel.

Die CO$_2$-Emissionen in Deutschland sollen bis 2020 um 40% gesenkt werden. Wann können Sie anfangen?

AREVA. Perspektive. Zukunft.

AREVA ist Weltmarktführer für zuverlässige Technologien und Lösungen zur CO$_2$-freien Stromerzeugung.

Wir sind davon überzeugt, dass unsere Energie die ökonomische Entwicklung sowie den sozialen Fortschritt fördert und die Umwelt nachhaltig bewahrt. Um den stetig wachsenden Energiebedarf einer sich rasant entwickelnden Welt zu decken, benötigen wir vielfältig qualifizierte Persönlichkeiten. Wir schaffen Perspektiven und stellen jedes Jahr weltweit einige Tausend neuer Mitarbeiterinnen und Mitarbeiter ein.

Bei uns erwarten Sie individuelle Entwicklungschancen, gezielte Qualifizierungsprogramme und anspruchsvolle Aufgaben. Sie gestalten die Zukunft für Generationen – inklusive Ihrer eigenen.
Bewerben Sie sich online unter: www.areva.com.

Doch trotz dieser Ergebnisse sind die deutschen Hersteller Weltmarktführer in 18 von 30 international vergleichbaren Gruppen. In elf weiteren kommen sie noch unter die ersten drei.

Weltmarktführer Deutschland >>>>>>>>>>>>

In den folgenden Fachzweigen sind deutsche Maschinen- und Anlagenhersteller Weltmarktführer (Anteil deutscher Unternehmen in Prozent, Reihenfolge nach Gesamtausfuhr aller Länder; Stand: 2008)

Fördertechnik	20,2
Antriebstechnik	25,5
Werkzeugmaschinen	20,4
Landtechnik	20,2
Nahrungsmittel- und Verpackungsmaschinen	28,4
Präzisionswerkzeuge	21,9
verfahrenstechnische Maschinen/Apparate	18,6
Kompressoren, Druckluft-/Vakuumtechnik	18,0
Flüssigkeitspumpen	18,1
Druck- und Papiertechnik	32,0
Fluidtechnik	32,4
Kunststoff- und Gummimaschinen	26,5
Textilmaschinen (ohne Trockner)	27,5
Holzbearbeitungsmaschinen	29,4
Industrieöfen Brenner/Feuerungen	26,8
Prüfmaschinen	30,7
Waagen	26,9
Reinigungssysteme	32,3

Quelle: Statistisches Bundesamt/VDMA

<<<<<<<<<<<<<<<<<<<<<<<<<<<<<<<<<<<<<<<<

Die Maschinenbau-Industrie ist auch deswegen so einflussreich, weil Hightech-Industrien wie Luftfahrt, Elektronik oder Biotechnologie ohne Maschinen nicht denkbar wären. Auch der Computer wird mit Maschinen hergestellt: Die Fertigungstechnik für die Produktion von Flachbildschirmen mit organischen Leuchtdioden kommt aus dem Maschinenbau. Zwar gehen rund drei Viertel der Maschinenproduktion in die Industrie, aber immerhin über zehn Prozent auch in Handel und Dienstleistung. Der größte Abnehmer des Maschinenbaus ist allerdings der Maschinenbau selbst.

Mittelständische Unternehmen prägen den Maschinenbau. So haben laut VDMA rund 88 Prozent der Unternehmen weniger als 250 Mitarbeiter, rund zwei Drittel weniger als 100, nur zwei Prozent mehr als 1 000 Angestellte. Vor allem im Süden Deutschlands haben Maschinenbauingenieure Chancen, interessante Arbeitgeber zu finden. Denn gerade viele kleine und mittlere Unternehmen sind auf ihren Spezialgebieten weltweit führend.

Energieanlagen >>>>>>>>>>>>>>>>>>>>>>>>>

Ein Wachstumsbereich ist nach wie vor der Energieanlagenbau. In vielen Bereichen sind deutsche Energieanlagenbauer mit innovativen Technologien Weltmarktführer. Ob in Großkraftwerken auf fossiler und nuklearer Basis bis hin zu kleinen Energieanlagen wie Heizungen und Klimaanlagen – hier sind Maschinenbau-Absolventen gefragt, die gerne interdisziplinär arbeiten. Zusammen mit Projektleitern, Konstrukteuren und Elektrotechnikern entwickeln sie Anlagen zur Energieumwandlung in Form von Gas- und Dampfturbinen, Kraftwerkstechnik, Kompressoren, Wasserkraftanlagen, Windenergieanlagen, Bioenergieanlagen, Solarenergie, Geothermie und Brennstoffzellen. Bei der Energie-Effizienz geht es etwa um Druckluftanlagen und Energiespartechnologien.

<<<<<<<<<<<<<<<<<<<<<<<<<<<<<<<<<<<<<<<<

Die mittelständisch geprägte Branche steht in technischer Hinsicht vor großen Herausforderungen. Auch hier heißt eines der Stichworte Internet. E-Business definiert im Maschinen- und Anlagenbau die Beschaffung, den Vertrieb und die Kundenbeziehungen völlig neu. Besonders wichtig sind für deutsche Maschinenbauer die Dienstleistungen rund um Maschinen und Großanlagen, die über das Internet angeboten werden können (E-Industrial Services).

Mit diesen Angeboten können sich die deutschen Maschinenbauer von der Konkurrenz auf dem Weltmarkt deutlich abheben. Wartung und Instandhaltung sollen neue Umsätze bringen. Die Anlagen werden von innovativen Unternehmen schon heute bis zum Ende ihrer Dienstzeit begleitet. Diese enge Kundenbindung ist ein großer Vorteil der Deutschen Maschinenbaufirmen auf den globalen Märkten.

HOME OF POWER BRANDS

Was können Sie bei uns als Ingenieur (m/w) auf keinen Fall entwickeln?

a) Großdieselmotoren

b) Einspritzsysteme

c) Notstromaggregate

d) Langeweile

Empower your Career

Neues schaffen. Weiter denken. Vorwärtskommen.

Aus faszinierenden Ideen machen unsere rund 9.000 Mitarbeiter kraftvolle Technik – vom 10.000-kW-Dieselmotor bis zur Brennstoffzelle. Mit den Marken MTU und MTU Onsite Energy ist Tognum einer der weltweit führenden Anbieter von Motoren, kompletten Antriebssystemen und dezentralen Energieanlagen. Innovative Einspritzsysteme von L'Orange vervollständigen unser Technologie-Portfolio rund um den Antrieb. Bewegen auch Sie mit uns die Welt!

Berufseinstieg, Traineeprogramm, Praktikum, Abschlussarbeit – Tognum bietet Ihnen alle Möglichkeiten. Mehr dazu in der Stellenbörse auf unserer Homepage.

Willkommen bei Tognum in Friedrichshafen.
Wir freuen uns, von Ihnen zu hören:
Tognum AG • Personalmarketing • Regine Siemann • Maybachplatz 1 • 88045 Friedrichshafen
regine.siemann@tognum.com • Tel. 07541 / 90-6513

www.tognum.com

Die gute Konjunktur in der Vergangenheit hatte positive Auswirkungen auf die Arbeitsplätze in der Branche. So verzeichnet der Maschinen- und Anlagenbau immer noch eine Stammbelegschaft von rund 939 000 Personen. Auch die Zahl weiblicher Ingenieure steigt seit zehn Jahren kontinuierlich. Allerdings liegt ihr Anteil immer noch bei unter zehn Prozent, so der VDI. Der Bedarf an Maschinenbauern wird auf Dauer wieder wachsen. Denn die innovative Hightech-Branche kann ihre internationale Wettbewerbsfähigkeit nur mit gut ausgebildeten Nachwuchskräften erhalten. Aber die Zeiten einer Jobgarantie sind erst einmal vorbei.

Einstieg & Perspektiven >>>>>>>>>>>>>>>>>>

Die Unternehmen haben hohe Ansprüche an den Nachwuchs, und der liberalisierte EU-Arbeitsmarkt erhöht den Konkurrenzdruck. Überwiegend suchen Unternehmen Ingenieure für Forschung, Konstruktion und Vertrieb. Auch die im Ausland zu besetzenden Stellen sind häufig mit einer Vertriebstätigkeit verbunden. Offensichtlich setzen viele Unternehmen ihre Technikspezialisten immer näher am Kunden ein. Die Tätigkeit dieser Mitarbeiter kann durchaus noch viele Konstruktions- und Entwicklungsaufgaben umfassen, wird aber eher als Vertriebstätigkeit eingestuft. Der Anteil der Vertriebsingenieure in der Branche erreicht inzwischen rund 20 Prozent.
Maschinenbauingenieure werden bei Automobilzulieferern, Werkzeugbauunternehmern und in der Haushaltsgerätebranche genauso gesucht wie etwa in Unternehmensberatungen, der Möbelproduktion und der Nahrungs- und Genussmittelindustrie. Vor allem Ingenieure, die Kenntnisse an den Schnittstellen zusammenwachsender Technologien erworben haben, sind gefragt.
<<<<<<<<<<<<<<<<<<<<<<<<<<<<<<<<<<<

Robotik und Automation

Schon seit einigen Jahren erobert die deutsche Automatisierungstechnik mit innovativen Lösungen die internationalen Märkte, in denen hoch qualifizierte Arbeitsplätze geschaffen werden. Allerdings traf die weltweite Krise auch die Robotikindustrie hart. Zwischen 41 und 48 Pro-

zent fielen die Roboterverkäufe 2009 in den verschiedenen Regionen. Am stärksten traf es Japan, das ein Minus von 57 Prozent verschmerzen musste. Deutschland fiel um 44 Prozent.

Dabei ist der Trend zur Automatisierung ungebrochen. Doch durch die schwierige Situation in der Automobilindustrie wurden auch die Zulieferer schwer getroffen. Die Gummi- und Kunststoffindustrie verzichtete genauso auf weitere Investitionen im Bereich der Robotik wie die Elektro-, Metall und Maschinenindustrie. Vorsichtiger wurden auch Branchen, die von Konjunkturschwankungen eigentlich unabhängig sind, wie etwa die Nahrungs- und Genussmittelindustrie. Sie bestellten zwölf Prozent weniger, die Kosmetikindustrie sechs Prozent.

Hightech-Produkte >>>>>>>>>>>>>>>>>>>>>>

Wer Hightech-Produkte entwickeln und produzieren will, ist im Maschinenbau richtig. Hier wurde etwa das Magnetschwebesystem Transrapid entwickelt. Bevor es jedoch über seine Trasse zum Flughafen von Schanghai schweben konnte, waren Ingenieure mit sehr guten Kenntnissen in Maschinenbau und Verfahrenstechnik gefragt. Auch fachübergreifendes und vernetztes Denken, Handeln und Wissen – vor allem aus den Bereichen Elektronik und Informatik – sind Voraussetzungen für eine erfolgreiche Karriere. Nicht nur in Entwicklung und Produktion finden Ingenieure interessante Aufgabengebiete. Spannende Arbeitsfelder gibt es auch bei dem Betrieb von Hightech-Produkten.
<<<<<<<<<<<<<<<<<<<<<<<<<<<<<<<<<<<<<<<<

Doch trotz der Einbrüche wird die Automation weiter wachsen. Auch junge Branchen wie die Photovoltaik setzen auf Lösungen der Robotik und Automation. Das Stichwort heißt: Mechatronik. Der Begriff ist nicht eindeutig definiert, gemeint ist das Zusammenwachsen von Informatik, Elektronik und Mechanik. Unternehmen aus allen Branchen investierten verstärkt in die Produktivität ihrer Anlagen, um weltweit wettbewerbsfähig zu bleiben und die Nachfrage aus dem In- und Ausland bewältigen zu können. Ein Sinnbild für die Automation sind Roboter.

■I■ DRUCK | I ■ I VERARBEITUNG | ■I❘I EXTRUSION
VEREDELUNG

Wenn Ingenieuraugen glänzen …

Seit über 140 Jahren sind flexible Verpackungen unsere Welt. Mit unserem einzigartigen Spektrum an Maschinen und Systemen zur Herstellung und Bedruckung von Folien-, Kunststoffgewebe- und Papierverpackungen sind wir seit Jahrzehnten Technologieführer – In über 130 Ländern der Erde. Unseren Erfolg verdanken wir vor allem unseren nahezu 2.000 Mitarbeiterinnen und Mitarbeitern, die mit großer Leidenschaft, Kreativität und Einsatzfreude unser Unternehmen kontinuierlich weiterentwickeln – und immer wieder zeigen, dass Tradition verbunden mit Innovation Fortschritt schafft.

… dann liegt das
an unseren Maschinen.

WINDMÖLLER & HÖLSCHER

www.wuh-group.com

IDEEN AUS LEIDENSCHAFT

Durch zunehmende Funktionalität, neue Anwendungsgebiete, persönliche Assistenten und Service-Roboter ist der Robotikmarkt zu einer dynamischen Wachstumsbranche geworden, die für Ingenieure mit den Schwerpunkten Robotik oder Automatisierungstechnik spannende Aufgabenfelder bereithält. Roboter – bestehend aus Maschine, Software und Dienstleistung – werden immer mehr zu einem universellen Kernelement der Automatisierung und rücken in den Mittelpunkt strategischer Unternehmensentscheidungen.

Roboter finden vermehrt Einsatz in neuen Anwendungsgebieten. Sie werden etwa in Unternehmen der Automobilindustrie und in der Fertigung eingesetzt. Rund um Kunststoff- und Werkzeugmaschinen sowie in Logistikzentren sind Roboter nicht mehr wegzudenken. Auch die Arbeit in rauen Betriebsumgebungen wie Kühlhäusern oder bei der Handhabung heißer Fernsehbildröhren wird von Robotern erledigt. Ein weiterer Trend ist der Roboter als persönlicher Assistent. Serviceroboter sollen den Menschen begleiten und unterschiedliche Aufgaben übernehmen, wie etwa Staubsaugen, Tanken oder Rasenmähen. Auch in Krankenhäusern wird bereits mit Robotern gearbeitet.

Anforderungen

Rund zwei Drittel der im Maschinen- und Anlagenbau beschäftigten Ingenieure haben ein eher anwendungsorientiertes Studium an einer Fachhochschule absolviert, so der VDMA. Mehr als ein Drittel verfügt über einen Universitätsabschluss und ein eher forschungsorientiertes Profil. Die Aufgabenschwerpunkte für Ingenieure im Maschinen- und Anlagenbau unterscheiden sich je nach Unternehmen und Fachzweig. Die Tätigkeiten liegen meist in den Bereichen Konstruktion, Forschung und Entwicklung, Vertrieb und Produktion.

Welche Aufgaben ein Ingenieur im Maschinen- und Anlagenbau hat, hängt auch von der Größe des Unternehmens ab. In kleineren Betrieben ist die Aufteilung in verschiedene Abteilungen nicht so ausgeprägt wie in größeren Firmen. Dafür wird größerer Wert auf den Praxisbezug und fachübergreifende Kenntnisse der Bewerber gelegt. Denn vor allem in mittelständischen Unternehmen sind sehr früh Führungs- und Management-Qualitäten gefragt. Davon profitieren besonders Ingenieure. Der Maschinen- und Anlagenbau ist und bleibt ihre Domäne. Knapp zwei Drittel aller Führungskräfte auf Geschäftsführungs- oder Vorstandsebene im Maschinen- und Anlagenbau sind Ingenieure.

Wie in den meisten anderen (technischen) Branchen wird auch im Maschinenbau der Service immer wichtiger. So müssen sich junge Ingenieure zunehmend der Anlagenprojektierung und Beratung widmen. Auch die Schulung von Kundenpersonal im Umgang mit der gelieferten, maßgeschneiderten Anlage und Technik steht immer mehr im Fokus. Ohne betriebswirtschaftliche, sozial-kommunikative und fundierte IT-Kenntnisse lässt sich eine prozessorientierte Produktentwicklung, wie sie im Maschinenbau üblich ist, kaum noch erfolgreich steuern.

Laut VDMA ist rund ein Fünftel der Beschäftigten im Maschinenbau im Ausland tätig. Hinzu kommt die starke Exportorientierung der Branche. Für eine erfolgreiche Karriere ist verhandlungssicheres Englisch ein Muss. Das Beherrschen einer weiteren Fremdsprache ist von Vorteil. Weitere Pluspunkte kann man sammeln, wenn man ein Auslandssemester oder -praktikum absolviert hat. Denn interkulturelle Kompetenz wird zu einem wichtigen Merkmal des global agierenden Ingenieurs.

Web-Tipp >>>>>>>>>>>>>>>>>>>>>>>>>>>>>>>

Weitere Brancheninfos sind auf der Homepage des VDMA – Verband Deutscher Maschinen- und Anlagenbau unter **vdma.org** zu finden.

<<<<<<<<<<<<<<<<<<<<<<<<<<<<<<<<<<<

Praxiserfahrung das A und O

Judith Herzog-Kuballa, Referentin beim **VDMA Kompetenzzentrum Bildung**, gibt Tipps für den Einstieg in den Maschinen- und Anlagenbau.

Die durch die weltweite Finanzkrise ausgelöste Wirtschaftskrise hat auch den Maschinenbau hart getroffen. Dennoch haben die Unternehmen versucht, ihre Beschäftigten zu halten. Trotz der konjunkturellen Schwankungen, die für die Branche so typisch sind, steigen seit über zehn Jahren sowohl der Ingenieuranteil an den Belegschaften als auch die absolute Zahl der im Maschinenbau tätigen Ingenieure. Der Bedarf an Ingenieuren wird in den kommenden Jahren – schon demografisch bedingt – weiter zunehmen.

Erfolgreich im Wettbewerb

Die Einstiegschancen für Ingenieur-Absolventen im Maschinen- und Anlagenbau sind sehr gut. Die Branche ist stark von kleinen und mittelständischen Unternehmen geprägt. Viele junge Menschen fokussieren sich bei ihrer Stellensuche aber auf bekannte große Firmen- und Markenna-

men und lassen die kleineren Betriebe außer Acht. Dabei sind diese häufig familien- oder eigentümergeführten Unternehmen enorm innovativ – sogenannte Hidden Champions. Sie behaupten sich seit Jahren erfolgreich im globalen Wettbewerb und bieten ein spannendes Arbeitsfeld.

In Teams und Prozessen

Um sich hier als Berufseinsteiger gut aufzustellen, sind eine gute Ausbildung und einschlägige Praxiserfahrung das A und O. Reisetätigkeit steht heute auf der Tagesordnung, deshalb sind internationale Erfahrungen von Vorteil. Sprachkenntnisse, vor allem sehr gute Kenntnisse der englischen Sprache, werden vorausgesetzt. Darüber hinaus werden neben den fachlichen Kenntnissen personale und soziale Kompetenzen immer wichtiger. Ingenieure müssen heute in Teams und Prozessen agieren können.

>> Stahlindustrie

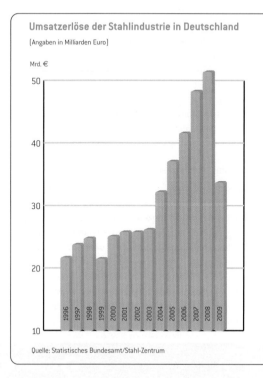

Umsatzerlöse der Stahlindustrie in Deutschland

(Angaben in Milliarden Euro)

Mrd. €

Quelle: Statistisches Bundesamt/Stahl-Zentrum

© Stahl-Zentrum/Aktien-Gesellschaft der Dillinger Hütte

Wussten Sie schon, dass...

...die Zahl der Beschäftigten in der deutschen Stahlindustrie seit 1970 von 374 000 auf 92 000 sank?

Ob in modernen Hochhäusern, in Brücken, Turbinen, Fahrzeugen oder in der Küche: Stahl ist nicht wegzudenken. Die Stahlindustrie ist eine Branche, in der Innovationen eine erhebliche Rolle spielen. In den vergangenen Jahren sind nach Expertenschätzung weit mehr als die Hälfte aller Stähle optimiert oder ganz neu entwickelt worden. Es gibt mehr als 2000 verschiedene Stahlsorten. Und auch in Zukunft wird das Material weiterentwickelt werden.

2009 bekam die Stahlbranche die Auswirkungen der Krise deutlich zu spüren: Sechs von 15 Hochöfen waren in Deutschland zu Beginn des Jahres vorübergehend stillgelegt. Die Produktion in Deutschland brach um 28 Prozent ein. Beschäftigt waren in der Branche 92 000 Menschen. Mit dem Ende der Krise kommt auch die Stahlindustrie wieder besser in Schwung und kann an alte Zeiten anknüpfen.

Bereits seit Mitte 2009 ist ein Aufwärtstrend abzusehen, der sich 2010 auch in Zahlen fassen lässt. So verdoppelten sich die Aufträge bei den Walzstahlerzeugnissen im ersten Quartal 2010, meldete die Wirtschaftsvereinigung Stahl. Mit 10,55 Millionen Tonnen konnte sich die Branche über den stärksten Auftragseingang seit dem Frühjahr 2008 (12,7 Millionen Tonnen) freuen. Impulse kamen sowohl aus dem In- wie aus dem Ausland. So wurden 6,5 Millionen Tonnen Stahl für deutsche Kunden hergestellt und ganze vier Millionen Tonnen für den Export. So sind die deutschen Stahlunternehmen nach dem Krisenjahr wieder zu 80 Prozent ausgelastet.

Ein wichtiger Abnehmer für Stahl ist die Automobilbranche. Die Automobilhersteller und -zulieferer stehen unter dem Druck, sicherere, komfortablere und technisch raffiniertere Autos bauen zu müssen. Gleichzeitig sollen Autos umweltfreundlicher werden. Allerdings steigt durch die technischen Neuerungen oft das Gewicht der Fahrzeuge, was wiederum mehr Kraftstoffverbrauch zur Folge hat. Hier kommt der Stahl ins Spiel: Der Werkstoff soll leichter und belastbarer werden. Zugleich arbeiten Ingenieure daran, die Modellierungsmethoden zu verfeinern.

Durch neue formbare Stähle versprechen sich Vertreter der Branche Wettbewerbsvorteile gegenüber dem Konkurrenzwerkstoff Aluminium. Viele Großunternehmen der Branche haben ihre Aktivitäten stark diversifiziert – sie beschäftigen sich jetzt auch mit dem industriellen Großanlagenbau, dem Maschinen-, Straßen und Schienenfahrzeugbau. Auch im deutschen Brückenbau kommt der Werkstoff Stahl wieder vermehrt zum Einsatz.

Einstieg & Perspektiven >>>>>>>>>>>>>>>>>

Häufig steigen Hochschulabsolventen mit einem Trainee-Programm in die Stahlbranche ein. Sie reichen von Controlling über Instandhaltung bis hin zu Entwicklung, Produktion oder Qualitätswesen. Auch in Energiewirtschaft und Umweltschutz ist der Einstieg möglich. In der Produktion sind die Gewährleistung des sicheren Anlagebetriebs und die Weiterentwicklung der Verfahren und des Werkstoffs zentrale Aufgaben. Forschung und Entwicklung bedeutet für Ingenieure eine Kombination aus Werkstoffwissenschaft und Prozesstechnik auf der Basis moderner Informationstechnologie. Da 20 Prozent der Herstellungskosten auf die Energie entfallen, werden vermehrt innovative Ingenieure für das Energiemanagement benötigt. Der Umweltschutz wird in den Stahlwerken immer wichtiger, hier sind technisches und ökonomisches Wissen erforderlich.

<<<<<<<<<<<<<<<<<<<<<<<<<<<<<<<<<<<<<<

Anforderungen

Wer in die Stahlindustrie einsteigen möchte, sollte ein Studium der Metallurgie, des Maschinenbaus oder der Material- oder Werkstoffwissenschaften vorweisen können. Absolventen, die beim Einstieg praktische Erfahrungen innerhalb der Stahlindustrie mitbringen – etwa durch Praktika – können Pluspunkte sammeln.

In allen Bereichen der Stahlindustrie verlangen Unternehmen von Ingenieuren Spezialisierung, Qualifizierung, Kommunikationsstärke und interdisziplinäres Know-how. Die Arbeit an Prozess-, Werkstoff- und Produktinnovationen steht ganz oben auf der Tagesordnung, denn die Anforderungen an die Produkte und an die Mitarbeiter steigen kontinuierlich. In Konkurrenz zu den Technikern und Ingenieuren aus den klassischen Stahlberufen – wie Metallurgen, Werkstofftechniker oder Maschinenbauer – stehen Informatiker oder Physiker, die sich mit dem Material Stahl beschäftigen.

Zehn Jahre „Stahl fliegt" >>>>>>>>>>>>>>>>>

Im Juli 2010 ließen Studenten zum zehnten Mal 400 Gramm Stahl schweben. Beim bundesweiten Studentenwettbewerb „Stahl fliegt" traten 65 Studenten aus sechs beteiligten Universitäten mit ihren Flugobjekten gegeneinander an. Ziel des Wettbewerbs ist, Indoorflieger aus Stahl so lange wie möglich ohne Hilfsmittel zum Fliegen zu bringen. Flugzeiten von rund 20 Sekunden sind möglich. Der Wettbewerb wird alljährlich von der Forschungsvereinigung Stahlanwendung (FOSTA) organisiert.

<<<<<<<<<<<<<<<<<<<<<<<<<<<<<<<<<<<<<<

Große Unternehmen der deutschen Stahlindustrie bieten Trainee-Programme an, in denen Nachwuchskräfte auf Führungsaufgaben vorbereitet werden. Wer eine Karriere in der Stahlindustrie anstrebt, sollte außer guten Studienleistungen und einem zügigen Studium idealerweise praktische Erfahrungen sowie gute Sprach- und IT-Kenntnisse mitbringen. Neben naturwissenschaftlichem Interesse und fundiertem Fachwissen sind vor allem Organisationstalent und Verantwortungsbewusstsein gefordert.

Web-Tipp >>>>>>>>>>>>>>>>>>>>>>>>>>>>

Zahlen und Fakten rund ums Thema Stahl gibt es auf dem gemeinsamen Internetauftritt der Forschungsvereinigung Stahlanwendung und der Wirtschaftsvereinigung Stahl unter **stahl-online.de**.

<<<<<<<<<<<<<<<<<<<<<<<<<<<<<<<<<<<<<<

Interview: Automobilindustrie

Dr. Michael Ruf, Jahrgang 1976, ist Leiter Internationales Personalmarketing bei der **ZF Friedrichshafen AG**. Er studierte Betriebswirtschaftslehre und Wirtschaftspädagogik an der Universität Konstanz.

Welche aktuellen Trends bestimmen die Branche?

Umweltschutz ist der dominierende Megatrend, dem die Unternehmen mit Innovationen in der Antriebs- und Fahrwerkstechnologie begegnen, um Treibstoffverbrauch und Emissionen zu senken. Zudem treten mit einer demografisch alternden Käuferschaft Themen wie Fahrzeugsicherheit und -komfort zunehmend in den Fokus.

Wie sieht der idealtypische Bewerber aus?

Neben einer fundierten fachlichen Ausbildung sind Begeisterungsfähigkeit für Technik und Spaß an herausfordernden Aufgaben unabdingbar. Soziale Kompetenzen und erste Praxiserfahrungen sind für den erfolgreichen Einstieg ebenfalls wünschenswert.

Worauf achten Sie bei Bewerbern besonders?

Als Stiftungsunternehmen pflegen wir eine Unternehmenskultur, die von einem kollegialen Miteinander geprägt ist. Bewerber sollten daher offen, kommunikativ und zuverlässig sein, um in die Mannschaft zu passen. Daher richten wir ein spezielles Augenmerk auf die sozialen Kompetenzen der Bewerber.

Was macht das Arbeiten in Ihrer Branche so spannend?

Die Branchentrends bringen für die Mitarbeiter interessante und herausfordernde Aufgaben mit sich, die im internationalen Kontext mit Eigenverantwortung und Freiraum gestaltet und gelöst werden.

Ihre persönlichen Tipps für Studenten und Absolventen?

Suchen Sie sich eine Aufgabe, die Ihnen Freude bereitet, und gehen Sie ihr engagiert nach. Zeigen Sie Mut und übernehmen Sie Verantwortung. Bewahren Sie sich Ihre Authentizität, auch mit „Ecken und Kanten".

Interview: Bauindustrie

Axel Conrads, Jahrgang 1975, ist Regional Coordinator and Coordinator Strategy & Development bei **HeidelbergCement**. Er studierte Bergbau an der TU Clausthal und der RWTH Aachen.

Welche aktuellen Trends bestimmen die Branche?

In der Baustoffindustrie geht es um die Herstellung nachhaltig guter Produkte, die umweltfreundlich und kostenoptimiert produziert werden. Gleichzeitig stellen wir uns der Herausforderung und arbeiten an der stetigen Weiterentwicklung von Produkten und Produktionsprozessen.

Wie sieht der idealtypische Bewerber aus?

Wir achten bei Bewerbern besonders darauf, dass sie fachlich versiert sind und gleichzeitig interdisziplinär denken können. Neben einer ausgeprägten analytischen Fähigkeit erwarten wir auch Bodenhaftung und Pragmatismus. Der Bewerber sollte sowohl im Team arbeiten können als auch ein Team führen können. Neben hoher Sozialkompetenz ist die Bereitschaft zur Mobilität eine weitere wichtige Voraussetzung.

Was macht das Arbeiten in Ihrer Branche so spannend?

Die vielfältigen Aufgabenstellungen, die sich durch das schnelle internationale Wachstum und die kontinuierliche Weiterentwicklung des Unternehmens ergeben, führen immer wieder zu neuen Herausforderungen. Unsere flachen Hierarchieebenen ermöglichen außerdem eine schnelle Übernahme von Verantwortung – auch im internationalen Umfeld.

Ihre persönlichen Tipps für Studenten und Absolventen?

Hohe fachliche Kompetenz, gepaart mit nachweisbarem Leistungswillen, ist wichtig. Daneben zählen aber auch der Wille und die Bereitschaft, immer wieder Neues zu erlernen. Wer sich einbringt und bereit ist, die Dinge aktiv mit zu gestalten, der hat bei uns Erfolg.

Interview: Energiewirtschaft

Wolfgang Bilger, Jahrgang 1959, ist Leiter Personalmarketing und Einsteigerprogramme bei der **Vattenfall Europe Business Services GmbH** in Berlin. Er studierte Volkswirtschaftslehre und Psychologie an der Freien Universität Berlin.

Welche aktuellen Trends bestimmen die Branche?

Unsere Branche steht derzeit vor einem Transformationsprozess hin zu einer klimaneutralen Energiewirtschaft. Wir erforschen die Technologie zur Abspaltung und Speicherung von CO_2 aus dem Kraftwerksprozess, kurz CCS genannt. Außerdem gehören wir zu den weltweit größten Betreibern von Offshore-Windparks. Zudem bauen wir europaweit unsere Kapazitäten zur Nutzung von Biomasse aus.

Wie sieht der idealtypische Bewerber aus?

Der ideale Bewerber zeigt großes Interesse für die Energiewirtschaft, gepaart mit solidem Ingenieurswissen, und bringt eine internationale Ausrichtung sowie kaufmännisches Denken mit. Wir erwarten aber auch das Bewusstsein für Technikrisiken und ein Gespür für die gesellschaftspolitische Verantwortung eines Energieversorgers.

Worauf achten Sie bei Bewerbern besonders?

Wir legen Wert auf weltoffene Persönlichkeiten, die Freude an komplexen Problemstellungen und schwierigen Aufgaben haben. Wir erwarten hohe kommunikative Kompetenz und die Fähigkeit, in internationalen Projekten zu arbeiten.

Was macht das Arbeiten in Ihrer Branche so spannend?

Die Energiebranche ist gerade für Ingenieure so spannend, weil in vielen Themenstellungen angewandte technologische Innovationen erforderlich sind. So zum Beispiel im Bereich erneuerbare Energien, bei der CO_2-Reduzierung oder beim Thema Kernkraft.

Ihre persönlichen Tipps für Studenten und Absolventen?

Bleiben Sie sich treu und verfolgen Sie Ihre Interessen mit Leidenschaft.

Interview: Handel

Marcus Breidenbach, Jahrgang 1967, ist Bereichsleiter Immobilien, Kälte und Versorgung bei **Kaufland**. Er studierte Maschinenbau mit Fachrichtung „Thermische Energietechnik" an der FH Rüsselsheim.

Welche aktuellen Trends bestimmen die Branche?

Unsere Kunden fordern nachhaltige, wirtschaftliche und betriebssichere Technik. Um die Ressourcen unserer Erde zu schonen, ist auch die Minimierung des Energieverbrauchs ein Thema. Der Handel ist schnelllebig, der Markt und die Kundenwünsche verändern sich stetig. Deshalb muss die technische Gebäudeausstattung immer wieder angepasst werden.

Wie sieht der idealtypische Bewerber aus?

Die Begeisterung für Technik steht an erster Stelle, außerdem praktische Erfahrung. Soziale Kompetenzen, Eigenverantwortlichkeit und das Bedenken der langfristigen Auswirkungen des eigenen Tuns und Handelns müssen ausgeprägt sein.

Worauf achten Sie bei Bewerbern besonders?

Bewerber müssen ein eindeutiges Interesse am Berufsfeld zeigen, authentisch sein und Entscheidungsfreudigkeit mitbringen. Sie sollten in der Lage sein, fokussiert zu arbeiten. Eine gesunde Einstellung in Bezug auf Arbeit und Freizeitgestaltung zum Ausgleich ist auch wichtig.

Was macht das Arbeiten in Ihrer Branche so spannend?

Der Umgang mit Kunden und Lieferanten ist jeden Tag eine Herausforderung. Probleme mit dem eigenen Wissen und den technischen Möglichkeiten dauerhaft lösen zu können, ist sehr motivierend. Und natürlich ist es die Technik, die begeistert.

Ihre persönlichen Tipps für Studenten und Absolventen?

Gehen Sie aktiv auf die Unternehmen zu und zeigen Sie Begeisterungsfähigkeit und Spaß an der Branche. Darüber hinaus zählt Mut zum Risiko, sich selbst treu zu bleiben und eine eigene Lebensphilosophie.

Interview: Maschinen- und Anlagenbau

Stefanie Marwitz, Jahrgang 1976, ist verantwortlich für das Personal- und Hochschulmarketing der **Voith AG**. Sie studierte Rechtswissenschaften in Regensburg und absolvierte einen Master of International Business in Portsmouth, England.

Welche aktuellen Trends bestimmen die Branche?

Nachhaltige Produkte und nachhaltiges Wirtschaften sind sicherlich Hauptthemen für die Zukunft. Insbesondere umweltschonende und energieeinsparende Optimierungen und Neuentwicklungen stehen in der Forschung und Entwicklung im Vordergrund.

Wie sieht der idealtypische Bewerber aus?

Im Idealfall hat der Bewerber das Studienfach mit den Schwerpunkten studiert, die für unsere Branche wichtig sind. Zusätzlich zählen besonders Erfahrung in der Praxis, wie etwa durch ein Praktikum und gute Englischkenntnisse, die in der vernetzten Welt absolut praxisfest sein sollten.

Worauf achten Sie bei Bewerbern besonders?

Bewerber sollten sich ehrlich und authentisch vorstellen und selbstreflektiert sein. Da wir Mitarbeiter langfristig einstellen und weiterentwickeln wollen, sollten die Kandidaten auch zu unserer Firmenkultur passen, also unsere Werte leben und verkörpern.

Was macht das Arbeiten in Ihrer Branche so spannend?

Anlagenbau bedeutet Projektarbeit. Ein Produkt oder Projekt ist meist einzigartig und individuell auf die Bedürfnisse des Kunden abgestimmt. Das Team hat dadurch ein gemeinsames Ziel vor Augen und arbeitet bei uns auch über Kontinente hinweg zusammen daran.

Ihre persönlichen Tipps für Studenten und Absolventen?

Zeigen Sie Begeisterung für das, was Sie tun, und bleiben Sie dabei trotzdem offen und interessiert für andere Themen. Fachkompetenz ist sehr wichtig, wirklich außergewöhnliche Dinge passieren aber, wenn man in der Lage ist, vernetzt zu denken.

Interview: Stahlindustrie

Dr. Rudolf Carl Meiler, Jahrgang 1959, ist Leiter Recruiting und Personalentwicklung bei **ThyssenKrupp Steel Europe**. Er studierte in Erlangen-Nürnberg und ist Diplom-Kaufmann und Diplom-Psychologe.

Welche aktuellen Trends bestimmen die Branche?

Stahl ist nach wie vor ein Zukunftswerkstoff. Die Forschung und die Entwicklung von weiteren Stahlgütern und Legierungen sowie auch Composite-Werkstoffen prägen mittelfristig die Branche.

Wie sieht der idealtypische Bewerber aus?

Der Bewerber sollte ein Studium der Metallurgie, Material-, Werkstoffwissenschaften oder des Maschinenbaus mitbringen, außerdem mindestens ein industrielles Praktikum. Er sollte keine Scheu vor einem Auslandseinsatz haben und mit Kollegen aus unterschiedlichen Unternehmensbereichen und fachlichen Hintergründen zusammenarbeiten können.

Worauf achten Sie bei Bewerbern besonders?

Hochschulabsolventen sollten in der Lage sein, sich ihren individuellen Weg durch die vielfältigen Einsatzmög-lichkeiten zu bahnen. Unvorhersehbare Anforderungen bedürfen dabei nicht nur einer Anpassung, sondern sollten immer auch als Gestaltungsperspektive wahrgenommen werden.

Was macht das Arbeiten in Ihrer Branche so spannend?

Bei der Stahlerzeugung und -weiterverarbeitung entstehen intelligente Werkstoffe, die später in fast jedem Alltagsprodukt Verwendung finden. Die ständige Zusammenarbeit zwischen Forschung, Entwicklung, Produktion und Vertrieb hält vielfältige Aufgaben bereit.

Ihre persönlichen Tipps für Studenten und Absolventen?

Falls Sie noch keine Berührung mit der Stahlindustrie hatten, empfehle ich Ihnen eine Werksführung in einem Stahlwerk. Das wird sicher eine beeindruckende Wirkung bei Ihnen hinterlassen.

Einsatzbereiche im Unternehmen

Die Entscheidung, in welchem Bereich eines Unternehmens die Karriere starten soll, ist eine erste Weichenstellung für die berufliche Zukunft. Sie soll nicht dem Zufall überlassen, sondern erst nach ehrlicher Selbstprüfung getroffen werden, damit sich Neigung und Eignung mit den Anforderungen des Jobs optimal ergänzen.

Deshalb werden in diesem Kapitel die wichtigsten Einsatzbereiche im Unternehmen kurz vorgestellt. Die Informationen sollen dazu beitragen, die erste Orientierung bei der Jobwahl zu erleichtern.

Fachübergreifendes Know-how

Technische, betriebswirtschaftliche und kundenorientierte Tätigkeiten greifen in den Berufsfeldern von Ingenieuren immer mehr ineinander. Ingenieure arbeiten häufig mit Experten anderer Abteilungen in interdisziplinären Projektteams zusammen. Das bedeutet: neue Herausforderungen und gute Karrierechancen.

Viele unterschiedliche Einsatzbereiche eröffnen sich Ingenieuren in den Unternehmen. Eine typische Laufbahn in einem Bereich ist aber kein Muss, häufig sind später Wechsel in andere Tätigkeitsfelder möglich. Mit fachübergreifendem Know-how werden Wechsel zwischen einzelnen Unternehmensbereichen einfacher und sind heute durchaus üblich. Trainees etwa durchlaufen im Rahmen der Ausbildung oft verschiedene Unternehmensbereiche und arbeiten mit Kollegen aus unterschiedlichen Einsatzbereichen in Projekten zusammen. Dadurch erhalten sie gute Einsichten in unterschiedliche Arbeitsfelder und knüpfen automatisch auch Kontakte für die berufliche Zukunft.

Kombination von Kompetenzen

Betriebswirtschaftliche Skills in Kombination mit einem ausgeprägten Qualitäts-, Termin- und Kostenbewusstsein sind gefragt. Immer mehr Technik-Spezialisten übernehmen neben den klassischen Tätigkeiten oft Aufgaben aus dem Softwarebereich. Auch persönliche Kompetenzen werden wichtiger.

Aber es muss nicht jeder alles können. Vielmehr unterscheiden sich die Ansprüche an fachliche und persönliche Qualifikationen je nach Position und Tätigkeit. So sollte ein Manager zwangsläufig über ein hohes Maß an Überzeugungskraft und Führungsqualitäten verfügen und ein Vertriebsmitarbeiter ein kommunikativerer Typ sein als ein Kollege aus der Forschung. Generell gilt: Tüfteln im stillen Kämmerlein ist passé.

Web-Check: An alles gedacht? >>>>>>>>>>>>>

Wichtige Informationen zu Einsatzbereichen für Ingenieure gibt es auch auf **staufenbiel.de/ingenieure**
<<<<<<<<<<<<<<<<<<<<<<<<<<<<<<<<<<<<

>> Arbeitsgestaltung/ Betriebsorganisation

Ingenieure im Bereich Arbeitsgestaltung und Betriebsorganisation untersuchen den Aufbau und die Arbeitsweise von Unternehmen und Behörden, um möglichst effiziente Arbeitsabläufe zu planen. Für das Erreichen der von den Unternehmen festgelegten Ziele optimieren sie die Prozesse und untersuchen das Zusammenwirken von Mensch und Technik innerhalb eines Unternehmens. Anschließend entwerfen sie Pläne, nach denen die Effizienz der Arbeitsabläufe gesteigert werden kann. Ingenieure legen hier Verfahrensgrundsätze, Dienstanweisungen und Richtlinien fest und erstellen Funktions- und Aufgabenbeschreibungen.

Teamorientierte Produktionsmethoden haben die Nachfrage nach Arbeitsgestaltern vielerorts belebt. Mitarbeiter werden stärker an Entwicklungsprozessen beteiligt und brauchen dabei Arbeitswissenschaftler als Moderatoren. In Großbetrieben bestehen Aufstiegsmöglichkeiten bis hin auf Geschäftsführungsebene. Deshalb sind die Perspektiven im Unternehmen sehr gut. Geeignete Einstiegspositionen gibt es in der Arbeitsvorbereitung, in der Logistik oder im Personalwesen. Soziale Skills wie Teamfähigkeit und Organisationstalent, aber auch Durchsetzungsvermögen und kommunikative Fähigkeiten sind wichtig, da Ingenieure in der Arbeitsgestaltung mit Menschen unterschiedlichster Qualifikation zusammenarbeiten.

Weitere Anforderungen >>>>>>>>>>>>>>>>>>>>

- Ingenieurstudium mit Schwerpunkt Arbeitswissenschaften, Betriebsorganisation oder Wirtschaftsingenieurwesen
- Organisationstalent
- betriebswirtschaftliche Kenntnisse
- betriebspsychologische und arbeitsmedizinische Qualifikation
- Kenntnisse über dezentrale Kleinrechnersysteme

<<<<<<<<<<<<<<<<<<<<<<<<<<<<<<<<<<<<<<

>> Entwicklung

Vom Arbeitsbereich der Entwicklung hängt entscheidend der technische Fortschritt eines Unternehmens ab. Gerade Berufseinsteiger können zu innovativen Lösungen beitragen. Entwicklungsingenieure beeinflussen alle Phasen des Entwicklungsprozesses: von der Ideenfindung über die Konzeption bis hin zur Einsetzung.

Doch nicht nur der Entwicklungsprozess bietet viel Abwechslung; auch die Tätigkeitsbereiche von Entwicklungsingenieuren sind weitreichend – dazu zählen der Anlagenbau, die Kfz-Industrie oder der Geräte- und Apparatebau.

Von Beginn an arbeiten Entwicklungsingenieure mit Kunden zusammen, damit deren Wünsche direkt in die Entwicklung einfließen. Hier sind gute kommunikative Fähigkeiten gefragt. In Workshops und Brainstorming-Runden werden Ideen unter dem Motto: „Geht nicht, gibt's nicht" gesammelt. Berufseinsteiger sind gerne gesehen, da sie oft unvoreingenommen an Fragestellungen herangehen.

Mit Dokumentationen der Testläufe schaffen Entwickler die Basis, auf der anschließend die Ingenieure in der Konstruktion und Fertigung sowie die Kollegen aus Marketing und Vertrieb tätig werden. Insofern sind sie eine wichtige Schnittstelle und für den Ausbau der Marktposition des Unternehmens mitverantwortlich. Der kontinuierliche technologische Wandel eröffnet vor allem Entwicklungsingenieuren mit Qualifikationen aus verschiedenen Spezialgebieten nach wie vor gute Berufsaussichten. Allerdings ist die Konkurrenz im Einsatzbereich Entwicklung relativ groß.

Weitere Anforderungen >>>>>>>>>>>>>>>>>>>>

- praxisorientierte Promotion von Vorteil
- Fähigkeit, theoretische Ergebnisse kostengünstig und umweltschonend umzusetzen
- fachlich-methodische Kompetenz
- Fähigkeit zur Teamarbeit

<<<<<<<<<<<<<<<<<<<<<<<<<<<<<<<<<<<<<<

>> Fertigung/Produktion/Betrieb

Ohne Ingenieure in der Fertigung könnte kaum ein Unternehmen erfolgreich produzieren. Vorteile haben Absolventen mit praxisorientiertem Studium. Hier treffen Aspekte der Logistik, Qualität, Entwicklung und Mitarbeiterführung aufeinander. Fertigungseinrichtungen und -abläufe werden gesteuert, überwacht und optimiert. Hinzu kommt die Instandhaltung der Maschinen. Auch der Aufbau von Produktionsstandorten kann zum Aufgabenfeld gehören.

Fertigungsingenieure sind für die Produktionsplanung und Produktqualität verantwortlich. Gleichzeitig untersuchen sie Abläufe auf Schwachstellen. Sie müssen Fehler in der laufenden Produktion schnell beheben und die Ursachen von Produktionsausfällen analysieren, um Fertigungsstopps zu vermeiden. Sie sorgen für den wirtschaftlichen Einsatz von Arbeitskräften, Maschinen und natürlichen Ressourcen.

Die Einsatz- und Arbeitsbereiche sind vielfältig: Bauingenieure im Bereich Fertigung kümmern sich in erster Linie um die Ausführungsplanung und die Kalkulation von Angeboten. Elektrotechniker werden häufig für die Optimierung der elektronisch gesteuerten Fertigungsabläufe, die Konfiguration der vollelektronischen Maschinen und die Überwachung und Instandhaltung von Produktionsstätten benötigt. Gute Perspektiven haben FH- und Uni-Absolventen, die eine Ausbildung zum Facharbeiter vorweisen können. Absolventen einer Technischen Universität sollten ihre Ausbildung praxisorientiert ausgerichtet haben.

Weitere Anforderungen >>>>>>>>>>>>>>>>>>>
- arbeitswissenschaftliche und -rechtliche Kenntnisse
- gute Kenntnisse in der Fabrikplanung
- sicherer Umgang mit CNC-Programmen
- Verständnis für komplexe Funktionsabläufe und Maschinenkonfigurationen
- Führungskompetenz

<<<<<<<<<<<<<<<<<<<<<<<<<<<<<<<<<<<<

>> Forschung

Ingenieure im Bereich Forschung tragen zum technologischen Fortschritt eines Unternehmens bei. Vor allem im internationalen Wettbewerb ist das von Bedeutung. Hier erarbeiten Ingenieure neue Produkte und Verfahren. Sie optimieren und pflegen bestehende Prozesse und Lösungen. Die Forschungsabteilung muss im Unternehmen Zielvorgaben für die Richtung der technischen Entwicklungen erarbeiten und dabei Marktsituation und Wirtschaftlichkeit im Blick haben.

In den Instituten, Technischen Hochschulen und Universitäten sind Ingenieure in Forschungsprojekten der öffentlichen Hand und in direkten Aufträgen der Industrie beschäftigt. Angewandte Forschung für die Industrie betreiben vor allem Technik-Spezialisten in Industrieunternehmen und Forschungsinstituten.

Wer als Ingenieur in der Großindustrie arbeiten möchte, sollte direkt in die Forschungslabors der Unternehmen einsteigen. In internationalen Konzernen sind die Forschungsabteilungen meist mit promovierten Ingenieuren besetzt. Auch im Mittelstand stehen die Chancen für solche Kandidaten besser, die mit einer wissenschaftlichen Tätigkeit an einer Universität oder Großforschungseinrichtung mit berufsintegrierter Promotion punkten können. Geforderte Studienrichtungen hängen von den zu entwickelnden Gegenständen ab. Zunehmend nachgefragt sind in allen Fachgebieten Kombinationen mit Informatik. Kleinere Firmen suchen Fachkräfte, die flexibel einsetzbar sind und über Fachgrenzen hinausblicken.

Weitere Anforderungen >>>>>>>>>>>>>>>>>>>
- Bereitschaft zu ständiger Weiterbildung
- Abstraktionsvermögen
- Projektmanagement/Projektarbeit/Teamfähigkeit
- ethisches Problembewusstsein und die Fähigkeit, Technikfolgen einzuschätzen
- Fähigkeit zur Zusammenarbeit in internationalen Teams

<<<<<<<<<<<<<<<<<<<<<<<<<<<<<<<<<<<<

>> Instandhaltung/Wartung/ Technischer Service

Maschinen oder technische Systeme arbeiten nur bei regelmäßiger Wartung optimal. Praktisch veranlagte Ingenieure haben gute Karrierechancen. Vieles dreht sich hier um eine hohe Anlagenverfügbarkeit. Ingenieure im Bereich Instandhaltung/Wartung/Technischer Service pflegen technische Anlagen nicht nur, um die Produktivität eines Unternehmens zu steigern, sondern behalten auch die Betriebssicherheit im Auge. Außerdem sind sie dafür zuständig, Lager-, Material- und Instandhaltungskosten kontinuierlich zu reduzieren. Ziel ist, durch regelmäßige Überprüfung optimale Ergebnisse zu erzielen.

Auch beim Aufbau neuer Anlagen sind Ingenieure im technischen Service beteiligt: Sie beraten ihre Kollegen in der Entwicklung und Fertigung, damit diese pflegeleichte Maschinen bauen, die mit wenig Aufwand möglichst lange störungsfrei arbeiten.

Da jeder Störfall anders ist, steht der Ingenieur vor ständig neuen Herausforderungen. Organisationstalent und die Fähigkeit, mit Kollegen unterschiedlicher Qualifikationen zusammenzuarbeiten, sind notwendig. Welche Studienfächer gefragt sind, hängt von den Gewerken ab. Die besten Chancen haben Absolventen mit den Fachrichtungen Maschinenbau, Elektro-, Verfahrens- oder Versorgungstechnik. Der nächste Karriereschritt ist häufig, nach einigen Jahren die Leitung der Abteilung zu übernehmen.

Weitere Anforderungen >>>>>>>>>>>>>>>>>>>>>

- Kenntnisse in Mess- und Regeltechnik sowie Hydraulik und Pneumatik
- Kenntnisse moderner CNC- und Robotersteuerungen und Mikrocomputertechnik inklusive Programmierung und Teleservice-Systeme
- fachlich-methodische Kompetenz
- Führungskompetenz

<<<<<<<<<<<<<<<<<<<<<<<<<<<<<<<<<<<<<

>> Konstruktion/ Industrial Design

Im Bereich Konstruktion/Industrial Design ist Kreativität besonders wichtig, denn nur innovative Produkte bestehen im Wettbewerb. Konstruktionsingenieure gestalten Anlagen, Maschinen, Werkzeuge und Produkte. Sie analysieren und dokumentieren technische Abläufe und erarbeiten Studien und Entwürfe. Auch administrative Aufgaben, wie etwa Zertifizierungen nach ISO-Norm, fallen dem Konstruktionsingenieur zu.

Bei der Konstruktion eines Produkts müssen vorgegebene Funktionen, Kundenwünsche, Preisvorgaben und die angestrebten Produktionszahlen erfüllt werden. Arbeiten im Sinne des Simultaneous Engineering ist üblich.

In diesem Arbeitsbereich geht es aber nicht nur um Design und die Umsetzung gewünschter Funktionen. Auch die Umweltverträglichkeit eines Produkts steht im Fokus. Das Produkt soll mit möglichst wenig Aufwand repariert, recycelt und entsorgt werden können.

Konstruktionsingenieure arbeiten häufig für andere Fachabteilungen oder Konstruktionsbüros, die verschiedene Teilkonstruktionen aus weltweit vernetzten Büros zusammenfügen. Wegen der internationalen Kunden- und Lieferantenbeziehungen sind sehr gute Englisch- und zum Teil Französischkenntnisse Voraussetzung. Außerdem sollte man teamfähig, belastbar, flexibel und kreativ sein. Alternative Arbeitsfelder sind Arbeitsvorbereitung und Betriebsmittel-Konstruktion.

Weitere Anforderungen >>>>>>>>>>>>>>>>>>>>>

- fachlich-methodische Kompetenz
- abstraktes Denk- und räumliches Vorstellungsvermögen
- umfangreiche Kenntnisse der Werkstoffkunde
- praktische Erfahrung
- Beherrschen von CAE und CAD/CAM-Programmen

<<<<<<<<<<<<<<<<<<<<<<<<<<<<<<<<<<<<<

>> Logistik

Logistikexperten organisieren und realisieren alle Warenbewegungen zwischen Unternehmen. Neben dem Transport von Gütern gehören dazu auch Informations- und Kommunikationsprozesse. Ingenieure sorgen für einen optimalen Material- und Informationsfluss innerhalb des Unternehmens, zwischen Lieferanten und Unternehmen sowie zwischen Unternehmen und Kunden. Sie arbeiten eng mit den Abteilungen Einkauf, Entwicklung und Produktion zusammen und sind für Auftragseingang, Beschaffung, Produktbereitstellung und Versand verantwortlich.

Die Logistik findet man im Maschinenbau genauso wie in Dienstleistungs- und Consultingunternehmen. Neben der Entsorgungs- und der Distributionslogistik bietet auch die Produktionslogistik vielfältige Aufgaben. Um Transportkosten möglichst niedrig zu halten, suchen Logistiker bei bestehenden Liefer- und Transportwegen ständig nach Einsparpotenzialen. Ein Logistikexperte in der Beratung muss kundenspezifische Konzepte erarbeiten. Anschließend ist es seine Aufgabe, zeitgemäße Informations- und Kommunikationssysteme einzurichten und zu überprüfen.

Nicht nur im Bereich E-Business sind sehr gute IT-Kenntnisse Grundlage für den Jobstart. Absolventen verbessern ihre Aussichten, wenn sie Praxiserfahrung vorweisen können – etwa durch Praktika in der Lagerverwaltung. Einsteiger übernehmen häufig Positionen in der Materialwirtschaft, der Fertigungsplanung oder im Speditionsbereich. Sie werden meist on the Job eingearbeitet.

Weitere Anforderungen >>>>>>>>>>>>>>>>>>>>
- analytische und konzeptionelle Fähigkeiten
- beherrschen von Informationssystemen
- Englisch-, Französisch- oder Spanischkenntnisse, Kenntnis asiatischer und osteuropäischer Sprachen
- unternehmerisches Denken

<<<<<<<<<<<<<<<<<<<<<<<<<<<<<<<<<<<<<<

>> Materialwirtschaft/Einkauf

Produktions- und Dienstleistungsstätten benötigen Rohstoffe. Für die Beschaffung dieser Materialien sind Ingenieure im Einkauf zuständig. Die Kombination aus betriebswirtschaftlichen und technischen Aufgaben ist dabei der besondere Reiz.

In der Materialwirtschaft kümmern sich Ingenieure aller Fachrichtungen um den Einkauf von Rohstoffen, Dienstleistungen und Verfahren. Sie stellen sicher, dass die Lieferanten ihre Termine, Preise und Qualität einhalten. Die Kostenanalyse ist die Basis für die Entscheidung, ob bestimmte Leistungen im Unternehmen selbst erstellt oder zugekauft werden. Zu den Aufgaben eines Einkäufers zählt auch, den Absatz eines Endprodukts zu kalkulieren und die benötigte Rohstoffmenge zu ermitteln.

Der Einkäufer holt Angebote ein und übernimmt die Vertragsverhandlungen mit Zulieferern. Parallel müssen bestehende Beschaffungswege analysiert und effizientere Alternativen entworfen werden. Um möglichst günstige Materialien zu beschaffen, müssen sich Materialwirtschaftler international ausrichten. Für Verhandlungen mit ausländischen Lieferanten sind neben englischen Sprachkenntnissen zunehmend weitere Fremdsprachen von Vorteil.

Einkäufer operieren eng mit den Abteilungen Entwicklung und Konstruktion zusammen. Auch die Zusammenarbeit mit der Logistik, der Arbeitsvorbereitung, Fertigung und Qualitätssicherung koordinieren sie. Einsteiger in der Materialwirtschaft können als Projektierungs- oder Vertriebsingenieur starten. Gute Chancen für den Direkteinstieg haben Absolventen mit wirtschaftswissenschaftlichem Know-how.

Weitere Anforderungen >>>>>>>>>>>>>>>>>>>>
- technische Kenntnisse über die Produktpalette und geplante Innovationen des Unternehmens
- weltweite Mobilität
- strategisches Denken

<<<<<<<<<<<<<<<<<<<<<<<<<<<<<<<<<<<<<<

>> Montage/Inbetriebnahme

Reisebereitschaft und Flexibilität sind wichtige Voraussetzungen in der Montage. Ingenieure führen hierbei die Regie bei der Inbetriebnahme von Anlagen und einzelnen Komponenten wie Aggregaten, Prozessrechnern oder Antrieben. Sie sichern das reibungslose Zusammenspiel aller Komponenten von Anlagen, indem sie Funktionstests durchführen, Software einspielen und Sicherheitsprüfungen durchführen.

Vor allem planen und überwachen sie die Montage von Maschinen und Anlagen. Außerdem sind sie bei öffentlichen Projekten tätig: etwa für alle technischen Komponenten in U-Bahnen oder auf Flughäfen. Gerade bei international tätigen Konzernen arbeiten sie häufig auf Baustellen überall in der Welt. Da eine Absprache mit heimischen Kollegen oft nicht möglich ist, müssen die Ingenieure selbstständig arbeiten können. Häufig zählt auch die Führung einer großen Anzahl an Mitarbeitern zu den Aufgaben.

Montagespezialisten müssen nicht nur die technischen Details der Anlage kennen, sondern auch über das Land informiert sein, in dem sie tätig werden. Neben sehr guten Sprachkenntnissen sollten sie interkulturelle Kompetenz vorweisen. Nur wer die spezifischen Arbeitsbedingungen vor Ort kennt, kann ein großes Projekt effizient zum Abschluss bringen.

Junge Ingenieure beginnen ihre Tätigkeit meist in einem Projektteam und werden vor Ort eingearbeitet. Wer sich auf die Inbetriebnahme spezialisiert, ist während der einzelnen Projekte oft einige Monate in anderen Ländern tätig. Nach einigen Jahren gibt es meist gute Aussichten für den Aufstieg innerhalb des Unternehmens.

Weitere Anforderungen >>>>>>>>>>>>>>>>>>>>
• fachlich-methodische Kompetenz
• praktische Erfahrungen als Monteur von Vorteil
• Bereitschaft, Verantwortung zu übernehmen
• Organisationstalent
<<<<<<<<<<<<<<<<<<<<<<<<<<<<<<<<<<<<

>> Produktions-/ Arbeitsprozessplanung

Ingenieure in der Arbeitsprozessplanung kümmern sich um den reibungslosen Ablauf in der Produktion. Hier beschäftigen sie sich mit der Planung, Steuerung und Kontrolle aller Vorgänge, die für die Produktion wichtig sind. Sie erstellen Konzepte für einen idealen Fertigungsprozess, planen und beschaffen Produktionsanlagen und kalkulieren deren Wirtschaftlichkeit.

Anhand von Entwicklungs- und Konstruktionsvorgaben optimieren sie den Fertigungsprozess im Unternehmen und klären, ob die Ergebnisse, die Entwickler und Konstrukteure geliefert haben, zu den Fertigungsanlagen und -methoden passen. Gleichzeitig bilden Produktionsplaner die Schnittstelle zu anderen Abteilungen im Unternehmen.

Ingenieure konzipieren den Ablauf der kompletten Fertigung und legen die einzelnen Montageschritte fest. Gute Chancen haben Ingenieure mit FH-Abschluss. Wer an einer Universität studiert, sollte praxisorientierte Fächer wählen und fachbezogene Erfahrungen durch Praktika sammeln. Fundierte IT-Kenntnisse schaffen gute Perspektiven in Bereichen wie Produktionssteuerung und Qualitätsmanagement. Da die Einsatzbereiche Fertigung, Einkauf und Entwicklung eng miteinander verzahnt sind, ist ein Wechsel zwischen den Bereichen oft möglich. Besonders in mittelständischen Firmen überlagern sich diese Funktionsbereiche. Die Aufstiegschancen sind sehr gut.

Weitere Anforderungen >>>>>>>>>>>>>>>>>>>>>>>
• Kommunikationsfähigkeit
• Logistikkenntnisse
• kaufmännisches Verständnis
• Führungskompetenz und Kommunikationsfähigkeit
• Verständnis für komplizierte Funktionsabläufe
• Kenntnisse im Bereich Operations Research und IT
<<<<<<<<<<<<<<<<<<<<<<<<<<<<<<<<<<<<

>> Produktmanagement

Produktmanager betreuen den gesamten Werdegang eines Produkts. Dabei arbeiten sie im Unternehmen mit verschiedenen Abteilungen zusammen und sind global tätig. Beginnend bei der Ideenfindung über die Entwicklung bis zur Vermarktung verantworten Ingenieure im Produktmanagement den Erfolg eines Produkts.

Sie betreiben Marktforschung, generieren Ideen und arbeiten eng mit den Kollegen aus der Entwicklung zusammen. Auch Key-Account-Management und Vertrieb fallen in ihren Aufgabenbereich. Somit arbeiten sie in interdisziplinären Produktteams und nehmen eine Schnittstellenfunktion zwischen Kunde, Entwicklung, Produktion und Vertrieb ein. Produktmanager werden in der Automotive-Branche, dem Gesundheitswesen, im Bereich der Konsumgüter, dem Maschinenbau, der Elektro- oder auch Kunststoffindustrie eingesetzt, um Serienprodukte zu entwickeln, zu fertigen und zu vermarkten.

Kommunikations- und Präsentationsstärke sind hierbei ein absolutes Muss. Wie viel Ingenieurfachwissen gefragt ist, hängt davon ab, wie technisch ein Produkt ist. Da Produktmanager zugleich stark vertriebs- und kundenorientiert denken und handeln müssen, ist einschlägige Berufserfahrung von Vorteil. Um Kundenwünschen und den Anforderungen des Marktes gerecht werden zu können, sollten Produktingenieure über gute Markt-, Branchen- und Produktkenntnis verfügen und ein Gespür für Trends haben.

>> Projektmanagement/ Projektierung

Projektmanager werden für alle Unternehmensbereiche gesucht und tragen dort große Verantwortung. Sie optimieren technische Abläufe, mobilisieren Ressourcen und setzen unterschiedliche Projekte um.

Projektmanager organisieren, steuern und kontrollieren. Sie betreuen Projekte von der Anfrage über die Kosten- und Terminplanung bis zur Übergabe und Inbetriebnahme, etwa einer Anlage oder Maschine. Da der IT-Anteil in der Produktion ständig steigt, wird fundiertes Wissen in diesem Bereich immer wichtiger. Häufig müssen bei technischen Anlagen Komponenten oder Teilsysteme völlig neu entwickelt werden, damit das Ergebnis den Anforderungen eines Kunden entspricht. Der Projektingenieur ist deshalb auch dafür zuständig, Innovationen mit auf den Weg zu bringen. Er muss die technische Anlage und ihre Funktionen detailliert beschreiben – das Ergebnis ist das Pflichtenheft. Der für das Projekt verantwortliche Ingenieur gibt vor, wie es ausgeführt wird. Dabei verwendet er Planungsverfahren wie CAD oder Netzplantechniken und berücksichtigt nicht nur technische und kommerzielle, sondern auch Umweltaspekte.

Meist steigen Ingenieure zunächst als Sachbearbeiter in der Projektierungsabteilung oder in einer anderen technisch ausgerichteten Abteilung ein. Dort gewinnen sie einen Überblick, lernen technische Anwendungsprobleme und trainieren ihre Management-Fähigkeiten.

Weitere Anforderungen >>>>>>>>>>>>>>>>>>>>
- betriebswirtschaftliche Kenntnisse
- Kreativität
- analytische Fähigkeiten
- interkulturelle Kompetenz
- jeweilige Branchenkenntnis
- Teamfähigkeit
- Durchsetzungsstärke
<<<<<<<<<<<<<<<<<<<<<<<<<<<<<<<<<<<<<

Weitere Anforderungen >>>>>>>>>>>>>>>>>>>>
- methodenorientiertes Studium
- Kenntnisse im IT-Projektmanagement
- Teamfähigkeit
- Präsentationstechniken, Moderation
- Verhandlungsgeschick
- Mobilität
<<<<<<<<<<<<<<<<<<<<<<<<<<<<<<<<<<<<<

>> Qualitätsmanagement

Kundenzufriedenheit ist für Qualitätsmanager oberstes Gebot. Gemeinsam mit Experten aus anderen Abteilungen verbessern sie die Qualität von Produkten, Prozessen, Material und Service. Ingenieure im Qualitätsmanagement müssen Schwachstellen analysieren und Maßnahmen zur Qualitätsverbesserung entwickeln, umsetzen und verfolgen. Neben den Kundenanforderungen müssen sie dabei eine Kostenreduzierung und Verkürzung der Durchlaufzeiten berücksichtigen.

Während es in einigen Unternehmen noch nötig ist, ein Qualitätsmanagement bis zur Zertifizierung nach DIN ISO aufzubauen, geht es in anderen Unternehmen darum, diese Standards aufrechtzuerhalten und weiterzuentwickeln. Dabei führen Qualitätsmanager oft EFQM-Standards (European Foundation Quality Management) ein, die unter anderem Kriterien wie Führung, Kunden- und Mitarbeiterzufriedenheit oder gesellschaftliche Verantwortung und Image berücksichtigen. Oft ist das Total Quality Management (TQM) die grundlegende Methodik, die sich nach der Mitarbeiter-, Prozess- und Kundenorientierung ausrichtet. In den vergangenen Jahren hat auch die Six-Sigma-Bewegung an Bedeutung gewonnen.

Für Ingenieure, die im Qualitätsmanagement starten wollen, ist fundiertes technisches (Spezial-) Wissen selbstverständlich. Aufgrund der globalen Kunden- und Lieferantenverflechtungen kommt es immer häufiger auch zu internationalen Einsätzen. Hier sind Englisch- und häufig auch Französisch- oder Chinesischkenntnisse gefragt.

Weitere Anforderungen >>>>>>>>>>>>>>>>>>>
- Basiskenntnisse von Qualitätsmethoden wie FMEA, TQM, Six Sigma
- gute Kenntnisse über Werkstoffe, Oberflächentechnik und Schweißtechnik
- ausgeprägtes analytisches Denkvermögen
- Moderations- und Präsentationstechniken

<<<<<<<<<<<<<<<<<<<<<<<<<<<<<<<<<<<<<

>> Software-Entwicklung

Die Software-Entwicklung bietet unterschiedliche Einstiegsmöglichkeiten. Vor allem Ingenieure mit fundierten Informatikkenntnissen und Berater-Skills sind gefragt. Software-Entwickler erstellen Computerprogramme oder beschäftigen sich mit dem systematischen Herstellungs- und Entwicklungsprozess von Software. Ihr Ziel ist, Individuallösungen für jeden einzelnen Kunden zu finden. Somit nimmt die Beratungsarbeit einen hohen Stellenwert im Joballtag ein. Dabei sind das Entwickeln von komplexen Softwarelösungen sowie Prüfung und Aufbau von IT-Projekten genauso wichtig wie E- und M-Business-Lösungen, die Realisierung von Online-Projekten oder das Betreuen von Datenbanken und Netzwerken.

Software-Ingenieure haben in großen Unternehmen und im Mittelstand gute Perspektiven. Vielversprechend sind auch die Aussichten für den Einstieg in ein reines Softwarehaus oder als Systemanalytiker und -betreuer in der IT-Abteilung eines Unternehmens.

Nicht nur ein Informatikstudium qualifiziert für eine Tätigkeit in der Software-Entwicklung, auch Ingenieure und Naturwissenschaftler haben gute Einstiegsmöglichkeiten. Offen steht der Einstieg als Entwicklungsingenieur von CAD-Systemen, Software-Entwickler, Systemingenieur oder als CIM-Ingenieur. Auch Positionen wie als Ingenieur für Software-Ergonomie, Ingenieur für Prozesssteuerung, Datenbankingenieur oder Ingenieur- Expertensysteme sind bei Einsteigern beliebt.

Weitere Anforderungen >>>>>>>>>>>>>>>>>>>
- ausgeprägte Fähigkeit zu systematischem Denken
- Abstraktionsvermögen
- Kundenorientierung
- Kenntnisse unterschiedlicher Rechnertypen, Programmiersprachen und Datenverarbeitungstechnik

<<<<<<<<<<<<<<<<<<<<<<<<<<<<<<<<<<<<<

>> Unternehmensplanung/-entwicklung

Ingenieure in der Unternehmensplanung sind für die Zukunft eines Unternehmens verantwortlich. Sie entwerfen Pläne für künftige Prozesse, Strukturen und Ergebnisse. Ziel ist, die mittel- und langfristige Strategie eines Unternehmens zu konzipieren und zu koordinieren. Auf dieser Grundlage erkennen Unternehmensplaner Abweichungen von den Zielsetzungen und steuern Korrekturstrategien und Lösungsalternativen.

Ingenieure in der Unternehmensplanung stehen im engen Kontakt zu Verbänden, Forschungsinstituten und Beratungsfirmen und erproben und analysieren neue Technologien. Außerdem beraten sie die Geschäftsführung oder einzelne Betriebsteile und kontrollieren, ob festgelegte strategische Ziele eingehalten werden. Die Entwicklung neuer Produktionsstrategien gehört genauso zu den Aufgaben wie das Prüfen von Investitionen.

Wer in der Unternehmensplanung einsteigen möchte, sollte eine gründliche wissenschaftliche Ausbildung oder Berufserfahrung als Consultant mitbringen. Eine fachbezogene Promotion oder ein MBA-Zertifikat verbessern die Startchancen. Alternativ eignet sich auch ein Trainee-Programm mit anschließender Tätigkeit auf einem klassischen Gebiet des Ingenieurwesens. Hier haben Wirtschaftsingenieure dank ihres breiten Wissens sehr gute Chancen.

Unternehmensplanung ist eine Stabsfunktion und vermittelt einen sehr guten Überblick. Nach einigen Jahren bietet sich oft die Chance für den Wechsel ins Top-Management.

Weitere Anforderungen >>>>>>>>>>>>>>>>>>>>
- analytisches, vernetztes Denken
- Verhandlungsgeschick
- Kenntnisse in Datenverarbeitung und Betriebswirtschaft
- fundiertes technisches Spezialwissen
<<<<<<<<<<<<<<<<<<<<<<<<<<<<<<<<<<<<

>> Vertrieb

Die heimlichen Erfolgsträger eines Unternehmens sind die Vertriebsingenieure. Sie sorgen für den Umsatz. Ihr direkter Kundenkontakt und ihr Wissen um Kundenwünsche liefern einen wichtigen Beitrag für die Entwicklung und Gestaltung neuer Produkte.

Die Arbeit als Vertriebsingenieur bietet viel Abwechslung: Sie ermitteln in direktem Kontakt Kundenbedürfnisse und Absatzmöglichkeiten, sie erstellen Angebote, beraten produktspezifisch und erschließen neue Märkte. Kundengewinnung und Kundenpflege sind also die zentralen Aufgaben von Vertriebsingenieuren. Außerdem verkaufen Ingenieure im Vertrieb technische Systeme, Anlagen oder Dienstleistungen.

Zunehmend werden einzelne Produkte gezielt auf die Bedürfnisse einzelner Kunden abgestimmt. Vertriebsspezialisten sind durch ihren engen Kundenkontakt immer am Puls der Zeit und haben deshalb erheblichen Einfluss auf die Innovation im Unternehmen.

Einsteiger haben mehrere Möglichkeiten: zum einen den Start als technischer Berater im Außendienst, zum anderen die Arbeit in einer Stabsabteilung, die eine gute Grundlage für den späteren Wechsel in den Vertrieb darstellt. Die Anforderungen sind hoch: Im Zuge der zunehmenden Internationalisierung sind uneingeschränkte Mobilität, ausgeprägte Fremdsprachenkenntnisse und interkulturelle Kompetenz unbedingt erforderlich.

Weitere Anforderungen >>>>>>>>>>>>>>>>>>>>
- Branchenkenntnisse
- sehr hohe (Eigen-)Motivation und Belastbarkeit
- Organisationsstärke
- Frustrationstoleranz
- rhetorische Fähigkeiten, persönliche Ausstrahlung, Feingefühl im Umgang mit Menschen
<<<<<<<<<<<<<<<<<<<<<<<<<<<<<<<<<<<<

Typische Berufsfelder

>> Studienrichtungen, Einsatzbereiche, Aufgaben

Auf gut ausgebildete Ingenieure warten spannende Herausforderungen in nahezu allen Branchen. Die Ingenieurwissenschaften in einzelne Fachrichtungen einzuteilen, ist aber alles andere als einfach. Wir greifen deshalb auf die klassische Einteilung zurück:

- Elektrotechnik: Fachrichtungen Nachrichtentechnik, Elektrische Energietechnik, Technische Informatik und eine Reihe spezieller Fachrichtungen wie Elektroakustik, Elektrophysik, Sensorik, Optotechnik und Elektronik
- Maschinenwesen: Fachrichtungen wie Fertigungstechnik, Konstruktionstechnik, Werkstoff- und Materialwissenschaften und Energietechnik, aber auch Verkehrs-, Schiffs- und Meerestechnik, Luft- und Raumfahrttechnik, Feinwerktechnik, Fahrzeug- und Kunststofftechnik
- Verfahrenstechnik: Die Verfahrenstechnik wird an einigen Hochschulen dem Maschinenwesen zugeordnet, hier aber als eigene Gruppe aufgeführt, da sie auch das Bio- und Chemieingenieurwesen, das Brauereiwesen und die Lebensmitteltechnologie einschließt.
- Bergbau und angrenzende Bereiche: die speziellen Fachrichtungen des Bergbaus (wie unter Tage, Tunnelbau, Tagebau), des Markscheidewesens, der Mineralogie, der Geowissenschaften und die Metallurgie sowie ein Teil der Werkstoff- und Materialwissenschaften
- Bauwesen: Hier finden sich Bauingenieure, Architekten, Stadt- und Regionalplaner sowie Vermessungsingenieure.

- Angrenzende Berufsfelder: Ingenieure werden nicht nur in den klassischen Berufsfeldern eingesetzt, sondern auch in angrenzenden Bereichen wie Informatik, Physikingenieurwesen oder Wirtschaftsingenieurwesen.

Für jede der aufgeführten Gruppen gibt es verschiedene Vertiefungsrichtungen, die sich an einzelnen Hochschulen in eigenen Fachbereichen oder Studienrichtungen wiederfinden. Jeder Studiengang hat prinzipiell eine eigene Prüfungsordnung.

Die Gestaltung der ersten Semester des Bachelor-Studiums ist zumeist einheitlich – hier werden die Grundlagen der Ingenieurwissenschaften erlernt. In den höheren Semestern, meist ab dem fünften, findet zusätzlich eine Gliederung in Studienrichtungen oder Berufsfelder statt. Im Master-Studium wird oft die Studienrichtung des Bachelors fortgesetzt und vertieft – entweder in einem speziellen oder in einem allgemeinen Master-Programm, das dann entsprechende Studienrichtungen bietet.

Studenten müssen sich zunächst für einen Bereich entscheiden. Im späteren Berufsleben ist ein Wechsel aber nichts Ungewöhnliches mehr. Da sich die Grundlagen der ingenieurwissenschaftlichen Disziplinen oft ähneln, kann der Elektroingenieur etwa in die Abteilung für Heizungs- und Lüftungstechnik eines Baukonzerns wechseln oder sich als Verfahrenstechniker mit Zerkleinerungsprozessen im Bergbau beschäftigen. Flexibilität ist gefragt.

>> Elektrotechnik

Elektrotechnik ist die Grundlage für wegweisende Zukunftstechnologien: Nachwuchsingenieure finden Beschäftigungen in der Informations- und Energietechnik, Mikroelektronik, Automatisierungs- und Nanotechnik.

Elektroingenieure stehen ständig vor neuen Herausforderungen, wenn es etwa darum geht, die Ergebnisse der Grundlagenforschung in entsprechende Technologien umzusetzen. Das gilt für die Entwicklung elektronischer Bauelemente und der damit hergestellten Geräte genauso wie für optoelektronische Systeme, Geräte zur Energieübertragung oder Fusionsreaktoren.

Die Elektrotechnik kann man grob in die Berufsfelder Elektrische Energietechnik, Nachrichten-/Informationstechnik, Technische Informatik und Allgemeine Elektrotechnik unterteilen. In den vergangenen Jahren ist eine Vielzahl neuer spezieller Berufsfelder entstanden, die ebenfalls der Elektrotechnik untergeordnet sind, etwa die Mikrosystemtechnik oder Nanotechnik.

Die Ausbildung ist stark systemorientiert. Deshalb werden Elektroingenieure häufig in Bereichen eingesetzt, für die sie ursprünglich nicht ausgebildet wurden. Zum Beispiel arbeiten sie in Raffinerien, in Unternehmen der chemischen Verfahrenstechnik, in der Kraftfahrzeugindustrie oder in der Medizintechnik. Auch in wachstumsträchtigen Zukunftsfeldern wie Mikrosystemtechnik, Multimedia und Telekommunikation entstehen neue Aufgaben für sie. Bei der Entwicklung komplexer informationsverarbeitender und kommunikativer Systeme übernehmen Elektroingenieure häufig die Aufgaben von Informatikern.

Elektrische Energietechnik

Ingenieure in der Elektrischen Energietechnik wandeln Primärenergie in elektrische Energie um und verteilen diese an die Verbrauchsorte. Auch die Wandlung der elektrischen Energie in Nutzenergie – etwa mechanische Energie, Wärmeenergie oder Licht – zählt zu den Aufgaben von Ingenieuren in der Elektrischen Energietechnik. Eine zentrale Säule der Industriegesellschaft ist eine sichere, zuverlässige, preiswerte und umweltschonende Energieversorgung. Energietechniker stehen vor der Herausforderung, die weltweite Energieversorgung auf Dauer sicherzustellen.

Daraus ergeben sich Aufgabengebiete wie die Entwicklung neuer Techniken, verbunden mit dem Einsatz rechnergestützter Programmsysteme und neuer Kommunikationstechnologien. Ziel ist, eine optimale Relation zwischen zentraler und dezentraler Energieversorgung zu erreichen und die System- und Betriebskosten zu optimieren.

Durch die Liberalisierung der Energiemärkte hat sich die Arbeit von Elektroingenieuren verändert: Der Kunde kann mittlerweile frei entscheiden, welchen Lieferanten er wählt. Die Kundenbindung und -betreuung steht deswegen verstärkt im Mittelpunkt. Weitere Neuerungen bringen die Novellierung des Energiewirtschaftsgesetzes und die damit verbundene Einrichtung einer Regulierungsbehörde für Elektrizität und Gas. Außerdem werden Informations- und energietechnische Systeme künftig stärker miteinander verflochten sein.

Eine zentrale Frage ist auch die Lösung der Energiespeicherung. Neue Impulse kommen hier aus dem Bereich der Nanotechnologie und den supraleitenden Materialien. Viele Elektroingenieure befassen sich damit, elektrische Energie in mechanische Energie umzuwandeln. Das wird für den Antrieb von verschiedenen Arbeitsmaschinen benötigt. Als Energiewandler dienen hier etwa Elektromotoren für Gleich-, Wechsel- oder Drehstrom, Walzwerke und Werkzeugmaschinen, Bahnen, Straßenfahrzeuge, Schiffe und Förderanlagen. Die meisten Arbeitsmaschinen sind mit hochwertigen analog oder digital arbeitenden Steuer- und Regeleinrichtungen ausgestattet – nur so können Betriebsgrößen exakt eingehalten werden. Ingenieure müssen in der Lage sein, ein weitgehend automatisiertes, elektromechanisches System zu konzipieren, weiterzuentwickeln und zu warten. In der regenerativen Energiewirtschaft werden Anlagen für erneuerbare Energien (Windenergie, Wasserkraft, Bioenergie, Solarenergie, Geoenergie) entwickelt und gebaut. Hier erstreckt sich das Spektrum der Aufgaben vom Anlagenbau (Herstellung von Windkraftanlagen oder Biomassekraftwerken) über die Anlagenwartung (Servicedienstleistungen) bis zur Planung und Projektierung oder Beratung.

Bei der Studienrichtung Elektrische Anlagen und Maschinen geht es vor allem um das stationäre und transiente Betriebsverhalten von elektrischen Maschinen. Ebenso wichtig sind Entwurf und Planung elektrischer Anlagen – ein Gebiet, das ein breites Grundlagenwissen erfordert. Ingenieure, die in diesem Bereich arbeiten, müssen sich in den unterschiedlichen Technologien auskennen und in der Lage sein, komplexe technische Systeme nach systematischen Gesichtspunkten zu erschließen. In Bereichen wie der Energie- oder Wärmetechnik überschneiden sich die Berufsfelder der Elektrischen Energietechnik stark mit den Aufgaben der auf Energietechnik spezialisierten Maschinenbauingenieure.

Planen, entwickeln, beraten >>>>>>>>>>>>>>>>

Typische Aufgaben von Ingenieuren der Elektrischen Energietechnik:
- Sie planen, bauen und betreiben sichere und umweltfreundliche Kraftwerke.
- Sie setzen Mikroprozessoren und Software ein, um Steuerung und Regelung energietechnischer Prozesse so zu gestalten, dass deren Sicherheit, Wirtschaftlichkeit und Umweltverträglichkeit verbessert wird.
- Sie konzipieren Energieversorgungsanlagen in Krankenhäusern, Flughäfen oder Fabriken.
- Sie planen Einsätze von elektrischen Antrieben in automatisierten Anlagen.
- Sie entwickeln Geräte der Gebäudesystemtechnik.

- Sie entwickeln Strategien, um den steigenden Energiebedarf langfristig und umweltschonend zu decken (Fotovoltaik, regenerative Energien).
- Sie beraten Unternehmen und Privathaushalte in allen Fragen der Energieeinsparung.

<<<<<<<<<<<<<<<<<<<<<<<<<<<<<<<<<<<<<<<

Nachrichten-/Informationstechnik

In der Nachrichten-/Informationstechnik müssen Ingenieure Nachrichten und Informationen elektronisch übertragen und verarbeiten. Darunter fallen die Erfassung und die Umwandlung in andere Darstellungsformen und die verschiedenen Verfahren zur Übertragung der Informationen. Das Gebiet schließt die Datenverarbeitung mit ein. Die digitale Darstellung der Nachrichten ist fester Bestandteil der gesamten Informations- und Nachrichtentechnik.

Die Nachrichtentechnik umfasst die Technik der IT-Geräte und -Systeme und die Methoden zur Lösung konkreter Aufgaben. Dabei ergeben sich oft Anwendungen, die weit über den Einsatz im rein technischen Bereich hinausgehen. Viele berufliche Möglichkeiten eröffnen sich in der Mikrosystemtechnik. Ingenieure entwerfen hier extrem miniaturisierte technische Systeme (speziell auf der Basis der Silizium-Halbleitertechnik), stellen sie her und setzen sie ein.

Mit starken Anteilen der Elektronik und Computertechnik gehören die Mikrotechnik und Optronik zu den zukunftsweisenden Technologien. Die Mikrosystemtechnik dringt weiter in Gebiete vor, in denen mechanische Bauelemente an ihre Grenzen stoßen. Außerdem gehören eine Reihe spezieller Richtungen wie die Schaltungsplanung und die Halbleitertechnik, die nicht selten bis in Arbeitsgebiete der Werkstofftechnik und angewandten Physik führen, zur Nachrichtentechnik.

Die Studienrichtung Hochfrequenztechnik beschäftigt sich mit der Ausbreitung von elektromagnetischen Wellen in Leitungen und Hohlleitern. Sie findet Anwendung in der drahtlosen Nachrichten- und Datenübertragung in der Telekommunikation, in der Navigation und in der Radar- und Sicherheitstechnik. Das Grenzgebiet der optischen Nachrichtentechnik – auch Optotechnik genannt – gewinnt weiter an Bedeutung. Einsatzbereiche können die Forschung, Entwicklung, Konstruktion, Fertigung, Montage, Prüfung und allgemeine Qualitätssicherung oder Beratung und Verkauf sein. Da Aufgabenstellungen der Steuerung, Regelung und Automatisierung in praktisch allen Industrieunternehmen auftreten, arbeiten viele Elektronikingenieure in unterschiedlichen Branchen, etwa in der Maschinenbau-, Chemie- oder Lebensmitteltechnologie-Branche.

Technische Informatik

Die Aufgaben, die Ingenieure in der Technischen Informatik lösen müssen, stammen vor allem aus Forschung und Entwicklung sowie aus Anwendungen für elektronische Rechenanlagen. Kenntnisse über Bauelemente, Baugruppen, digitale Systeme und nicht zuletzt Programmiersprachen stehen im Mittelpunkt.

Die Einsatzmöglichkeiten für Ingenieure der Technischen Informatik sind vielfältig. Allerdings konzentrieren sich die Studieninhalte teilweise stark auf rechnerinterne und spezielle Programmierungsprobleme. Die Forschung auf diesem Feld beschäftigt sich etwa mit Simulationen, Prozessor-Architekturen, Bildanalysen, Rechnernetzen, künstlicher Intelligenz und Mobilkommunikation.

Absolventen der Technischen Informatik entwickeln etwa Programme zur Bearbeitung von Texten, Grafiken, Bildern und Filmen, wie sie etwa in CAD oder Telefonvermittlungssystemen eingesetzt werden. Auch die Hardware-Entwicklung zählt zu den Aufgaben, häufig in softwarenahen Bereichen. Das können intelligente Steuerungen und Subsysteme in Autos oder der Unterhaltungs- oder Haushaltselektronik sein.

Zu den Aufgaben, die nicht unmittelbar mit der Elektrotechnik zusammenhängen, zählen unter anderem die Produktionstechnik, die Regelung verfahrenstechnischer Prozesse, die elektrophysikalische Forschung und die human- und tiermedizinische Technik. Typische Aufgabenstellungen können in der Bildverarbeitung, in der Steuerung industrieller Prozesse, der Entwicklung von Netzwerk-, Datenbank- und Telekommunikationsanwendungen oder in der Entwicklung großer Softwaresysteme liegen. Einstiegschancen haben Nachwuchskräfte bei mittelständischen Unternehmen, in industriellen Großunternehmen der Elektrotechnik oder des Maschinenbaus, in Dienstleistungsunternehmen aus der Kommunikationsbranche und in Softwarehäusern.

Allgemeine Elektrotechnik

Die Allgemeine Elektrotechnik gewinnt immer mehr an Bedeutung. Viele Fortschritte der modernen Technik basieren auf breit angelegter systematischer Forschung und Entwicklung, etwa auf den Gebieten der Elektrophysik und der Regelungs- und Prozesstechnik. Die Grenzen zwischen den Studienrichtungen Energietechnik, Nachrichtentechnik, Technische Informatik und Allgemeine Elektrotechnik sind fließend.

Entwickeln, projektieren, vertreiben >>>>>>>>>>

Automatisierungs- und Prozesstechniker arbeiten häufig in Entwicklung, Projektierung und auch im Vertrieb. Typische Aufgaben für Automatisierungsingenieure sind:

- Entwicklung und Herstellung automatisierungstechnischer Geräte
- Erstellung von Programmen für speicherprogrammierbare Steuerungen
- Entwicklung komplexer informationsverarbeitender Kommunikationssysteme für die Automation
- Projektierung von Fertigungslinien
- Inbetriebnahme von Gebäudeautomationssystemen
- Vertrieb automatisierungstechnischer Geräte und Software.

<<<<<<<<<<<<<<<<<<<<<<<<<<<<<<<<<<<<<<<

Der Begriff Prozesstechnik fasst die anwendungsorientierten Schwerpunkte Regelungs-, System- und Automatisierungstechnik zusammen. Hier geht es oft um Automatisierungsaufgaben, also die Entwicklung technischer Systeme, die nicht durch den unmittelbaren Eingriff des Menschen gesteuert werden. Vor allem auf Automatisierungstechniker warten spannende Aufgaben.

Automatisierungs- und Prozesstechnik >>>>>>>>

Da die Methoden der Regelungstechnik und Systemtheorie einen systematischen Einblick in unterschiedliche Prozesse ermöglichen, können so ausgebildete Ingenieure in nahezu allen technischen Bereichen des Maschinenbaus, der Verfahrenstechnik und der Elektrotechnik arbeiten – besonders wenn es darum geht, einen technischen Prozess durch Regeleinrichtungen effektiver zu gestalten.

Die Automatisierungstechnik ist ein gutes Beispiel dafür, dass sich Absolventen mit einer methodenorientierten Spezialisierung über breit gefächerte berufliche Einsatzmöglichkeiten freuen können – im Gegensatz zu Nachwuchsingenieuren mit produktorientierter Spezialisierung.

Automatisierungs- und Prozesstechniker sind auch in benachbarten Fachgebieten wie der Erdölindustrie, Medizin, Logistik oder im Kraftfahrzeugbau gern gesehen. Mögliche Arbeitsfelder, die über klassische Ingenieuraufgaben weit hinausgehen, gibt es auch bei volkswirtschaftlichen Fragestellungen oder in der (Politik-)Beratung. Da technische Systeme zunehmend komplexer werden, geht es beim Entwurf technischer Anlagen immer häufiger um soziale und ethische Fragestellungen.

<<<<<<<<<<<<<<<<<<<<<<<<<<<<<<<<<<<<

Berufschancen

Für viele Positionen setzen Unternehmen Kenntnisse in der Elektrotechnik und in der Informatik voraus. Wegen ihrer branchenübergreifenden Ausbildung haben Elektroingenieure noch immer gute Chancen auf dem Arbeitsmarkt. Arbeitsmarktexperten gehen davon aus, dass qualifizierte Elektroingenieure auch in Zukunft gefragt sein werden, da die Ingenieurlücke der letzten Jahre auch in wirtschaftlich schlechteren Zeiten nicht gefüllt werden kann. Vor allem in der Elektronik und der Computerindustrie haben Ingenieure viele Möglichkeiten. Aber auch in der Informations-, Kommunikations- und Medientechnik, der Netzwerktechnik und der Prozessautomatisierung gibt es Einstiegspositionen für Nachwuchskräfte.

Fundierte Informatikkenntnisse sind ein Muss. Fachhochschulabsolventen haben einen Vorteil gegenüber den eher wissenschaftlich ausgebildeten Ingenieuren von Technischen Hochschulen und Universitäten, wenn es um praxisorientierte Aufgaben geht. Mögliche Arbeitgeber sind große und mittelständische Industrieunternehmen, Ingenieur- oder technische Vertriebsbüros oder qualifizierte Handwerksbetriebe.

Auch in Behörden wie Hochbauämtern oder Stadtwerken, dem TÜV oder Forschungsinstituten ist der Einstieg möglich. Eine weitere Alternative ist der Einstieg als Unternehmensberater. Auch im Grenzbereich der Technik und im nicht technischen Bereich eröffnen sich Ingenieuren der Elektrotechnik viele Chancen.

Mechatronik >>>>>>>>>>>>>>>>>>>>>>>>>>>>>>

Die Mechatronik ist eine interdisziplinäre Ingenieurwissenschaft. Sie bringt bei der Entwicklung und Analyse technischer Systeme Elemente aus dem Maschinenbau, der Elektrotechnik und der System- und Informationstechnik zusammen und nutzt die Synergieeffekte. Mechatronik ist aber nicht eine bloße Aneinanderreihung ingenieurwissenschaftlicher Fächer. Im Gegenteil: Das Verständnis für Zusammenhänge der Komponenten und ihrer Abhängigkeiten soll gestärkt werden, sodass sich neue Wege zur Entwicklung von Produkten und zur Verbesserung und Optimierung technischer Systeme eröffnen.

Entsprechend breit ist die Grundlagenausbildung im Studiengang angelegt. Auch die Tätigkeitsfelder des Mechatronikers sind vielseitig. Die Bandbreite reicht von der Fahrzeugtechnik über den Anlagenbau bis zu Produktionstechnik, Mikrosystemtechnik und Unterhaltungselektronik. Infos über die noch relativ junge Ingenieurwissenschaft bietet das internationale Netzwerk Research and Education in Mechatronics (REM).

<<<<<<<<<<<<<<<<<<<<<<<<<<<<<<<<<<<<

>> Maschinenwesen

Der Maschinen- und Anlagenbau ist immer noch der größte Arbeitgeber für Ingenieure. Ob Fahrzeug-, Werkzeugmaschinen- oder Anlagenbau, ob Raumfahrt, Logistik oder Turbinenbau, ob Werkstofftechnik oder Antriebstechnik – die Einsatzmöglichkeiten für Ingenieure der Fachrichtung Maschinen- und Anlagenbau sind vielseitig.

Der Maschinenbau ist eines der ingenieurwissenschaftlichen Kernfächer. Im Gegensatz zu Elektroingenieuren arbeiten Ingenieure hier im Allgemeinen mehr anlagen- und weniger systemorientiert. Nachwuchskräfte werden in nahezu allen Bereichen der Forschung, Projektierung, Planung, Entwicklung, Konstruktion, Produktion, Montage und Inbetriebnahme von Maschinen, technischen Aggregaten und ganzen Produktionsanlagen eingesetzt. Immer häufiger übernehmen Maschinenbauingenieure wegen der weltweiten Märkte auch internationale Vertriebs- und Marketingaufgaben.

Ingenieure mit FH-Abschluss können freiberuflich arbeiten oder im öffentlichen Dienst als Sachverständiger einsteigen. Wer sich weiterbildet, kann als Patentanwalt, -assessor oder in der Umwelt-, Qualitäts- und Sicherheitstechnik arbeiten. Eine integrierte oder zusätzliche Ausbildung zum Wirtschaftsingenieur vermittelt Maschinenbauingenieuren zusätzliches betriebswirtschaftliches Know-how.

In der ersten Phase des Maschinenbaustudiums werden allgemeine natur- und ingenieurwissenschaftliche Grundlagen vermittelt. Danach stehen viele Studienrichtungen und Schwerpunkte zur Auswahl. Während die ersten Semester eher methoden- und verfahrensorientiert sind, gestalten sich die höheren Semester häufig stärker anwendungs- und produktorientiert.

Je nach Studienschwerpunkten bieten sich dem Maschinenbauingenieur Einsatzmöglichkeiten, die bis in die Verkehrstechnik, das Bergbauwesen, die physikalische Technik, die Hüttenkunde oder den Elektromaschinenbau reichen können. Auch hier sind Kenntnisse der Automatisierungstechnik und Datenverarbeitung notwendig. Maschinenbauingenieure haben allerdings in den meisten Fällen unmittelbar mit den praktischen Problemen des Anlagenbaus und mit der Werkzeugmaschinenherstellung zu tun. Nachwuchskräfte, die sich für Führungsaufgaben qualifizieren wollen, müssen neben sehr guten betriebswirtschaftlichen Kenntnissen auch Fähigkeiten des kooperativen Managements mitbringen.

Fertigungsverfahren

Ingenieure in der Fertigungs- und Produktionstechnik organisieren betriebliche Abläufe. Dabei sind Verfahren und Maschinen zur Bearbeitung von Gütern genauso wichtig wie die Berücksichtigung der Kosten. Da sich das Verfahrenswissen auf sehr unterschiedliche Prozesse anwenden lässt, ist die Studienrichtung Fertigungstechnik in typischer Weise methodenorientiert.

Ingenieure der Fertigungstechnik sollten nicht nur gute technische Kenntnisse in Sachen Werkzeugmaschinen und der Steuerung solcher Maschinen mitbringen, sondern sich auch in den Verfahren der Fertigungstechnik auskennen. Hierzu zählen gießerei- und schweißtechnische Verfahren sowie auch Produktionstechnik.

Bei der Studienrichtung Betriebstechnik liegen die Schwerpunkte auf der mathematischen Behandlung betrieblicher Probleme und auf Fragen der Planung und Einrichtung von Fabrikanlagen. An einigen Hochschulen werden Vertiefungsmöglichkeiten etwa in den Richtungen Werkstoff-, Textil-, Metall-, Druck- und Kunststofftechnik angeboten. Wer sich als Student für solche stark produktorientierten Spezialisierungen interessiert, sollte sich immer aktuell über den entsprechenden Arbeitsmarkt informieren.

Die Einsatzgebiete liegen dabei in Fertigung/Produktion, Organisation/Technische Dienste und Arbeitsvorbereitung. Auch hier erwarten die Unternehmen zunehmend interdisziplinäre Kenntnisse.

Energietechnik

Die Bedeutung der Energietechnik hat durch die veränderte Energielage stark zugenommen. Die Hauptaufgabe der Energietechnik ist die Umwandlung von chemischer und nuklearer Energie in Wärmeenergie und deren Überführung in mechanische Energie. Deshalb wird der Maschinenbauingenieur hier vor allem im Energieanlagenbau, in der Reaktor- und Kraftwerkstechnik, im Strömungs- und Kolbenmaschinenbau und bei Genehmigungsbehörden beschäftigt.

Außerdem wird der Einsatz in Anlagen, die regenerative Energien nutzen, immer wichtiger. Bei den Fachrichtungen Strahlantriebe, Turbo- oder Verbrennungsmaschinen geht es um Kraft- und Arbeitsmaschinen, die als Strömungsmaschinen oder als Kolbenmaschinen arbeiten. Strömungs- und Kolbenmaschinen spielen nicht nur in der Energie- und Wasserversorgung eine Rolle, sondern auch als Antriebsmaschinen von Land-, Wasser- und Luftfahrzeugen.

Die Vertiefung Wärmetechnik beschäftigt sich mit der praktischen Anwendung der Energieübertragung und -umwandlung. Da es hier auf die thermodynamische Analyse der Prozesse ankommt, sind theorieorientierte und konstruktive Fachkenntnisse erforderlich – etwa aus dem Gebiet der Thermodynamik und des Apparatebaus.

Verschiedene Blickwinkel >>>>>>>>>>>>>>>>>

Oft bieten unterschiedliche Studienfächer (etwa Maschinenbau und Elektrotechnik) die gleichen Vertiefungsrichtungen. Hier handelt es sich prinzipiell um das gleiche Thema, das nur mit einer jeweils anderen fachspezifischen Ausrichtung behandelt wird. In jedem Fall überschneiden sich Inhalte – oft mit dem Vorteil, dass sich Maschinenbauingenieuren Perspektiven in Berufsfeldern des Elektroingenieurs eröffnen und umgekehrt.

<<<<<<<<<<<<<<<<<<<<<<<<<<<<<<<<<<<<<

Ingenieure der Fachrichtung Wärmetechnik haben vor allem in der chemischen Industrie, der Feuerungstechnik und dem Industrieofenbau gute Jobperspektiven. In Zukunft werden Fragen der Energiebereitstellung und der besseren und umweltgerechteren Steuerung und Regelung wärmetechnischer Anlagen weiter an Bedeutung gewinnen.

Die Studienrichtung Reaktortechnik ist ein gutes Beispiel für eine stark produktorientierte Ausbildung. Ingenieure mit entsprechendem Know-how werden etwa für den Abbau oder den Export der Anlagen noch auf Jahre benötigt.

Verkehrstechnik

Bei der Verkehrstechnikausbildung im Rahmen des Maschinenbaus geht es – anders als im Rahmen des Bauingenieurstudiums – hauptsächlich um Konzipierung, Entwurf und Produktion von Fahrzeugen verschiedener Art. Jeweils auf bestimmte Produkte spezialisiert sind die Studienrichtungen des Kraftfahrwesens, der Fahrzeugtechnik, der Landmaschinen, der Luft- und Raumfahrttechnik, des Flugzeugbaus, der Schienenfahrzeuge und der Schiffstechnik.

Bei allen Aufgaben kommt es auf naturwissenschaftlich-technische Kenntnisse in den verschiedenen Fachgebieten der Physik und der Ingenieurwissenschaften, einschließlich Regelungstechnik und Datenverarbeitung, an. Immer wichtiger werden Berechnungsverfahren für statische und dynamische Beanspruchungen und die Entwicklung neuer Werkstoffe für den Fahrzeugbau.

Die Studienrichtungen der Fördertechnik und des Transportwesens beschäftigen sich mit Methoden und organisatorischen Maßnahmen zur Planung, Steuerung und Überwachung ganzer Transport- und Lagersysteme. Hierbei geht es um alle Transport-, Lager- und Umschlagprobleme, die beim Gewinnen, Verteilen und Bearbeiten von Gütern entstehen können.

Übergreifende Richtungen

Die Studiengänge des Maschinenbaus sind meist produktorientiert. Allerdings werden übergreifende Studienrichtungen auch in Zukunft immer wichtiger sein. Ein Grund ist der wachsende Informationsumsatz innerhalb technischer Prozesse. Häufig ist auch im Rahmen der übergreifenden Studienrichtungen eine Spezialisierung möglich. Eine fundierte interdisziplinäre Ausbildung bietet etwa der Studiengang Technische Kybernetik. Die Berufsfelder der Elektrotechnik und des Maschinenbaus fließen hier vor allem im Bereich der Automatisierungstechnik zusammen.

Kaum ein Industriezweig verzichtet auf moderne Automatisierungstechniken. Menschen können durch automatisierte Fertigungsprozesse entlastet und die Qualität der Produkte verbessert werden. Auch dem Umweltschutz dienen automatisierte Fertigungsprozesse. Bislang arbeiten noch relativ wenige Maschinenbauingenieure in diesem Bereich, da sich die Absolventen mit dem Einstieg in ein solch stark methodenorientiertes Fachgebiet schwer tun. Dabei haben Maschinenbauingenieure gute Chancen, weil sie in der Regel bessere Kenntnisse über spezielle Produkttechnologien mitbringen als zum Beispiel Elektroingenieure.

Zu den Studienrichtungen des Allgemeinen Maschinenbaus zählen auch das Physikingenieurwesen und die Mechanik. Die Absolventen schließen hier die Lücke zwischen reiner Mathematik und Physik einerseits und den Ingenieurwissenschaften andererseits. Ingenieure der Mechanik beschäftigen sich besonders mit Theorie, Rechnung und Experiment. Sie erklären mechanische Vorgänge und stellen darauf aufbauend, Denk- und Ersatzmodelle mit den entsprechenden mathematischen Formulierungen auf.
Eine weitere branchenunabhängige Spezialisierung ist die Konstruktions- und Feinwerktechnik. Grundlagenkenntnisse, die hier vermittelt werden, können in fast allen Bereichen des Maschinenbaus angewendet werden. Feinwerktechniker werden in der Büromaschinenbranche, bei der Herstellung optischer Geräte oder in der Spielzeugindustrie beschäftigt.

Wer sich in seiner Ausbildung auf Werkstofftechnik spezialisiert, befasst sich vor allem mit der Werkstoffentwicklung, der Auswahl von Werkstoffen für die Fertigungstechnik, der Werkstoffberatung und der Untersuchung von Materialschadensfällen. Die Ingenieure arbeiten mit messtechnischen Verfahren aus allen Gebieten der Natur- und Ingenieurwissenschaften. Fortschritte in der Werkstofftechnik werden in Zukunft viele weitere Technologien beeinflussen.

Berufschancen

Generell haben Unternehmen Bedarf an Absolventen aller Fachrichtungen des Maschinenwesens. Nachwuchskräfte, die ihr gutes Grundlagenwissen exemplarisch in einem Spezialgebiet angewandt haben, können in ganz unterschiedlichen Bereichen gute Start- und Aufstiegschancen nutzen. Vor allem in sehr speziellen Richtungen, wie etwa der Nukleartechnik, haben manche Unternehmen im Maschinen- und Anlagenbau Probleme, geeigneten und qualifizierten Nachwuchs zu finden.

Allerdings sollte man die Schwerpunkte möglichst so setzen, dass am Ende Berufsfelder in unterschiedlichen Branchen offenstehen. Oft ist es für Nachwuchskräfte einfacher, spezielle Kenntnisse in einem bestimmten Produktbereich zu erwerben, als fehlende Grundlagen in methodenorientierten Fächern wie Konstruktionstechnik, Fertigungs- oder Regelungstechnik aufzubauen. Nach wie vor positiv sind die Aussichten für Maschinenbauingenieure, die fundierte Kenntnisse in der Informationstechnologie mitbringen und gleichzeitig über betriebswirtschaftliches Know-how, soziale und kommunikative Kompetenzen verfügen. Auch der Einstieg als Vertriebsingenieur ist für viele Absolventen ein idealer Karrierestart.

>> Verfahrenstechnik

Verfahrensingenieure kennen sich mit komplexen biologischen und chemischen Prozessen genauso aus wie mit der Apparatetechnik. Spannende Aufgaben warten auf Nachwuchsingenieure in der Biotechnologiebranche, in der Lebensmittelindustrie und der Umweltbranche.

Die Verfahrenstechnik hat ihren Ursprung in der chemischen Industrie: in der Entwicklung von Hochdruckverfahren wie Ammoniaksynthese, Methanolsynthese und Kohlehydrierung. Deshalb werden Ingenieure der Verfahrenstechnik auch Chemieingenieur, Chemietechniker oder auch Chemical Engineer genannt. Berufsfelder wie die Aufbereitungstechnik, Lebensmitteltechnologie und die Werkstoffwissenschaften gehören ebenfalls zur Verfahrenstechnik.

Die Bedeutung der Verfahrenstechnik steigt mit der Relevanz der Umwelttechnik, die sich mehr und mehr chemietechnischer Verfahren bedient. Außerdem warten auf Ingenieure der Verfahrenstechnik viele neue Aufgaben in der medizinischen Verfahrenstechnik, der Bio- und Nanotechnologie und an den Schnittstellen regelungstechnischer und verfahrenstechnischer Probleme. Die Bioverfahrenstechnik wird immer wichtiger – etwa in der Verwertungsindustrie (zum Beispiel bei industriellen Kompostierungsanlagen).

Zwischen Biologie und Technik >>>>>>>>>>>>>

Immer wichtiger wird die Bioverfahrenstechnik im Zusammenhang mit der Gentechnik und neuen biologischen Verfahren zur Müllbeseitigung. Hier sind Verfahrenstechnikingenieure dafür zuständig, im Labor entwickelte und erprobte Verfahren technisch nutzbar zu machen.

<<<<<<<<<<<<<<<<<<<<<<<<<<<<<<<<<<<<<<<

Die Verfahrenstechnik ist untergliedert in die Bereiche Chemietechnik, Lebensmittelproduktion/-technologie und übergreifende Studienrichtungen. Hier geht es um mechanische, thermische, chemische, biologische und elektrische Verfahren zur Stoffumwandlung und -zusammensetzung. Außerdem wird die Entwicklung der erforderlichen Maschinen- und Apparatesysteme und der technischen Anlagen behandelt.

Da technische Anlagen immer komplexer und Prozesse stärker automatisiert werden, steigt gerade in wachstumsträchtigen und forschungsintensiven Bereichen der chemischen Industrie die Nachfrage nach gut ausgebildeten Verfahrenstechnikern. Da das Zusammenwirken von chemischen Prozessen und der Apparatetechnik sehr kompliziert ist, sind Ingenieure gefragt, die über Erfahrungen auf beiden Gebieten verfügen. Wichtig ist auch, dass man Kenntnisse über die zu entstehenden Produkte mitbringt und über die zu verarbeitenden Stoffe und die eingesetzten Technologien Bescheid weiß.

Grundoperationen als Basis >>>>>>>>>>>>>>>

Die Verfahrenstechnik als Ingenieurdisziplin basiert darauf, dass sich die vielen Herstellungsprozesse auf eine vergleichsweise geringe Zahl von Grundoperationen zurückführen lassen. Die Verfahrenstechnik arbeitet stärker als früher stoffspezifisch und versucht gleichzeitig, Prozesse als Ganzes zu betrachten. Dabei werden die Prozesse mathematisch immer besser dargestellt und auf Computern abgebildet. Entsprechende Simulationsrechnungen vermitteln gute Kenntnisse der Vorgänge – auch ohne aufwendige und teure Vorversuche.

<<<<<<<<<<<<<<<<<<<<<<<<<<<<<<<<<<<<<<<

Berufschancen

Das Berufsbild des Verfahrensingenieurs ist breit gefächert: Es reicht von der Forschung und Entwicklung über Planung, Bau und Vertrieb von Apparaten und Anlagen bis zur Beratung, Anwendungstechnik oder Projektakquisition. Arbeitgeber sind dabei längst nicht mehr nur die chemisch-pharmazeutischen Konzerne.

Es gibt mittlerweile Stellen in nahezu allen Industriebranchen, etwa der Grundstoffindustrie, der Lebensmittelindustrie, bei Energieversorgern, den Apparatebauern oder in der Medizinindustrie.

Verfahrenstechniker sind als universelle Problemlöser gefragt. Besonders für Bewerber mit Kenntnissen der Informationstechnologie, Regelungstechnik und Betriebswirtschaft bietet sich ein vielseitiges Berufsfeld, das immer noch Wachstumsperspektiven hat. Absolventen mit entsprechenden Sprachkenntnissen haben gute Chancen im Projekt- und Vertriebsbereich international tätiger Unternehmen.

Die Industrialisierung der Bio-, Nano- und Gentechnik bietet zukünftig ein großes Beschäftigungspotenzial. Auch in der Entsorgungstechnik entstehen viele neue Einsatzfelder. Beide Bereiche weisen eine hohe Verbrauchersensibilität auf, die die Nachfrage stark beeinflussen kann. Deswegen sollten Ingenieure, die in Unternehmen dieser Branche einsteigen wollen, aufmerksam die gesellschaftliche Entwicklung verfolgen.

>> Bergbau und angrenzende Bereiche

Traditionell beschäftigen sich Bergbauingenieure mit allen Bergbauzweigen vom Erzbergbau über Braunkohlen-, Steinkohlen-, Kali- und Salzbergbau, Schiefer- und Torfabbau bis zur Gewinnung von Erdöl und Erdgas, Stein- und Erdprodukten. Dies schließt Arbeiten im Tief- wie im Tagebau ein.

Allerdings nimmt die Bedeutung des herkömmlichen Bergbaus kontinuierlich ab. Themen wie Rohstoffgewinnung, Reststoffentsorgung, Umwelttechnik und Kreislaufwirtschaft rücken dagegen in den Vordergrund. Bergbauingenieure beschäftigen sich mit unterschiedlichen Aufgaben: Sie arbeiten in der Produktion, in der Planung oder im Management von Bergbauunternehmen. Auch bei Umwelt- und energiepolitischen Fragen ist das Know-how von Bergbauingenieuren gefragt.

Neue Aufgaben tun sich für den Bergbauingenieur im Entsorgungsbergbau auf. Hier befassen sie sich mit der Nutzung bergbaulicher Hohlräume für die Deponierung von Abfällen und der Aufbereitung verschiedener Abfallstoffe. Auch die Aufbereitung von Steinen und Erden ist ein wachsender Industriezweig. Bergbauingenieure mit Kenntnissen in Maschinenbau oder Elektrotechnik können in der Bergbauzulieferindustrie oder in Produktions- und Sicherheitsabteilungen einsteigen. Auch in der Überwachungsorganisation gibt es interessante Aufgaben.

Andere Möglichkeiten der Beschäftigung bieten häufig Betriebe, die sich mit der Rohstofferzeugung befassen und diese zu hochwertigen Werkstoffen weiterverarbeiten. Bei der Metallurgie und Werkstofftechnik geht es vor allem um die Gewinnung, Veredelung und Weiterbehandlung von Metallen und Baustoffen wie Glas, Keramik oder Gießereiprodukten. Auch Umweltschutzmaßnahmen jeglicher Art, Recycling von Schrott und Reststoffen und der sorgfältige Umgang mit den Ressourcen stehen im Fokus.

Bergbauingenieure sind Generalisten. In der Ausbildung beschäftigen sie sich neben den rein ingenieurwissenschaftlichen Fächern mit juristischen, betriebs- und volkswirtschaftlichen, geo- und umweltwissenschaftlichen Fragen. Kern der Studienrichtung Bergbau ist neben den Geowissenschaften die Berg- und Maschinentechnik. In Studienvertiefungen werden unter anderem wirtschaftliche Aspekte, Anwendungen bergmännischer Verfahren im Tunnel- und Stollenbau, Umwelttechnik und -recht behandelt.

Damit wird der Einsatzbereich der Bergbauingenieure auf Berufsfelder im Metallhandel, der Rohstofferkundung und der Rohstoffberatung erweitert – aber auch auf Tätigkeiten im Tief- und Ingenieurbau. In der Studienrichtung Aufbereitung und Veredelung geht es um die erste Verarbeitungsstufe der geförderten Roherze und -kohlen.

Zunehmend werden bergtechnische Verfahren der Gewinnung und Aufbereitung angewendet, wenn es um die Deponierung von Abfällen wie Haus- und Sondermüll, Industrieabfällen, Kraftwerksaschen oder die Sanierung von umweltgeschädigten Böden geht. Gerade wegen ihres Know-hows in den Geowissenschaften und der Verfahrenstechnik sind Bergbauingenieure für diese Aufgaben geeignet. Vor allem mit den Studienrichtungen Bergbau, Aufbereitung und Veredelung, Geotechnik/Umwelt und den Studienvertiefungen Deponie- und Abfallwirtschaft können sich Ingenieure hierauf gut vorbereiten.

Für den Einsatz auf den Weltmärkten für Erdöl und Erdgas, Steine und Erden qualifizieren bergbauspezifische Studienrichtungen wie Tiefbohrkunde, Erdöl-/Erdgasgewinnung, Gewinnung und Aufbereitung von Steinen und Erden. Ingenieure der Metallurgie und der Werkstoffwissenschaften beschäftigen sich mit der Weiterverarbeitung von Rohstoffen zu hochwertigen Werkstoffen. Ein weiteres Arbeitsfeld ist die Entwicklung neuer Verfahren und Prozesslinien.

Die speziellen Studienrichtungen Eisen- und Metallhüttenkunde, Gießereikunde, Glas und Keramik und Industrieofenbau enthalten jeweils einen Schwerpunkt der speziellen Technologie und Prozesstechnik. Die Richtungen Metallkunde, Verformungskunde und Werkstofftechnik beziehen sich stärker auf die Werkstoffentwicklung.

Berufschancen

Bergbauingenieure können nicht nur bei Rohstoffproduzenten einsteigen. Auch Entsorgungsunternehmen, Hochschulen, private Forschungsinstitute und Ingenieurbüros haben Bedarf an qualifiziertem Nachwuchs. Da in Deutschland auch in der Zukunft Energierohstoffe, Kali und Steinsalze, Steine und Erden abgebaut werden, haben Absolventen gute Jobperspektiven. Die Rohstoffversorgung der deutschen Industrie ist längst eine globale Angele-

genheit. Deswegen hat der Bergbaunachwuchs auch im Ausland gute Karrierechancen.

Weitere Aufgabenfelder eröffnet die Umwelttechnik in der Ingenieurberatung. Vor allem in der Deponietechnik und der Sanierung belasteter Böden und Abwässer ist Bergbau-Know-how gefragt. Wer sich zusätzlich auf sicherheits- und verfahrenstechnischem Gebiet weiterqualifiziert oder sich zum Assessor des Bergfachs ausbilden lässt, erweitert seine beruflichen Einsatzmöglichkeiten bis in Aufgaben der Sicherheitsorganisationen hinein. Das können etwa Berg- und Umweltbehörden, Gewerbeaufsicht, TÜV und Verbände sein.

Dank der generalistischen und praxisorientierten Ausbildung hat der Bergbauingenieur durchaus Chancen in der Industrie. Auch die Aussichten der Metallurgen und Werkstoffwissenschaftler sind insgesamt recht gut, da steigende Anforderungen an die Werkstoffe zu einem wachsenden Personalbedarf führen. Neue, attraktive Aufgaben entstehen unter anderem im Qualitätsmanagement.

>> Bauwesen

Der Bauingenieur ist zuständig für die Umsetzung von Bauvorhaben. Er konstruiert, berechnet, plant und überwacht. Oft ist allerdings die exakte Abgrenzung der Tätigkeiten von Architekten und Bauingenieuren schwierig. Sie hängt von der ästhetischen Bedeutung und dem technischen Schwierigkeitsgrad eines Objekts ab. So kommt etwa bei einem Brückenbau eher der Bauingenieur als der Architekt zum Einsatz.

Geht es um die Errichtung eines Krankenhauses, arbeitet meist erst der Architekt den Entwurf aus und der Bauingenieur beschäftigt sich mit den rechnerischen Problemen und den komplexen statischen und konstruktiven Fragen. Wenn der Bau im eigentlichen Sinne ansteht, hat der Bauingenieur die Schlüsselrolle. Häufig arbeiten Architekten und Bauingenieure selbstständig oder als Angestellte bei mittelständischen und größeren Unternehmen, etwa als Konstrukteur, Statiker, Prüfingenieur oder Gutachter. Ein großer Anteil der Bauingenieure ist im öffentlichen Dienst in Planungs- und Aufsichtsbehörden beschäftigt.

Architektur

Im Studiengang Architektur geht es vor allem um die Gebäudeplanung und den Bauentwurf. Der Schwerpunkt der Gebäudeplanung liegt auf dem Bereich Planungstheorie und den Arbeitsmethoden. Dabei geht es um Tragkonstruktionen, Funktionsabläufe, Gestalt- und Raumwirkungen. Auch psychologische und soziologische Fragen sind Bestandteil des Architekturstudiums.

Bei den konstruktiven Arbeiten geht es um tragende und raumbegrenzende technische Systeme. Hierbei berücksichtigen Architekten gestalterische Alternativen, technische Systeme der Ver- und Entsorgung sowie das physikalische und baumechanische Verhalten. Zur Realisierung architektonischer Konzepte setzen sie bei der Konstruktionsplanung moderne Technologie ein. Beim Bauentwurf geht es darum, Bauwerke oder Baugruppen zu entwerfen.

Neben städtebaulichen Erfordernissen und dem Beitrag des Architekten zur Programmfindung werden gestalt- und raumbildende Faktoren, der Ausbau, vielfältige bau- und haustechnische sowie baurechtliche Fragen behandelt. Wer sich für diesen Studienschwerpunkt entscheidet, muss Eingabe-, Werk- und Detailpläne erarbeiten können und sich mit Vertrags- und Baudurchführungsfragen vertraut machen.

Bauherren verlangen vom Architekten Kostenbewusstsein und Sensibilität für ihre Bedürfnisse. Hier kann es um die Entwicklung immobilienwirtschaftlicher Konzepte, um die Ausarbeitung von Finanzierungsmodellen und die vollständige Vermarktung von Bauprojekten gehen. Die Bauplanung wird also immer stärker von betriebswirtschaftlichen Aspekten beeinflusst. Zum Berufsfeld des Architekten gehören neben den Hochbauarchitekten auch Städteplaner, Innen- und Landschaftsarchitekten. Wachsende Arbeitsfelder sind etwa die Robotik im Bauprozess und die Gestaltung von Bauteilen und -systemen.

Bauingenieurwesen

Neben dem allgemeinen Bauingenieurstudium bieten viele Technische Hochschulen und Universitäten Vertiefungsrichtungen für Baubetrieb, Bauwirtschaft und Bauproduktion an. Auch Vertiefungsrichtungen für Grundbau, Konstruktiven Ingenieurbau, Verkehrs- und Wasserwesen sind im Angebot. Allerdings unterscheiden sich die Lehrangebote an einzelnen Hochschulen zum Teil gravierend – vor allem was die Wahlmöglichkeiten im Vertiefungsstudium angeht.

Eine der wichtigsten Studienrichtungen ist der Konstruktive Ingenieurbau. Er wird an einigen Hochschulen als eigener Studiengang angeboten. Im Mittelpunkt steht hier das Entwerfen, Berechnen, Konstruieren und Ausführen von Bauwerken und baulichen Anlagen. Im Hochbau kann es sich um mehrgeschossige Wohn- und Geschäftshäuser, Schulen, Sporthallen oder Krananlagen handeln. Ein spezielles Gebiet ist der Brückenbau.

Ingenieure mit Ausbildung im Konstruktiven Ingenieurbau arbeiten in Ingenieurbüros, Bauunternehmen, Behörden oder in Lehr- und Forschungsinstituten. In Industriebetrieben findet häufig eine Spezialisierung auf ein bestimmtes Baumaterial statt. In Ingenieurbüros und Behörden ist eine solche Spezialisierung selten.

An einigen Hochschulen sind dem Konstruktiven Ingenieurbau auch die Baubetriebslehre, Bauwirtschaft und Bauproduktion zugeordnet. Die Baubetriebslehre sollte ohnehin zu jedem Studium des Bauingenieurwesens gehören, weil sie in der Praxis zur Lösung planerischer und konstruktiver Probleme unbedingt notwendig ist. Außerdem geht es ohne betriebswirtschaftliches Know-how heute kaum noch.

Um Bauwerke entwerfen, berechnen und die Ausführung überwachen zu können, sind gute Kenntnisse in Bodenkunde und Grundbau unerlässlich. Immer wichtiger wird die Felsmechanik. Zu den speziellen Berufsfeldern gehören der Verkehrswegebau einschließlich des Tunnelbaus und der Verkehrswasserbau.

Unabhängig von der gewählten Studienrichtung ist die Modellstatik immer wichtig. Hier werden theoretische Rechenergebnisse durch Messungen an Bauwerken oder Modellen mit Hilfe von modernen elektronischen Mess- und Datenerfassungsanlagen überprüft. Zudem steht eine schnelle und zuverlässige Untersuchung komplizierter Tragwerke mit IT-Unterstützung häufig im Fokus.

Bauingenieure im Verkehrswesen sind für die räumliche und zeitliche Planung von Verkehrssystemen verantwortlich. Hierbei müssen sie die vorhandenen Nutzungsflächen, die Lebensgewohnheiten der Menschen und gesellschaftspolitische Zielsetzungen beachten. Auf dieser Grundlage werden Strecken, Knotenpunkte, Warte- oder Stellflächen entworfen und in baureife Pläne umgesetzt.

Neben Straßen- und Schienenverkehr geht es auch um Wasserwege und den Luftverkehr. Berücksichtigt werden müssen neben den topographischen und geologischen Gegebenheiten auch die psycho-physischen Fähigkeiten der Verkehrsteilnehmer, die fahrgeometrischen und fahrdynamischen Eigenschaften der Fahrzeuge und die Führungseigenschaften der Fahrwege. Ein bedeutendes Teilgebiet des Verkehrswesens ist die Straßenverkehrstechnik. Dabei wird der Verkehrsbedarf bei gegebener Bebauung und Flächennutzung ermittelt.

Wohngebiete vor Lärm und Abgasen zu schützen, ist ein weiteres Thema, das Ingenieure beschäftigt. Außerdem betreiben Bauingenieure auch Straßenverkehrsanlagen und koordinieren Lichtsignalanlagen durch verkehrsabhängige Steuerung mit IT-Systemen. Hierfür sind gute Datenverarbeitungskenntnisse notwendig.

Ein anderer wichtiger Bereich ist das Wasserwesen – also die Nutzung des für den Menschen lebensnotwendigen Rohstoffs. Erstes Ziel ist die ausreichende Versorgung mit Trinkwasser. Aber auch die Deckung des Wasserbedarfs von Gewerbe und Industrie und die Entsorgung spielen eine große Rolle.

In der speziellen Ausrichtung Wasserbau beschäftigen sich Bauingenieure mit der Neugestaltung von Flussläufen und dem Bau von Staudämmen und Wasserkraftwerken.

Vermessungswesen

Das Vermessungswesen befasst sich mit allen Fragen, die Grund und Boden betreffen. Auch die Bestimmung des Erdschwerefeldes, astronomische Verfahren und Hydrographische Vermessung gehören in den Bereich der Geodäsie und Geoinformatik. Erdmessungen stellen die Grundlage für die Landvermessung dar, die wiederum das Gerüst für alle Kartenwerke liefert. Angewendet werden Verfahren der Topographie, Tachymetrie und Photogrammetrie. Wichtig sind Kenntnisse im Bereich Kartographie und Reproduktionstechnik.

Die Katastervermessung gehört ebenfalls zu den Aufgaben des Vermessungsingenieurs. Die Fächer Kartographie und Landkartentechnik werden an einigen Fachhochschulen als eigene Studiengänge angeboten.

Übergreifende Studienrichtungen

Mit den Themen Städtebau, Stadt-, Regional-, Verkehrs- und Raumplanung beschäftigen sich Bauingenieure und Architekten. Diese Studienrichtungen sind der Architektur oder dem Bauingenieurwesen zugeordnet. In einigen Fällen – etwa in der Raumplanung – bilden sie eigene Fachabteilungen.

Die Ausbildung im Städtebau gehört zu den traditionellen Vertiefungsrichtungen. Sie soll

Grundlagen in Sachen Stadt- und Regionalplanung schaffen und verdeutlichen, was bestimmte gesellschaftliche Gegebenheiten für die bauliche Planung bedeuten. Die zunehmende Bedeutung der Raumordnung und Entwicklungsplanung hängt auch mit Umweltthemen wie Zersiedelung und Oberflächenversiegelung zusammen. Die Entwicklung wird hier auch durch bundesweite Abstimmungen in der räumlichen Planung und politische Ziele beeinflusst.

Auf der regionalen Ebene spielen vor allem die verschiedenen Möglichkeiten der Flächennutzung und die Vorstellungen der kommunalen Entscheidungsträger eine Rolle. Die Aufgabe der Raumplaner besteht darin, die Wechselwirkungen zwischen der physischen und gesellschaftlichen Umwelt zu beobachten, ihre Abhängigkeiten zu analysieren und zu bewerten. Auf dieser Basis können dann Alternativen zur besseren Nutzung des Raumes entwickelt werden.

Berufschancen

Bauingenieure werden vor allem im Baugewerbe und in der Baustoffindustrie gesucht. Auch in Ingenieur- und Planungsbüros oder im öffentlichen Dienst gibt es Stellen für Absolventen des Bauwesens. Da Bauleistungen ausschließlich aus Investitionen bestehen, gibt es kaum einen anderen Wirtschaftszweig, der von Konjunkturschwankungen so unmittelbar und deutlich beeinflusst wird wie die Bauwirtschaft.

Junge Architekturbüros haben es immer schwerer, sich auf dem Markt zu behaupten. Immer mehr Architekten werden sich deshalb in Zukunft auch neuen Berufsfeldern zuwenden, etwa der Bedarfsplanung, der Erstellung von Energie- und Ökologie-Gutachten, dem kommunalen Marketing oder dem kommerziellen Immobilienmarketing. Für Vermessungsingenieure bieten sich die internationalen Berufsfelder Geodaten-Management und Geomatik an.

>> Angrenzende Berufsfelder

In spannenden Berufsfeldern können nicht nur Ingenieure mit einer traditionellen Ingenieursausbildung starten. Auch Informatiker und die sogenannten Bindestrich-Ingenieure – etwa Physikingenieure und Wirtschaftsingenieure – haben sehr gute Aussichten auf eine Erfolg versprechende Karriere.

Informatik

Viele Informatiker und IT-Spezialisten verfügen über stark mathematisch ausgerichtete Qualifikationen. Auch Ingenieure klassischer Ausbildung, die fundierte IT-Kenntnisse erworben haben, fallen häufig unter die Jobbezeichnung Informatiker. Durch unterschiedliche Ausbildungsgänge an Unis und FHs lässt sich dem Begriff allerdings oft keine eindeutige Qualifikation zuordnen.

Außerdem haben die meisten Fachbereiche mittlerweile die Vermittlung von Informatikkenntnissen bis zum Bachelor vorgesehen. Das ist mit der Ausbildung des Informatikers eines mathematisch-naturwissenschaftlichen Studienzweigs allerdings nicht vergleichbar. In der Informationstechnologie gibt es eine oft verwirrende Vielfalt von Berufen mit unterschiedlichen Anforderungsprofilen, Aufgabenfeldern und Entwicklungsmöglichkeiten.

Da der Trend im ingenieurwissenschaftlichen Alltag zu einer Verknüpfung von Informatik- und technologischen Kenntnissen geht, bieten viele Hochschulen den interdisziplinären Studiengang Ingenieur-Informatik an. Hier werden Informatik- und wirtschaftswissenschaftliche Kenntnisse genauso vermittelt wie etwa Know-how in der Automatisierungstechnik.

Der Bedarf an Ingenieuren mit Informatikqualifikationen und Informatikern mit ingenieurwissenschaftlichen Kenntnissen wird bleiben. Haupteinsatzfelder für Absolventen der Ingenieur-Informatik sind unter anderem die digitale

Produkt- und Produktionsmodellierung, Konzeption und Simulation der Produktion und der Aufbau und Betrieb der Informationsverarbeitungssysteme in produzierenden Unternehmen.

Physikingenieurwesen

Physikingenieure nehmen oft eine Brückenfunktion zwischen physikalischer Forschung und technischer Entwicklung ein. Sie planen, berechnen, konstruieren, fertigen oder betreiben physikalisch-technische Geräte. Sie arbeiten zum Beispiel in Produktionsbetrieben, in denen physikalische Verfahren eine große Rolle spielen.

Mit den Qualifikationsprofilen verhält es sich bei Physikingenieuren ähnlich wie bei Informatikern: Entweder handelt es sich um Ingenieure, die eine Studienrichtung wie physikalische Technik oder Festkörperelektronik gewählt haben, oder um Physiker, die sich ingenieurwissenschaftlich weiterqualifiziert haben, etwa mit einer Promotion.

Die Industrie braucht Physikingenieure vor allem, um aus einer Vielzahl möglicher physikalischer Verfahren die beste Methode auszuwählen. Physikingenieure entwickeln Bauelemente der Elektrotechnik und beschäftigen sich mit Prozessen und Anwendungsbereichen aus der Umwelt- und Biotechnologie. Sie sind dafür verantwortlich, vorhandene Techniken in maßgeschneiderte Kundenprodukte umzusetzen. Ein besonderes Einsatzgebiet mit guten Aussichten ist die Nanotechnologie.

Wirtschaftsingenieurwesen

Wirtschaftsingenieure sind die Schnittstelle zwischen dem technischen und dem kaufmännischen Bereich eines Unternehmens. Fachhochschulen und (technische) Universitäten bieten den interdisziplinären Studiengang an.

Das Studium zum Wirtschaftsingenieur gilt als sehr arbeitsintensiv. Schließlich werden technische, rechts- und wirtschaftswissenschaftliche Kenntnisse in einem Ausbildungsgang vermittelt. Die Anstrengungen lohnen sich aber: Der integrierte Studiengang führt schneller zum Ziel als das Aufbaustudium und ermöglicht eine bessere Integration technischer und betriebswirtschaftlicher Fragestellungen.

Ähnlich vielfältig wie die Studieninhalte sind die Einsatzmöglichkeiten. Sie werden in fast allen Branchen gesucht – unabhängig von der jeweiligen Unternehmensgröße und dem spezifischen Einsatzbereich. Auch für Führungsaufgaben auf allen Unternehmensebenen sind Wirtschaftsingenieure prädestiniert.

Dabei ist es nicht unbedingt nötig, einen speziellen Ausbildungsgang zu absolvieren. Tatsächlich erwerben viele Ingenieure die Qualifikation eines Wirtschaftsingenieurs durch eine berufsbegleitende Zusatzausbildung oder durch entsprechende betriebliche Aufgaben. Ausgesprochen wichtig sind gute Sprachkenntnisse, internationale Erfahrungen sowie Praxiserfahrung.

Zwei Ausbildungswege >>>>>>>>>>>>>>>>>>>

Zum Wirtschaftsingenieur führen grundsätzlich zwei Ausbildungswege:
- Integriertes Studium: geschlossener Bachelor-/Master-Studiengang, der das technische und betriebswirtschaftliche Spektrum abdeckt.
- Aufbaustudium: Ein wirtschaftswissenschaftlicher Master-Studiengang schließt sich an ein technisches oder naturwissenschaftliches Bachelor- oder Master- Studium an.

<<<<<<<<<<<<<<<<<<<<<<<<<<<<<<<<<<<

Kontakt- und Netzadressen

Berufsständische Vereinigungen und Interessenverbände

Arbeitsgemeinschaft industrieller Forschungsvereinigungen
„Otto von Guericke" e.V. (AiF)
Bayenthalgürtel 23
50968 Köln
0221/376 80-0
www.aif.de

Arbeitsgemeinschaft Ökologischer Forschungsinstitute e.V. (AGÖF)
Geschäftsstelle im Energie- und Umweltzentrum
31832 Springe-Eldagsen
05044/975-75
www.agoef.de

Berufsverband Agrar, Ernährung, Umwelt e.V. (VDL)
Claire-Waldoff-Straße 7
10117 Berlin
030/319 04-585
www.vdl.de

Bund der Ingenieure für Wasserwirtschaft, Abfallwirtschaft und Kulturbau e.V. (BWK)
Hintere Gasse 1
71063 Sindelfingen
07031/438 39 94
www.bwk-bund.de

Bund Deutscher Baumeister, Architekten und Ingenieure e.V (BDB)
Willdenowstraße 6
12203 Berlin
030/841 89 70
www.baumeister-online.de

Bundesingenieurkammer (BingK)
Charlottenstraße 4
10969 Berlin
030/25 34 29 00
www.bundesingenieurkammer.de

Bundesverband Deutscher Unternehmensberater e.V. (BDU)
Zitelmannstraße 22
53113 Bonn
0228/91 61-0
www.bdu.de

Bundesverband Digitale Wirtschaft e.V. (BVDW)
Berliner Allee 57
40212 Düsseldorf
0211/600 45 60
www.bvdw.org

Bundesverband Informationswirtschaft, Telekommunikation und Neue Medien e.V. (BITKOM)
Albrechtstraße 10 A
10117 Berlin
030/275 76-0
www.bitkom.org

Bundesverband Materialwirtschaft, Einkauf und Logistik e.V. (BME)
Bolongarostraße 82
65929 Frankfurt am Main
069/308 38-0
www.bme.de

Bundesverband Zeitarbeit PersonalDienstleistungen e.V. (BZA)
Friedrichstr. 200
10117 Berlin
030/767 75 23-0
www.bza.de

Bundesvereinigung der Prüfingenieure für Bautechnik e.V. (VPI)
Kurfürstenstraße 129
10785 Berlin
030/319 89 14-0
www.bvpi.de

Bundesvereinigung der Straßenbau- und Verkehrsingenieure e.V. (BSVI)
Eichstraße 19
30161 Hannover
0511/31 26-04
www.bsvi.de

Deutsche Gesellschaft für Biomedizinische Technik im VDE (DGBMT)
Stresemannallee 15
60596 Frankfurt am Main
069/63 08-348
www.dgbmt.de

Deutsche Gesellschaft für Galvano- und Oberflächentechnik e.V. (DGO)
Max-Volmer-Straße 1
40724 Hilden
02103/25 56 40
www.dgo-online.de

Deutsche Gesellschaft für Luft- und Raumfahrt Lilienthal-Oberth e.V. (DGLR)
Godesberger Allee 70
53175 Bonn
0228/308 05-0
www.dglr.de

Deutsche Gesellschaft für Materialkunde e.V. (DGM)
Senckenberganlage 10
60325 Frankfurt/Main
069/753 06-750
www.dgm.de

Deutsche Gesellschaft für Wehrtechnik e.V. (DWT)
Hochstadenring 50
53119 Bonn
0228/410 98-0
www.dwt-sgw.de

Deutsche Physikalische Gesellschaft e.V. (DPG)
Hauptstraße 5
53604 Bad Honnef
02224/92 32-0
www.dpg-physik.de

Deutsche Wissenschaftliche Gesellschaft für Erdöl, Erdgas und Kohle e.V. (DGMK)
Überseering 40
22297 Hamburg
040/63 90 04-0
www.dgmk.de

Deutscher Führungskräfteverband (ULA)
Kaiserdamm 31
14057 Berlin
030/30 69 63-0
www.ula.de

Deutscher Kälte- und Klimatechnischer Verein e.V. (DKV)
Striehlstraße 11
30159 Hannover
0511/897 08 14
www.dkv.org

**Deutscher Verband für Material-
forschung und -prüfung e.V. (DVM)**
Unter den Eichen 87
12205 Berlin
030/811 30 66
www.dvm-berlin.de

**Deutscher Verband für Schweißen und
verwandte Verfahren e.V. (DVS)**
Aachener Straße 172
40223 Düsseldorf
0211/15 91-0
www.die-verbindungs-spezialisten.de

**Deutscher Verband Technisch-
Wissenschaftlicher Vereine (DVT)**
Steinplatz 1
10623 Berlin
030/ 310 078-386
www.dvt-net.de

Die Führungskräfte VAF VDF e.V.
Mohrenstraße 11-17
50670 Köln
0221/92 18 29-0
www.die-fuehrungskraefte.de

Gesellschaft des Bauwesens e.V. (GdB)
Düsseldorfer Straße 40
65760 Eschborn
06196/43 14 3

**Gesellschaft für Chemische Technik und
Biotechnologie e.V. (DECHEMA)**
Theodor-Heuss-Allee 25
60486 Frankfurt am Main
069/75 64-0
www.dechema.de

Gesellschaft für Informatik e.V. (GI)
Ahrstraße 45
53175 Bonn
0228/30 21 45
www.gi-ev.de

**Der deutsche Fachverband für
Technische Kommunikation und
Informationsentwicklung (tekom)**
Rotebühlstraße 64
70178 Stuttgart
0711/657 04-0
www.tekom.de

**Institute of Electrical and Electronics
Engineers, Inc. (IEEE)**
c/o Dr. Volker Schanz
Stresemannallee 15
60596 Frankfurt am Main
069/630 83 60-362
www.ieee.de

Kerntechnische Gesellschaft e.V. (KTG)
Robert-Koch-Platz 4
10115 Berlin
030/49 85 55-10
www.ktg.org

Plastics Europe Deutschland e.V.
Mainzer Landstraße 55
60329 Frankfurt am Main
069/25 56-1303
www.vke.de

REFA Bundesverband e.V.
Wittichstraße 2
64295 Darmstadt
06151/88 01-0
www.refaly.de

**Union Beratender Ingenieure e.V.
(U.B.I.D.) und Bundesverband
freiberuflicher Ingenieure (BFI)**
Edelsbergstraße 8
80686 München
089/57 00 70
www.ubi-d.de

**Verband angestellter Akademiker und
leitender Angestellter der Chemischen
Industrie e.V. (VAA)**
Mohrenstraße 11-17
50670 Köln
0221/16 00 10
www.vaa.de

Verband Beratender Ingenieure e.V. (VBI)
Budapester Straße 31
10787 Berlin
030/260 62-0
www.vbi.de

**Verband der Bahnindustrie in
Deutschland e.V. (VDB)**
Jägerstraße 65
10117 Berlin
030/20 62 89 -0
www.bahnindustrie.info

**Verband der Elektrotechnik Elektronik
Informationstechnik e.V. (VDE)**
Stresemannallee 15
60596 Frankfurt/Main
069/63 08-0
www.vde.de

**Ingenieure für Kommunikation e.V.
(IfKom)**
Wilhelmstraße 40
53111 Bonn
0228/983 58-0
www.ifkom.de

**Verband Deutscher Architekten- und
Ingenieurvereine e.V. (DAI)**
c/o KEC
Salzufer 8
10587 Berlin
030/214 731 74
www.dai.org

**Verband Deutscher Eisenbahn-
Ingenieure e.V. (VDEI)**
Kaiserstraße 61
60329 Frankfurt am Main
069/23 61 71
www.vdei.de

**Verband Deutscher
Sicherheitsingenieure e.V. (VDSI)**
Schiersteiner Straße 39
65187 Wiesbaden
0611/157 55-0
www.vdsi.de

**Verband Deutscher
Vermessungsingenieure e.V. (VDV)**
Weyerbuschweg 23
42115 Wuppertal
0202/716 05 79
www.vdv-online.de

**Verband Deutscher
Wirtschaftsingenieure e.V. (VWI)**
c/o TU Berlin - H 90
Straße des 17. Juni 135
10623 Berlin
030/31 50 57 77
www.vwi.org

**Verband selbständiger Ingenieure und
Architekten (VSIA)**
Rheinstraße 129 c
76275 Ettlingen
07243/3 93 94
www.vsia.de

Verein Deutscher Ingenieure e.V. (VDI)
VDI-Platz 1
40468 Düsseldorf
0211/62 14-0
www.vdi.de

**Vereinigung für Stadt-, Regional- und
Landesplanung e.V. (SRL)**
Yorckstraße 82
10965 Berlin
030/278 74 68-0
www.srl.de

**Vereinigung von Fachleuten des
Gewerblichen Rechtsschutzes (VPP)**
Josef-Albers-Straße 40
99085 Erfurt
0361/561 61 98
www.vpp-patent.de

**Zentralverband der Ingenieurvereine
e.V. (ZBI)**
Alte Jakobstraße 149
10969 Berlin
030/34 78 13 16
www.zbi-berlin.de

**Verbände und Organisationen
der Wirtschaft**

**Bundesarbeitgeberverband Chemie e.V.
(BAVC)**
Abraham-Lincoln-Straße 24
65189 Wiesbaden
0611/778 81-0
www.bavc.de

**Bundesverband Baustoffe - Steine und
Erden e.V.**
Kochstraße 6-7
10969 Berlin
030/726 19 99-0
www.bvbaustoffe.de

**Bundesverband der Deutschen
Entsorgungs-, Wasser- und
Rohstoffwirtschaft e.V. (BDE)**
Behrenstraße 29
10117 Berlin
030/590 03 35-0
www.bde-berlin.org

**Bundesverband der Deutschen Industrie
e.V. (BDI)**
Breite Straße 29
10178 Berlin
030/20 28-0
www.bdi.eu

**Bundesverband der Deutschen Luft- und
Raumfahrtindustrie e.V. (BDLI)**
ATRIUM Friedrichstraße 60
10117 Berlin
030/20 61 40-0
www.bdli.de

**Bundesverband der Energie- und
Wasserwirtschaft e.V. (BDEW)**
Reinhardtstraße 32
10117 Berlin
030/300 199-0
www.bdew.de

**Bundesverband der Pharmazeutischen
Industrie e.V. (BPI)**
Friedrichstraße 148
10117 Berlin
030/279 09-0
www.bpi.de

**Bundesvereinigung der Deutschen
Arbeitgeberverbände (BDA)**
Haus der Deutschen Wirtschaft
Breite Straße 29
10178 Berlin
030/20 33-0
www.bda-online.de

**Bundesvereinigung der Deutschen
Ernährungsindustrie e.V. (BVE)**
Claire-Waldoff-Straße 7
10117 Berlin
030/20 07 86-0
www.bve-online.de

Bundesvereinigung Logistik e.V. (BVL)
Schlachte 31
28195 Bremen
0421/173 84-0
www.bvl.de

**Deutsche Industrievereinigung
Biotechnologie (DIB)**
Mainzer Landstraße 55
60329 Frankfurt am Main
069/25 56-0
www.dib.org

**Deutscher Industrie- und
Handelskammertag e.V. (DIHK)**
Breite Straße 29
10178 Berlin
030/203 08-0
www.dihk.de

**Deutscher Industrieverband für
optische, medizinische und
mechatronische Technologien e.V.
(SPECTARIS)**
Saarbrücker Straße 38
10405 Berlin
030/41 40 21-0
www.spectaris.de

**Deutscher Speditions- und
Logistikverband e.V. (DSLV)**
Weberstraße 77
53113 Bonn
0228/914 40-0
www.spediteure.de

**Fachverband Mineralwolleindustrie e.V.
(FMI)**
Luisenstraße 44
10117 Berlin
030/27 59 44 52
www.fmi-mineralwolle.de

**Gesamtverband der
Arbeitgeberverbände der Metall- und
Elektro-Industrie e.V.**
Voßstraße 16
10117 Berlin
030/551 50-0
www.gesamtmetall.de

**Gesamtverband Kunststoffverarbeitende
Industrie e.V. (GKV)**
Kaiser-Friedrich-Promenade 43
61348 Bad Homburg
06172/92 66 61
www.gkv.de

Gesamtverband Steinkohle e.V.
Shamrockring 1
44623 Herne
02323/15-10
www.gvst.de

**Hauptverband der Deutschen
Bauindustrie e.V.**
Kurfürstenstraße 129
10785 Berlin
030/212 86-0
www.bauindustrie.de

**Hauptverband der Deutschen Holz und
Kunststoffe verarbeitenden Industrie
und verwandter Industriezweige e.V.
(HDH)**
Flutgraben 2
53604 Bad Honnef
02224/93 77 0
www.hdh-ev.de

**Hauptverband Papier- und
Kunststoffverarbeitung e.V. (HPV)**
Chausseestraße 22
10115 Berlin
030/247 81 83-0
www.hpv-ev.org

**Stahlinstitut VDEh und
Wirtschaftsvereinigung Stahl**
Im Stahl-Zentrum
Sohnstraße 65
40237 Düsseldorf
0211/67 07-0
www.stahl-online.de

**Verband der Automobilindustrie e.V.
(VDA)**
Behrenstr. 35
10117 Berlin
030/89 78 42-0
www.vda.de

**Verband der Chemischen Industrie e.V.
(VCI)**
Mainzer Landstraße 55
60329 Frankfurt am Main
069/25 56-0
www.vci.de

**Verband der Industriellen Energie- und
Kraftwirtschaft e.V. (VIK)**
Richard-Wagner-Straße 41
45128 Essen
0201/810 84-0
www.vik-online.de

Verband der TÜV e.V. (VdTÜV)
Friedrichstraße 136
10117 Berlin
030/76 00 95 - 400
www.vdtuev.de

**Verband Deutscher Maschinen- und
Anlagenbau e.V. (VDMA)**
Lyoner Straße 18
60528 Frankfurt am Main
069/66 03-0
www.vdma.org

Verband für Schiffbau und Meerestechnik e.V. (VSM)
Steinhöft 11 (Slomanhaus)
20459 Hamburg
040/28 01 52-0
www.vsm.de

Vereinigung Rohstoffe und Bergbau e. V.
Am Schillertheater 4
10625 Berlin
030/31 51 82-0
www.v-r-b.de

Zentralverband des Deutschen Handwerks (ZDH)
Mohrenstraße 20/21
10117 Berlin
030/206 19-0
www.zdh.de

Zentralverband Elektrotechnik- und Elektronikindustrie e.V. (ZVEI)
Lyoner Straße 9
60528 Frankfurt am Main
069/63 02-0
www.zvei.org

Anlaufstellen für Ingenieurinnen
Deutscher Akademikerinnen Bund e.V.
Mommsenstraße 41
10629 Berlin
030/31 01 64 41
www.dab-ev.org

deutscher ingenieurinnenbund e.V. (dib)
Postfach 110305
64218 Darmstadt
0700/34 23 83 42
www.dibev.de

Kompetenzzentrum Technik - Diversity - Chancengleichheit e.V.
Fachhochschule Bielefeld
Wilhelm-Bertelsmann-Straße 10
33602 Bielefeld
0521/106-73 22
www.frauen-technik-impulse.de

Frauen im Ingenieurberuf (FIB)
VDI
VDI-Platz 1
40468 Düsseldorf
0211/62 14-0
www.vdi.de/fib

Frauen in Naturwissenschaft und Technik e.V. (NUT)
Haus der Demokratie
Greifswalder Straße 4
10405 Berlin
030/204 44 58
www.nut.de

Impressum

Staufenbiel *Ingenieure* 2010/11
Arbeitsmarkt • Branchen • Weiterbildung;
26. Auflage, Band II
Autor: Professor Dr.-Ing. Klaus Henning
Verantwortlicher Redakteur:
Heinz Peter Krieger
Redaktion: Claudia Feuerer, Eva Flick,
Thomas Friedenberger, Julia Heilig,
Birgit Rogge
Redaktionsleitung:
Stefanie Zimmermann
Korrektorat: Ulrike Kösterke
Online-Redaktion: Kirsten Gregus,
Maurice Hein, Desislava Mohrmann
Anzeigenmarketing: Bert Alkema,
Christiane Fuchs, Nadine Eppmann,
Anne Moog, Nina Otto vor dem
gentschen Felde, Thorsten Volpers
Sales Director: Holger Fäßler
Telefon: 0221/91 26 63 33
E-Mail: holger.faessler@staufenbiel.de
Client Support: Maria Gorki,
Natascha Wiedenfeld
Marketing/Öffentlichkeitsarbeit:
Karen Herold, Melanie Perrone
Grafik: Yvonne Bäumgen, Simon Pietsch
(Coverbild: © istockphoto/James Thew;
Die Rechte für die Coverbilder der Spezial-
ausgaben liegen bei der entsprechenden
Universität/Organisation; TU München:
Albert Scharger; TU Berlin: TU-Presse-
stelle/Böck)
Leitung Grafik & Produktion:
Simon Pietsch
ISBN: 978-3-922132-45-5

Herausgegeben von:
Staufenbiel Institut GmbH,
Postfach 10 35 43, 50475 Köln
Telefon: 0221/91 26 63-0,
Telefax: 0221/91 26 63-9,
E-Mail: info@staufenbiel.de
Internet: www.staufenbiel.de
Die Staufenbiel Institut GmbH ist Teil der
Group GTI. Copyright © 2010 by
Staufenbiel Institut GmbH
Herausgeberin: Birgit Giesen

Redaktionsschluss: August 2010

**Hinweis bez. des Allg. Gleichbehand-
lungsgesetzes (AGG)**
Redaktion und Verlag sind stets bemüht,
sowohl redaktionelle Beiträge als auch
Anzeigen daraufhin zu prüfen, dass Formulierungen nicht gegen geltendes
Recht, insbesondere gegen das Allgemeine Gleichbehandlungsgesetz verstoßen.
Sollte im Einzelfall eine Formulierung von
der Rechtsprechung als diskriminierend
bewertet werden, weisen wir bereits jetzt
darauf hin, dass wir uns von jeder Art der
Diskriminierung distanzieren und dies je-
denfalls nicht die Ansicht der Redaktion
darstellt. Soweit in redaktionellen Beiträgen und in Beiträgen von Kunden ausschließlich oder überwiegend die masku-
line Form verwendet wird, erfolgt dies lediglich aus Gründen der Lesbarkeit und
stellt in keinem Fall eine Wertung gegenüber weiblichen Personen dar. Entsprechend ist mit dem Gebrauch des Begriffs
„Young Professionals" keine Diskriminierung hinsichtlich des Alters intendiert,
sondern es soll lediglich die Gruppe der
Berufseinsteigerinnen und Berufseinsteiger angesprochen werden.
Sofern Sie sich durch Inhalte dieser Publikation benachteiligt fühlen, bitten wir Sie,
sich mit unserer Beauftragten für Gleich-
behandlung, Frau Nadine Eppmann, nadi-
ne.eppmann@staufenbiel.de, in Verbindung zu setzen.

Bestellung: Erhältlich in Fachbuchhand-
lungen oder über den Verlag bzw. unter
www.staufenbiel.de/bookshop.

Preis: Euro 15,00 (bei Versand zzgl. Por-
to und Versandkosten). Lieferung ins
Ausland nur gegen Vorkasse.

Education

>> Nach dem Bachelor: Job oder Master?

Der deutsche Abschluss Dipl.-Ing. genießt einen international guten Ruf. Der Verband TU9, ein Zusammenschluss von neun großen technischen Universitäten in Deutschland, fordert deshalb, ihn als Titel für ein abgeschlossenes Master-Studium zu erhalten. Die Tage als eigenständiger Abschluss sind für den Dipl.-Ing. aber gezählt. Nach den Bachelor-Absolventen erobern mittlerweile auch die Master-Absolventen den Arbeitsmarkt. Welche Karrierechancen haben Nachwuchsingenieure mit dem Bachelor- und welche mit dem Master-Abschluss?

Basiskenntnisse

Das Bachelor-Studium vermittelt in sechs oder sieben Semestern die nötigen Fachkenntnisse für den Einstieg in die Berufswelt. Mit dem Bachelor-Abschluss haben Nachwuchsingenieure ihren ersten berufsqualifizierenden Abschluss. Dabei wird vor allem Wert auf fundierte Grundlagen, fachliche Qualifikation und Praxisnähe gelegt – wie beim Fachhochschulstudium auch.

Der Vorteil: Die Absolventen sind jung und haben in den meisten Fällen schon erste Berufserfahrung durch Praktika gesammelt. Wer gegenwärtig in einem Bachelor-Studiengang eingeschrieben ist, hat zwei Möglichkeiten. Entweder steigt er nach diesem Abschluss direkt in den Beruf ein oder er schließt ein Master-Studium an. BA-Absolventen, die einen guten bis sehr guten Abschluss vorweisen können und auch die fachlichen Anforderungen und die entsprechenden Soft Skills mitbringen, haben eine reelle Chance, eine Stelle zu finden. Allerdings ist das Einstiegsgehalt nach einer drei- bis dreieinhalbjäh-

rigen Bachelor-Ausbildung meist niedriger als nach einer fünfjährigen Ausbildung mit Diplom- oder Master-Abschluss.

Immer mehr Bachelor- und Master-Studiengänge

Im Sommersemester 2010 waren 81 Prozent des deutschen Studienangebots Bachelor- oder Master-Studiengänge, berichtete die Hochschulrektorenkonferenz. Der Anteil der eingeschriebenen Studenten in diesen Studiengängen hat sich von 2007 bis 2009 mehr als verdoppelt.

Das gestraffte Bachelor-Studium führt allerdings vielerorts zu mehr Leistungsdruck, da statt der früher üblichen vier Jahre jetzt nur noch drei Jahre bis zum Abschluss vorgesehen sind. Experten fordern daher immer lauter eine Entrümpelung des Lehrplans. Wer also ein Bachelor-Studium im Visier hat, sollte über ein gutes Zeit- und Organisationsmanagement verfügen und sich vor Aufnahme des Studiums an der Hochschule beraten lassen.

Job oder Master

Ein Master-Studiengang baut auf dem bisherigen Studium auf und vertieft die Inhalte. Grundsätzlich ist es auch möglich, nach dem Bachelor-Studium erst einmal Berufserfahrung zu sammeln und erst später den Master-Abschluss nachzuholen. Auch Bafög kann dann wieder bezogen werden.

Wer überlegt, nach dem Bachelor-Abschluss zunächst einige Jahre in der Industrie zu arbeiten und dann einen fachlichen Master anzuschließen, sollte eines bedenken: Ein Master-Studiengang kann länger dauern, wenn man bereits einige Jahre gearbeitet hat. Dies liegt vor allem an inzwischen geänderten Studieninhalten. Studenten müssen dann unter Umständen

Zusatzseminare belegen, die das Studium verlängern. Außerdem gibt es gerade in innovativen Branchen eine Menge spezialisierte Unternehmen mit schnellen Innovationszyklen. Wer eine Weile aussetzt, verliert schnell den Anschluss an den Arbeitsprozess. Die Rückkehr kann schwierig werden und ist dann eher ein Neu- denn ein Wiedereinstieg.

Alte und neue Studiengänge parallel

Studenten, die in einem Diplom-Studiengang begonnen haben, können ihr Studium mit einem Diplom beenden oder in den Bachelor- oder Master-Studiengang wechseln. Die Hochschulen informieren über die Formalitäten der neuen Studiensysteme, wobei die Bedingungen von Bundesland zu Bundesland und zum Teil sogar von Hochschule zu Hochschule verschieden sind.

In den meisten Bundesländern laufen die neuen Studiengänge parallel zu den alten. Prinzipiell hat jeder das Recht, seinen angefangenen Studiengang auch zu Ende zu führen. Wer sich entschließt zu wechseln, muss sich dringend informieren, ob alle bisher erbrachten Studienleistungen auch anerkannt werden.

Den Master noch zusätzlich nach dem Diplom anzuschließen, empfiehlt sich bei einem konsekutiven Master nicht. Er vertieft das Fachwissen, sodass es zahlreiche Überschneidungen zum Diplom-Studiengang gibt.

Wechsel ja oder nein?

Soll man nun den alten Diplom- oder den neuen Master-Abschluss wählen? Deutschland hat sich mit der Unterzeichnung der Bologna-Erklärung dazu verpflichtet, sämtliche Diplom-Studiengänge auf das zweistufige Bachelor-Master-Studiensystem umzustellen. Von den großen Unternehmen sind schon viele auf die neuen Abschlüsse vorbereitet und haben ihre Einstiegspositionen den neuen Studiengängen angepasst. Andererseits ist der Diplom-Ingenieur

aus Deutschland ein weltweit anerkanntes Markenzeichen für eine hervorragende Ingenieur-Ausbildung. Gerade kleine und mittelständische Unternehmen kennen sich mit dem Diplom noch besser aus. Wer bereits einen Diplom-Studiengang begonnen hat, muss keine Sorge haben, dass dieser in absehbarer Zeit an Wert verliert. Der gute Ruf des deutschen Ingenieur-Diploms wird sicher noch eine ganze Weile erhalten bleiben.

Akzeptanz der neuen Abschlüsse

Die Studie Staufenbiel JobTrends Deutschland 2010 zeigt, dass sich die Unternehmen auf Absolventen mit Master-Abschlüssen eingestellt haben. Zwar nannten die meisten Unternehmen, die Bedarf an Ingenieuren haben, das Universitätsdiplom als den Abschluss, den sie bevorzugen. Doch auch der Master wird inzwischen von 82 Prozent der Unternehmen akzeptiert. An den Bachelor muss sich dagegen noch ein gutes Drittel der Arbeitgeber gewöhnen.

Studenten sollten sich möglichst früh darüber klar werden, wie und wo sie in ihren ersten Job einsteigen wollen und wo sie mit ihrem Abschluss punkten können. Das Beste ist, sich bei den infrage kommenden Firmen zu erkundigen, welche Abschlüsse sie bevorzugen. Denn ob der Bachelor oder Master akzeptiert wird, hängt stark von der Branche und den Einstiegspositionen ab.

Einstellungskriterien für Ingenieure
nach Art des Abschlusses >>>>>>>>>>>>>>>>>>

Bachelor	Master	Diplom (Universität)	Diplom (FH)	Promotion	MBA

0 10 20 30 40 50 60 70 80 90 100 %

Mehrfachnennungen möglich

staufenbiel JobTrends Deutschland 2010

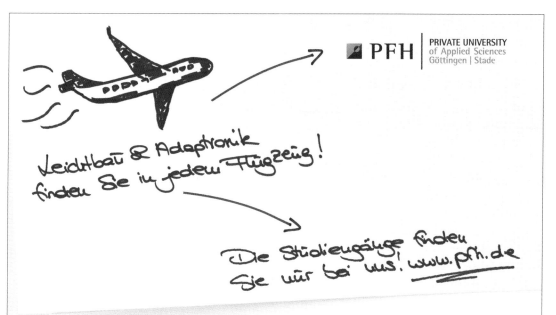

>> Der Master – Abschluss mit Zukunft

Der Master-Abschluss entspricht dem bisherigen Titel Diplom-Ingenieur. Dabei führen mehrere Wege zum Ziel: Möglich ist ein konsekutiver Abschluss, bei dem Bachelor und Master aufeinander abgestimmt sind. Der Master vertieft dann inhaltlich das Bachelor-Studium. Anders sieht es beim nicht-konsekutiven Master aus. Hier steht eine andere Studienrichtung im Fokus als zuvor beim Bachelor. Kombiniert werden kann etwa ein Bachelor of Science mit dem Master of Arts.

Ein besonderer Master-Abschluss ist der Master of Business Administration (MBA). Im Unterschied zu anderen Master-Abschlüssen kann der MBA normalerweise erst nach mehreren Jahren Berufserfahrung erworben werden. Das kostenpflichtige MBA-Studium ist sehr international ausgerichtet und vermittelt in erster Linie Management-Kenntnisse.

Master in jedem Fall?

Ob man den Master an den Bachelor anschließen sollte oder nicht, hängt in erster Linie von den persönlichen Karrierezielen ab. Nicht automatisch bekommen Master-Absolventen eine höher dotierte Stelle als ihre Kollegen mit einem Bachelor-Abschluss. Für viele Positionen wird aber zwingend ein Master-Abschluss vorausgesetzt.

Verbessert hat sich die Situation für FH-Absolventen: Während Unternehmen das Diplom einer Universität häufig höher bewerten als einen Fachhochschul-Abschluss, spielt es beim Bachelor- und Master-Abschluss keine Rolle, ob er an einer Fachhochschule oder an einer Universität erworben wurde. Nach einer Entscheidung der Kultusminister sind die Abschlüsse von beiden Institutionen gleichwertig. Das heißt auch, dass es theoretisch möglich ist, den Bachelor an der Fachhochschule und den Master an der Universität zu absolvieren – wenn man die Zulassungsvoraussetzungen erfüllt.

Es gibt allerdings bei Weitem nicht so viele Master- wie Bachelor-Studienplätze. Deshalb setzen viele Universitäten ihre Zugangsvoraussetzungen so hoch an, dass die meisten Bachelor-Absolventen einer Fachhochschule zusätzliche Seminare besuchen müssen, um von der jeweiligen Universität angenommen zu werden – sofern sie überhaupt zugelassen werden. Bei neueren Studiengängen hat sich das allerdings schon geändert. Der Wechsel von der Fachhochschule an die Universität ist wesentlich erleichtert worden.

mba-master.de >>>>>>>>>>>>>>>>>>>>>>>>>>

Mehr Infos über MBA- und Master-Studiengänge gibt es unter **mba-master.de**.

<<<<<<<<<<<<<<<<<<<<<<<<<<<<<<<<<<<<<<

Bewerbung

Wer einen Master machen will, muss sich neu bewerben. Viele Master-Studiengänge sind zulassungsbeschränkt, sodass die Bewerber ein Zulassungsverfahren durchlaufen müssen. Wie das genau aussieht, ist von Hochschule zu Hochschule anders. Wichtig ist, sich früh zu erkundigen.

Gute Noten allein reichen nicht aus. Normalerweise werden der Nachweis über einen akademischen Abschluss sowie ein Lebenslauf und Zeugnisse über die Berufstätigkeit verlangt. Hinzukommen können das Gutachten eines Professors, eine persönliche Stellungnahme oder auch ein Aufsatz über ein studienrelevantes Thema. Auch der Nachweis über Fremdsprachenkenntnisse oder ein persönliches Gespräch können Voraussetzung sein. Manche Hochschulen fordern zusätzlich einen Leistungstest von den Bewerbern. Häufig gibt es dabei Bewerbungsfristen, die man nicht verpassen darf. Nähere Informationen gibt es auf den Internetseiten der Hochschulen.

Ablauf und Dauer

Ein Master-Studiengang kann entweder stärker forschungs- oder anwendungsorientiert sein. Generell gilt: Fachhochschulen sind praxisorientierter als Universitäten, bei denen die Lehre eher von den jeweiligen Forschungsschwerpunkten geprägt ist. Einschließlich der abschließenden Master-Arbeit dauert ein Master-Studium meist drei bis vier Semester. Es ist in verschiedene Fachmodule aufgeteilt, die ein abgegrenzte Themengebiete behandeln und maximal zwei Semester umfassen. Um innerhalb der Regelstudienzeit zu studieren, müssen die Module häufig in einer bestimmten Reihenfolge belegt werden.

Berufsbegleitend

Wer den Master neben seinem regulären Job absolvieren möchte, kann berufsbegleitend studieren. Mithilfe von Studienbriefen stehen teilweise Selbstlernen, Präsenzveranstaltungen am Wochenende oder Blockseminare auf dem Studienprogramm. Ein E-Learning-Studium ist ebenfalls möglich. Berufsbegleitende Studiengänge sind normalerweise kostenpflichtig.

Credits

Bachelor- und Master-Studenten sammeln sogenannte Credits oder ECTS-Punkte. Sie werden für die regelmäßige Teilnahme an Vorlesungen und Seminaren sowie für Übungen und Klausuren gutgeschrieben. Da die Vergabe von Punkten innereuropäisch üblich ist, ist es für Bachelor- und Master-Studenten einfacher geworden, im Ausland erbrachte Leistungen anerkennen zu lassen. Nach dem Erreichen der erforderlichen Credits melden sich die Studenten zur Master-Arbeit an. Nach der schriftlichen Arbeit folgt eine mündliche Prüfung. Hat man beides erfolgreich bestanden, wird der Titel „Master of Science" oder „Master of Engineering" verliehen.

Finanzierung

An einer staatlichen Hochschule müssen keine zusätzlichen Gebühren für ein Master-Studium einkalkuliert werden. Es gelten die gleichen Sätze wie für alle anderen Studenten auch. Nicht-

konsekutive Master-Studiengänge können allerdings als Zweitstudium eingestuft werden, sodass sie dann nicht mehr kostenlos sind. Damit müssen auch Studenten rechnen, die mit einem anderen Abschluss als dem Bachelor ein Master-Studium beginnen oder die bereits zwei Bachelor-Abschlüsse erworben haben.

Web-Tipps zum Thema >>>>>>>>>>>>>>>>>>>

- mba-master.de
- bildungsserver.de
- hochschulkompass.de
- hrk-bologna.de
- studienwahl.de
- wege-ins-studium.de

<<<<<<<<<<<<<<<<<<<<<<<<<<<<<<<<<<<<<

Auch Master-Studenten können Bafög beziehen, wenn das Master-Studium auf einem Bachelor-Abschluss aufbaut. Hier gilt allerdings genauso: Hat der Bafög-Bewerber bereits einen anderen Studiengang absolviert, gilt das Master-Studium als Zweitstudium und wird nicht mehr gefördert.

>> Die richtige Hochschule

In der Bologna-Erklärung haben sich 29 europäische Bildungsminister auf ein zweistufiges Hochschulsystem mit vergleichbaren Abschlüssen und einem einheitlichen Leistungspunktesystem geeinigt. Das Leistungspunktesystem ECTS (European Credit Transfer and Accumulation System) soll den Wechsel an eine ausländische Hochschule vereinfachen.

Innerhalb Deutschlands ist ein Hochschulwechsel nach dem Bachelor-Abschluss empfehlenswert. Doch wer die Wahl hat, hat die Qual. Die Auswahl der richtigen Hochschule ist mit der nun größeren Mobilität ebenfalls schwieriger geworden. Gerade beim Master-Studium müssen Nachwuchsingenieure mit einer internationalen Konkurrenz um die Studienplätze rechnen: Je besser der Ruf der Universität, umso härter die

Konkurrenz. Doch wie ist die Qualität der Hochschule und ihrer Studiengänge zu erkennen?

Hierzulande gibt es die Stiftung zur Akkreditierung von Studiengängen in Deutschland (kurz: Akkreditierungsrat). Ihr Ziel ist, zur Entwicklung der Qualität von Studium und Lehre beizutragen und an der Verwirklichung des europäischen Hochschulraums mitzuwirken. Außerdem gibt es internationale Akkreditierungsinstitutionen wie die European Association for Quality Assurance in Higher Education (ENQA). Die ENQA erarbeitet europäische Standards, Verfahren und Richtlinien für die Qualitätssicherung. Hat man ein Master-Studium an einer bestimmten Hochschule im Visier, sollte man immer darauf achten, dass der Studiengang auch akkreditiert ist. Das verspricht ein gewisses Qualitätsniveau und international geltende (Mindest-)Standards.

Zulassungsvoraussetzungen
Die meisten Hochschulen fordern neben der Voraussetzung, dass man mindestens einen berufsqualifizierenden Abschluss hat, noch andere Zulassungsbestimmungen. So sind dem Antrag das Abschlusszeugnis des ersten berufsqualifizierenden Studiums und ein Lebenslauf beizulegen. Meistens möchten die Universitäten auch eine Erklärung der eigenen Position zum Master-Studium haben. Dabei interessiert vor allem die persönliche Eignung und die eigene Zielsetzung.

Auch Sprachkenntnisse sind bei den meisten Hochschulen ein Muss. So ist es an deutschen Hochschulen gängig, dass man einen Nachweis über die Englischkenntnisse (zum Beispiel TOEFL) erbringen muss und gegebenenfalls auch über die Deutschkenntnisse, für den Fall, dass Deutsch nicht die Muttersprache ist. Bei vielen nicht-konsekutiven Master-Studiengängen muss mindestens ein Jahr Berufserfahrung nachgewiesen werden. Auch hier ist eine Tätigkeitsbeschreibung beizufügen. Die Internetseiten der Hochschulen geben Auskunft über die genauen Zulassungsvoraussetzungen.

Die passende Hochschule finden >>>>>>>>>>>>

Unter **asiin.de** ist die Akkreditierungsagentur für Studiengänge der Ingenieurwissenschaften, der Informatik, der Naturwissenschaften und der Mathematik (ASIIN) zu erreichen.

<<<<<<<<<<<<<<<<<<<<<<<<<<<<<<<<<<<<<<<<

>> Studieren im Ausland

Interkulturelle Kompetenz, Flexibilität, perfektes Englisch – Anforderungen, die oft in Stellenausschreibungen gestellt werden. Wer im Ausland war, kann punkten. Doch ein Studienaufenthalt außerhalb der deutschen Grenzen bringt noch mehr: Er trainiert die Kommunikationsfähigkeit und belegt Organisations- und Durchhaltevermögen.

Im Rahmen eines Master-Programms lassen sich Auslandspläne am besten in die Tat umsetzen. Rund 30 Prozent aller Master-Studenten verbringen mittlerweile einen Teil ihres Studiums nicht in Deutschland. Und bei immer mehr Master-Studiengängen ist ein Auslandssemester fester Bestandteil des Curriculums – teilweise mit der Möglichkeit eines binationalen Abschlusses oder eines Zusatzzertifikats. Auch Auslandspraktika sind in diesen Programmen vielfach üblich.

Wer freiwillig und zusätzlich eine Zeit im Ausland verbringt, verlängert damit häufig sein Studium. Eine Verlängerung, die im Zweifelsfall bei einer späteren Bewerbung erklärt werden muss. Da aber immer mehr Unternehmen Wert auf internationale Erfahrung ihrer Mitarbeiter legen, ist eine längere Studienzeit häufig ein geringeres Problem als mangelnde Erfahrung im Ausland.

Erasmus
Erasmus ist die von den Studenten am meisten genutzte Kooperation. Das Programm fördert den Aufenthalt von drei bis zwölf Monaten in 31 Ländern: den 27 EU-Mitgliedern sowie Is-

land, Liechtenstein, Norwegen und der Türkei. Die Teilnehmer eines solchen Programms genießen viele Vorteile:

- keine Studiengebühren an der ausländischen Universität
- Gewährung einer Studienbeihilfe
- Unterstützung bei der Suche nach Unterkünften, Sprachkursen und Versicherungen
- Studienleistungen werden grundsätzlich in Deutschland anerkannt.

DAAD >>>>>>>>>>>>>>>>>>>>>>>>>>>>>>>

Unter **daad.de** bietet der DAAD eine Stipendiendatenbank mit näheren Informationen zu Förderungsmöglichkeiten.

<<<<<<<<<<<<<<<<<<<<<<<<<<<<<<<<<<<<

Nicht nur Europa

Wer außerhalb Europas studieren möchte, kann in vielen Fällen ebenfalls auf die Hilfe des DAAD zurückgreifen. Der DAAD bietet weitere individuelle Förderungsmöglichkeiten für das Ausland, bis hin zu Individualstipendien oder auch Sonderprogrammen für bestimmte Zielgruppen. Speziell für die Fachrichtungen Ingenieur- und Naturwissenschaften, Land- und Forstwirtschaft ist die Vereinigung IAESTE (International Association for the Exchange of Students for Technical Experience) die richtige Anlaufstelle innerhalb des DAAD.

Sicher ist sicher >>>>>>>>>>>>>>>>>>>>>>>>

Um für alle Fälle gerüstet zu sein, empfiehlt es sich, mehrere Passbilder und Kopien von allen wichtigen Dokumenten mit ins Ausland zu nehmen.

<<<<<<<<<<<<<<<<<<<<<<<<<<<<<<<<<<<<

Detaillierte Länderinformationen gibt auch das Auswärtige Amt. Die Botschaften der Länder oder kulturelle Organisationen wie zum Beispiel das Amerika-Haus, das British Council oder das Institut Français sind ebenfalls gute Quellen.

Sprachkurse >>>>>>>>>>>>>>>>>>>>>>>>>>>>>>

Verhandlungssicheres Englisch ist für Ingenieure heute selbstverständlich. Weitere Fremdsprachenkenntnisse sind empfehlenswert, vor allem in Sprachen aus dem osteuropäischen oder asiatischen Raum. Auch wer etwa ein MBA-Studium aufnehmen will, muss einen Nachweis guter Englischkenntnisse erbringen – durch den TOEFL-Sprachtest. Zu empfehlen sind einige Sprachreisen. Für Studenten sind die Sommersprachkurse an ausländischen Hochschulen eine gute Alternative. Zu Hause lernt es sich kostengünstig an den Volkshochschulen. Hilfestellung bei der Auswahl des richtigen Sprachkurses gibt die Checkliste auf **staufenbiel.de/ingenieure**.

<<<<<<<<<<<<<<<<<<<<<<<<<<<<<<<<<<<<

Finanzierung

Die Wahl des Gastlandes entscheidet auch darüber, wie teuer ein Auslandssemester wird. Wen es Richtung Osten zieht – etwa nach Polen – , kann mit 300 bis 400 Euro monatlichen Kosten rechnen. Unter spanischer Sonne studiert es sich schon teurer. Mit mindestens 700 Euro schlägt ein Aufenthalt in diesem Teil Südeuropas zu Buche. Für Metropolen wie Barcelona, Madrid oder auch Warschau muss meistens ein kräftiger Aufschlag einkalkuliert werden.

Bafög und Bildungskredit >>>>>>>>>>>>>>>>>>>>

Nähere Auskünfte zur finanziellen Unterstützung geben die Webseiten **bafoeg.bmbf.de** und **bildungskredit.de**.

<<<<<<<<<<<<<<<<<<<<<<<<<<<<<<<<<<<<

Eine Möglichkeit, das eigene Budget zu entlasten, ist das Auslandsbafög, das unabhängig vom Inlandsbafög gewährt wird. Die höheren Fördersätze im Ausland können deswegen dazu führen, dass Studenten, die in Deutschland ihr Studium selbst finanzieren müssen, für ihren Auslandsaufenthalt staatliche Unterstützung erhalten. Die Unterstützung wird als Zuschuss gewährt, muss also nicht zurückgezahlt werden. Das Auslandsbafög muss sechs Monate vorher beantragt werden. Außerdem kann man beim Bundesverwaltungsamt in Köln einen Antrag auf einen Bildungskredit für Auslandsaufenthalte stellen.

>> Promotion

Die Entscheidung für oder gegen den Doktortitel hängt davon ab, in welche Richtung die Karriere gehen soll. Verschiedene Wege führen zum Doktor-Ingenieur. Mit einem Abschluss an einer Technischen Universität ist man grundsätzlich zur Promotion an einem Fachbereich oder einer Fachabteilung im ingenieurwissenschaftlichen Bereich berechtigt.

Auch für Master-Absolventen von Fachhochschulen ist die Promotion theoretisch möglich, praktisch aber mit vielen Hindernissen belegt. Tendenziell werden immer mehr Fachhochschulabsolventen nach der Eignungsfeststellung und zum Teil sehr umfangreichen Auflagen mit entsprechenden Prüfungen zur Promotion zugelassen, stellte die Hochschulrektorenkonferenz (HRK) in ihrer Veröffentlichung „Ungewöhnliche Wege zur Promotion?" aus dem Jahr 2006 fest. Promovierte Ingenieure haben sehr gute Karrierechancen und sind eine gefragte Nachwuchselite. Laut einer Studie des Verbands Deutscher Maschinen- und Anlagenbau (VDMA) verfügen über 43 Prozent der befragten Unternehmen über Arbeitsplätze, die sie vorwiegend mit Doktor-Ingenieuren besetzen.

Die Promotion ist als erste berufliche Phase zu verstehen, denn Doktoranden sind meist an Forschungsinstituten der Technischen Universitäten angestellt: 57 Prozent ihrer Arbeitszeit sind Doktoranden laut VDMA-Erhebung in Forschungsprojekten eingebunden. 19 Prozent bringen sie für Lehre und 17 Prozent für organisatorische und administrative Tätigkeiten auf. Ingenieure bauen während ihrer Promotion also umfassende berufsorientierte Kompetenzen aus. Aber man muss nicht an der Universität bleiben, wenn man an einer Dissertation arbeitet. Auch eine Doktorarbeit im Unternehmen ist denkbar.

Wege zum „Doktor-Ingenieur" >>>>>>>>>>>>>

- Promotion im Rahmen einer ganztägigen Anstellung als wissenschaftlicher Mitarbeiter an einer Technischen Universität
- Promotion in Verbindung mit einer Halbtagsstelle an einer Technischen Universität bzw. einem Stipendium
- Promotion als Angestellter in einem Industrieunternehmen
- nicht eingebundene Promotion.

<<<<<<<<<<<<<<<<<<<<<<<<<<<<<<<<<<<<<<<<

Tätigkeit als wissenschaftlicher Mitarbeiter

Die Mehrzahl der Ingenieurs-Doktoranden verknüpft die Doktorarbeit mit einer Stelle als wissenschaftlicher Mitarbeiter eines Hochschulinstituts. Die Bezahlung richtet sich meistens nach dem Angestelltentarif für den öffentlichen Dienst (TVöD 13).

Die Einstellung erfolgt entweder für eine Planstelle der Hochschuleinrichtung als wissenschaftlicher Angestellter mit einer Vergütung aus Forschungsmitteln oder als wissenschaftlicher Mitarbeiter in einem privatrechtlichen Arbeitsverhältnis bei einem Hochschullehrer. Die Verträge sind häufig für die Dauer der Forschungsvorhaben befristet.

Im Team forschen >>>>>>>>>>>>>>>>>>>>>>>>>

Die Deutsche Forschungsgemeinschaft (DFG) organisiert sogenannte Graduiertenkollegs, um die Rahmenbedingungen von Promotionen zu verbessern. Geforscht wird im Team, das aus bis zu 30 interdisziplinären Graduierten besteht und von zehn bis 15 Hochschullehrern betreut wird. Alle Graduierten untersuchen ein bestimmtes Oberthema. Ergänzend zum individuellen Dissertationsablauf werden Lehrveranstaltungen, Praktika und Kolloquien angeboten. Die Teilnehmer werden von den Professoren so intensiv betreut, dass die meisten ihren Doktor bereits nach drei Jahren machen können. Möchte man nach der Doktorarbeit in der Industrie arbeiten, kann es von Vorteil sein, wenn das Thema der Arbeit einen Bezug zur angestrebten Tätigkeit aufweist und so bereits bestimmte Einsatzmöglichkeiten eröffnet.

<<<<<<<<<<<<<<<<<<<<<<<<<<<<<<<<<<<<<<<<

Halbtagsstelle als wissenschaftlicher Mitarbeiter

Eine andere Möglichkeit ist, die Doktorarbeit in Verbindung mit einer Halbtagsstelle an einer Technischen Hochschule oder Universität, einem Stipendium oder parallel zu einem Aufbaustudium vorzubereiten. Auch hier ist für die spätere Bewerbung Praxiserfahrung in der Promotionsphase sehr wichtig.

Dissertation im Unternehmen

Auch als Angestellter in Forschungs- und Entwicklungslabors von Unternehmen kann man unter bestimmten Bedingungen eine Dissertation schreiben: Die Forschungsergebnisse dürfen nicht der Geheimhaltung unterliegen und der Arbeitgeber muss sein Einverständnis geben. Wer seine Promotion zielstrebig verfolgt, hat seinen Doktortitel in den meisten Fällen innerhalb von fünf bis acht Jahren nach Beginn der Beschäftigung in der Tasche. Schneller geht es mit Unterstützung durch spezielle Industrieprogramme, die im Prinzip nichts anderes sind als Stipendiatenprogramme, aber besser bezahlt werden.

Nicht eingebundene Promotion

Einige Ingenieure verfolgen ihr Dissertationsprojekt ohne gleichzeitig an einer Hochschule oder in der Industrie beschäftigt zu sein. Dabei sind einige Aspekte zu bedenken:

- Während der gesamten Promotionsphase sollte es eine wissenschaftliche Betreuung geben.
- Die räumliche und technische Infrastruktur muss vorhanden sein. Sie ist für die Behandlung vieler Themen unerlässlich.
- Der notwendige fachliche und soziale Austausch mit anderen Doktoranden sollte gewährleistet sein.
- Eine Promotion ist teuer – die meist nötige Erwerbstätigkeit erfordert ebenfalls Zeit und Energie. Deshalb wird die Promotion nicht unbedingt schneller abgeschlossen als in anderen Modellen.

Austauschmöglichkeiten im Netz >>>>>>>>>>>

Das Doktoranden-Netzwerk Thesis unter **thesis.de** bietet eine Kommunikationsplattform für Promovierende und weitere Infos rund um den Doktor-Ingenieur. Auch unter **doktorandenforum.de** und **promovierenden-initiative.de** haben sich Stipendiaten verschiedener Graduiertenförderer zusammengetan, um sich über die Promotion und die späteren Berufschancen auszutauschen. Unter **kisswin.de** finden junge Forscher Informationen und Fördermöglichkeiten für eine wissenschaftliche Karriere.

<<<<<<<<<<<<<<<<<<<<<<<<<<<<<<<<<<<<<<<<<

>> Das MBA-Studium

Der Master of Business Administration (MBA) ist mehr als ein schicker Zusatz für den Lebenslauf. Der MBA garantiert zwar keinen deutlichen Anstieg des Gehalts, freie Auswahl bei Jobangeboten oder den ungebremsten Aufstieg auf der Karriereleiter. Er vermittelt aber die nötigen Voraussetzungen für Management- und Führungsaufgaben, weit reichendes Fachwissen, interkulturelle Kompetenz und die Fähigkeit, unterschiedliche Probleme zu lösen. Hauptsächlich lohnt sich ein MBA für Personen mit einem ersten Hochschulabschluss, die sich auf das General Management vorbereiten wollen.

Der richtige Zeitpunkt

Neben der klassischen Wissensvermittlung leben die MBA-Programme vom Erfahrungsaustausch der Teilnehmer. Daher ist es sinnvoll, ein MBA-Studium erst nach einigen Jahren Berufserfahrung aufzunehmen. Bei Programmen, deren Teilnehmer eine breitere Altersspanne abdecken, besteht die Chance auf einen wertvollen gegenseitigen Austausch zwischen erfahrenen und jüngeren Teilnehmern.

Laut der aktuellen Studie Staufenbiel MBA-Trends 2010/11 reicht die Altersskala der Teilnehmer bei den 80 befragten weltweit besten Business Schools von 20 bis hin zu 64 Jahren.

Im Durchschnitt sind die MBA-Studenten in den USA und in Europa 33 Jahre alt. Finanziell lohnt sich ein MBA-Studium besonders nach drei bis fünf Jahren Berufserfahrung:

• Das Gehalt, auf das man im Falle eines Vollzeitprogramms verzichtet, ist noch nicht so hoch wie in späteren Jahren.
• Die Berufstätigkeit dauert noch lange genug an, um die Kosten des Studiums aufzufangen.
• Das Alter der MBA-Absolventen ist für Arbeitgeber dann besonders interessant.

Neue Karrierechancen

Ein MBA-Abschluss eröffnet zwei Möglichkeiten: Als „Career Enhancer" qualifiziert der MBA für die Übernahme weit reichender Management-Funktionen, als „Career Changer" stellt er die Weichen für den Wechsel in eine andere Branche oder einen neuen Funktionsbereich. Ingenieure mit Berufserfahrung verbessern mit einem MBA oftmals ihre bisherige Position im Unternehmen. Die richtige Alternative ist dann ein Teilzeit- oder Fernstudien-Programm mit Unterstützung des Arbeitgebers oder – sofern es existiert – ein Firmen- oder Konsortialprogramm. Für Ingenieure mit konkreten neuen beruflichen Zielen ist ein kurzes Vollzeitprogramm an einer Business School, die über gute Kontakte zu den angestrebten Wirtschaftssektoren verfügt, ein guter Weg.

Sind die eigenen Ziele noch weniger konkret, bietet sich ein längeres Programm an einer Business School mit Kontakten zu möglichst unterschiedlichen Branchen an. Dann ist während des Studiums noch Zeit genug, sich im Rahmen der Wahlpflichtfächer über seine Präferenzen und Ziele klar zu werden.

Nutzen des MBA-Studiums

Wer den MBA-Abschluss unmittelbar nach einem Hochschulstudium erwirbt, hat beim Berufseinstieg oft die besseren Karten. Für Ingenieure und Naturwissenschaftler ist der MBA eine interessante Alternative zum betriebswirtschaftlichen Aufbaustudium oder zur Promotion – vorausgesetzt, das Berufsziel ist eher auf managementorientierte Tätigkeiten als auf den naturwissenschaftlich-technischen Bereich ausgerichtet. Ein im Ausland erworbener MBA beweist zudem ausgezeichnete Sprachkenntnisse.

Absolventen von Fachhochschulen qualifizieren sich mit dem MBA formal höher. Auch Interessenten ohne akademische Vorbildung oder Studienabbrecher, die im Laufe ihrer beruflichen Entwicklung feststellen, dass ihnen die theoretischen Grundlagen fehlen, profitieren von den MBA-Studienangeboten. Obwohl meist ein abgeschlossenes Hochschulstudium verlangt wird, ist die Zulassung bei entsprechender Berufserfahrung oftmals Verhandlungssache. Ein Versuch lohnt sich.

Checkliste >>>>>>>>>>>>>>>>>>>>>>>>>>>>>>>

1. Warum möchte ich ein MBA-Studium absolvieren?
2. Ist ein MBA-Studium tatsächlich der beste Weg zu meinem beruflichen Ziel?
3. Welches Karriere-Konzept liegt vor? (Berufliche Umorientierung? Internationale Karriere? Erwerb fachspezifischer Kenntnisse?)
4. Wann und in welcher Form möchte ich das MBA-Studium absolvieren?
5. In welchem Land möchte ich den MBA-Titel erwerben?
6. Welche Schule und welches Programm passen zu mir?
7. Bringe ich ausreichend Engagement, Selbstdisziplin und Ausdauer mit?
8. Bin ich bereit, eine Beeinträchtigung des Privatlebens in Kauf zu nehmen?
9. Sind auch Partner, Familie und Freunde bereit, dies zu akzeptieren?
10. Ist die Finanzierung sichergestellt?

<<<<<<<<<<<<<<<<<<<<<<<<<<<<<<<<<<<<<<

Die Qual der Wahl

Wer ein MBA-Studium im Visier hat, sollte sich im Vorfeld gründlich selbst analysieren und sich darüber klar werden, weshalb er den zusätzlichen Abschluss anstrebt. Bei der Entscheidung, ob ein MBA-Programm in der gegenwärtigen

Job- und Lebenssituation sinnvoll ist, sind folgende Fragen hilfreich:

Wer zu dem Schluss kommt, dass ein MBA-Studium der richtige Weg ist, muss sich durch einen wahren MBA-Dschungel kämpfen. Experten schätzen, dass weltweit über 3 000 Management-Programme angeboten werden, rund die Hälfte davon von europäischen Schulen. Auch in Deutschland boomt das MBA-Angebot: Laut der aktuellen Studie Staufenbiel MBATrends 2010/11 gibt es hier inzwischen rund 230 Programme. Im Gegensatz zu klassischen Angeboten, die ihren Schwerpunkt in der General-Management-Ausbildung haben, finden sich bei den Programmen in Deutschland verschiedene thematische Schwerpunkte wie etwa Finanzmanagement, Healthcare Management oder Entrepreneurship.

Welche Schule die richtige ist, ist also gar nicht so leicht zu sagen. Viel hängt vom eigenen Charakter ab – etwa davon, ob man besser in kleinen Kursen lernt oder sich auch in großen Runden wohlfühlt, oder vom persönlichen Umfeld.

Bewerbung

An den meisten Business Schools gliedert sich das Bewerbungsverfahren in zwei Phasen: die schriftliche Bewerbung und das Interview. Insgesamt ist der Aufwand für das Auswahlverfahren mit seinen Tests, Referenzen, Essays, Interviews und vielen Detailfragen in den Bewerbungsformularen nicht zu unterschätzen. Bewerben sollte man sich so früh wie möglich. Auch wenn die Frist für die oft im Herbst startenden Programme meist mit April oder Mai angegeben wird, ist es besser, die Bewerbung möglichst schon vor dem Jahreswechsel einzureichen. Viele Schulen verfolgen ein rollierendes Zulassungssystem und -verfahren nach dem Motto „first come, first served". Oft sind deswegen schon vor der offiziellen Deadline alle Plätze vergeben. Spätere Bewerber müssen dann auf Absagen bereits zugelassener Studenten hof-

fen. Hinzu kommt, dass für internationale Bewerber und für Bewerber um ein Stipendium vielfach frühere Termine gelten.

Weiterführende Infos >>>>>>>>>>>>>>>>>>>>>

Detaillierte Tipps und Informationen zum MBA-Studium gibt es im Internet unter **mba-master.de** und im Handbuch Staufenbiel *Das MBA-Studium* 2010.

<<<<<<<<<<<<<<<<<<<<<<<<<<<<<<<<<<<<<<

Finanzierung

Der MBA ist eine Investition in die eigene Zukunft. Die Studiengebühren (Tuition) und die Kosten für die Unterbringung sind die größten Posten auf dem MBA-Finanzplan. Auch das Unterrichtsmaterial schlägt zu Buche. Hinzu kommen persönliche Ausgaben wie Lebenshaltungskosten und Kosten für eventuelle Heimfahrten. Die meisten Programme an europäischen Business Schools kosten zwischen 25 000 und 50 000 Euro. Es gibt aber auch günstigere. Bei den US-Programmen ist die genaue Summe schwer zu beziffern, da viele Schulen keine Angaben zur gesamten Programmgebühr machen, sondern nur die jährlichen Kosten angeben.

In Deutschland müssen angehende MBA-Studenten bei den günstigeren Programmen mit Kosten von einigen Tausend Euro rechnen – durchaus üblich sind zwischen 10 000 und 30 000 Euro. Aus der Höhe der Gebühren lassen sich allerdings nicht automatisch Aussagen über die Qualität der Ausbildung ableiten.

>> Weiterführendes Studium

Mit einem Aufbau-, Zusatz- oder Ergänzungsstudium erreichen Ingenieure oft mehr als mit dem klassischen Zweitstudium. Wer sich dafür entscheidet, muss mit zwei bis vier zusätzlichen Semestern rechnen. Oft wird ein Hochschulstudium vorausgesetzt. Modelle und Inhalte der Fortbildungsangebote variieren ebenso wie Kosten und Abschlüsse. Außer Vollzeitstudiengängen gibt es immer mehr Teilzeitprogramme und berufsbegleitende Formen, die als Abendstudium, am Wochenende oder als Fernstudium mit Präsenzblöcken absolviert werden. Weiterführende Studiengänge für Ingenieure sind zum Beispiel:

• Wirtschaftswissenschaften
• Informatik
• Energiemanagement
• Technologiemanagement.

Fernstudium

Ein Fernstudium ist vor allem dann interessant, wenn man zeitlich und räumlich unabhängig bleiben möchte. Allerdings sind ein hohes Maß an Lernmotivation, Eigeninitiative und ganz besonders Durchhaltevermögen nötig. Da nicht alle Fernunterricht-Programme genug Praxisbezug bieten, sollte man parallel berufliche Erfahrungen als Teilzeitarbeiter oder freier Mitarbeiter sammeln.

Über das umfangreiche Angebot an Fernlehrgängen informiert unter anderem der Fachverband für Fernlernen und Lernmedien. Auch das Bundesinstitut für Berufsbildung (bibb.de) und die Staatliche Zentralstelle für Fernunterricht (zfu.de) bieten Infos über Fernlehrgänge.

Natürlich kann man sich auch direkt an die Fernlehrinstitute wenden – etwa an die AKAD (akad.de), die als staatlich anerkannte Hochschule für Berufstätige ein Aufbaustudium zum Diplom-Wirtschaftsingenieur im Programm hat. Interessant sind auch die wirtschaftswissenschaftlichen Zusatzstudiengänge an der Fern-Universität Hagen (fernuni-hagen.de).

E-Learning

Beim klassischen E-Learning wird der Lernprozess durch digitale Medien unterstützt. Eine erweiterte Form ist das Blended Learning: eine Kombination aus E-Learning und Präsensphasen. Zu den Vorteilen von E-Learning zählen: Lernort, -zeit und -geschwindigkeit werden frei gewählt, Fahrtzeiten entfallen und die optimale Zusammensetzung von Lehrpersonal und Studentenschaft scheitert nicht an geografischen Hindernissen.

Aber es gibt auch Nachteile: Ebenso wie der gewöhnliche Fernunterricht stellt das Lernen über digitale Medien hohe Ansprüche an Selbstdisziplin, Eigenverantwortung und das Durchhaltevermögen der Studenten.

TU/Universität und FH

Absolventen einer FH haben in der Industrie ähnlich gute Einstiegschancen wie Absolventen von Technischen Universitäten oder Universitäten. Aber auch wenn das praxisnahe Studium in der Industrie geschätzt wird, reicht der FH-Abschluss häufig für eine Promotion oder Karriere im öffentlichen Dienst nicht aus. Ein Ergänzungsstudium an einer Technischen Hochschule oder Universität ist dann sinnvoll. Beim Ergänzungsstudium werden meist einzelne Fachhochschulleistungen anerkannt. Die Übernahme erfolgt häufig durch Fach-zu-Fach-Anerkennungen, bei denen die Gleichwertigkeit durch Hochschullehrer geprüft wird.

>> Firmeninterne Weiterbildung

Die Angebotspalette der firmeninternen Weiterbildung reicht von klassischen Seminaren bis zum Blended Learning. Die Formel heißt: Weiterbildung gleich Wettbewerbserfolg. Qualifizierte Mitarbeiter sind in der konkurrenzstarken Wirtschaft ein relevanter Wissensvorsprung und stärken die Unternehmensposition im Wettbewerb. Laut einer Studie des Instituts der deutschen Wirtschaft Köln (IW Köln) setzen knapp sieben von zehn der befragten Unternehmen auf die positiven Effekte von Fort- und Weiterbildungsmaßnahmen.

Personalentwicklungsangebote für Ingenieure >>>>>>>>>>>>>>>>>>>>>>>>>>>

Fachtraining
Persönlichkeitstraining
Sprachkurse
Produktschulungen
DV-Schulungen
Auslandseinsatz
Individuelles Coaching
Förderkreise
Job Rotation
Ausbildung zum Fachanwalt

0   10   20   30   40   50   60   70   80   90   100 %
Mehrfachnennungen möglich

staufenbiel JobTrends Deutschland 2010

Zielgenaue Angebote

Ein Großteil der Weiterbildungsmaßnahmen findet während der Arbeitszeit oder auf betriebliche Anordnung statt. Als geeignetes Instrument gilt unter anderem die firmeninterne Weiterbildung. Sie ergänzt fachübergreifend und effizient das Wissen aus dem Ingenieurstudium. Der Vorteil firmeninterner Weiterbildung ist die Zielgenauigkeit der Angebote. Sie richten sich an den Erfordernissen und Herausforderungen des Unternehmens und der Arbeitsprozesse aus.

Schulungsarten

Es gibt unterschiedliche Schulungsarten: Inhouse-Schulungen etwa fokussieren ein bestimmtes Unternehmen. Es handelt sich dabei um Programme, die die Anforderungen eines einzigen Unternehmens im Lehrplan umsetzen. Das Programmangebot des Corporate Trainings dagegen bietet Schulungen für mehrere Unternehmen eines bestimmten Sektors an. Diese Lehrformen werden zumeist von externen Branchenkennern geleitet.

Bei der betrieblichen Weiterbildung dominieren arbeitsplatznahe und selbst gesteuerte Lernformen. Zu den praxisnahen Formen gehören Training on the Job – sowohl am eigenen als auch am fremden Arbeitsplatz – und Job Rotation, bei der die Teilnehmer auch andere Arbeitsplätze innerhalb des Unternehmens kennenlernen.

>> Technische Weiterbildung

Die wachsende Zahl der Weiterbildungseinrichtungen zeigt, dass Unternehmen sich immer stärker für die Weiterbildung ihrer Beschäftigten engagieren. Dieses Engagement wird umgekehrt aber auch von den Mitarbeitern erwartet. So ist jeder einzelne Arbeitnehmer zunehmend selbst dafür verantwortlich, immer auf dem aktuellen Stand zu bleiben.

VDI Wissensforum, Düsseldorf

Das VDI Wissensforum ist der Weiterbildungsspezialist des Vereins Deutscher Ingenieure (VDI) und bietet jährlich mehr als 1 000 Veranstaltungen an. Zu den Fachthemen zählen unter anderem:
• Fahrzeugtechnik
• Verfahrenstechnik
• Umwelttechnik
• Energietechnik
• Konstruktion und Entwicklung
• Bautechnik

- Vertrieb und Service
- Kunststofftechnik
- Werkstoffwissenschaften
- International Business.

Unter die Rubrik Führungsthemen fallen unter anderem Seminare zu folgenden Themen:
- Unternehmensführung und Betriebswirtschaft
- Projektmanagement
- Recht und Verträge
- Persönlichkeit und Kommunikation
- Führungswissen.

Die technologieorientierten Seminare entstehen häufig in enger Zusammenarbeit mit Experten aus den VDI-Fachausschüssen. Die Veranstaltungen werden unter anderem in Düsseldorf, Frankfurt, München und Stuttgart durchgeführt.

Technische Akademie Wuppertal

Die Technische Akademie Wuppertal (TAW) bietet mit 2 500 Veranstaltungen im Jahr ein vielfältiges Weiterbildungsangebot. Die TAW ist ein Außeninstitut der RWTH Aachen, gleichzeitig aber auch das Kontaktstudien-Institut der Universität Wuppertal und eine Weiterbildungseinrichtung der Universität Düsseldorf. Die angebotenen berufsbegleitenden Weiterbildungs- und Qualifizierungsmöglichkeiten lassen sich in folgende Bereiche einordnen:
- Management-Training
- Betriebswirtschaft
- Recht
- Technik
- Integrierte Managementsysteme.

Technische Fachrichtungen sind Maschinenbau, Elektrotechnik/Elektronik, Bau- und Verkehrswesen, Energietechnik, Verfahrenstechnik, Sicherheitstechnik, interdisziplinäre Techniken und Umweltschutz. Zu den technischen Funktionen zählen Konstruktion, Fertigung oder Qualitätsmanagement.

Technische Akademie Esslingen

Die Technische Akademie Esslingen (TAE) bietet berufsbegleitende Weiterbildung im technischen und nichttechnischen Bereich der Wirtschaft. Seit Bestehen der TAE haben sich über 750 000 Teilnehmer in folgenden Bereichen fortbilden lassen:
- Maschinenbau, Fahrzeugtechnik und Tribologie
- Mechatronik und Automatisierungstechnik
- Elektrotechnik und Elektronik
- Informationstechnologie
- Medizintechnik
- Bauwesen
- Betriebswirtschaft und Arbeitskompetenz
- Management und Führung.

Mehr als 2 000 freie Referenten und Berater aus Hochschulen, Instituten, Industrie und Wirtschaft führen pro Jahr über 1 000 Lehrgänge durch, entwickeln Weiterbildungskonzepte und beraten Unternehmen zum Thema Mitarbeiterqualifizierung.

TÜV Rheinland Akademien

Die TÜV Rheinland Akademie bietet unter anderem Weiterbildungsseminare für fachbezogene und Querschnittsthemen. Das Themenspektrum reicht von Arbeitsschutz, Automotive, Brandschutz und Bau über Datenschutz, Einkauf, Energie und Gefahrgut sowie Gesundheitswesen, Logistik, Management und Qualität bis zu Technik, Umweltschutz und Verkehrssicherheit. Insgesamt bietet die Akademie mit mehr als 2 500 Fachreferenten über 12 000 Angebote zur Weiterbildung. Die jährlich über 5 000 Veranstaltungen werden von rund 65 000 Teilnehmern besucht. Die Akademien der TÜV Rheinland Group gehören zu den großen Bildungsinstituten in Deutschland: Neben vielen Kursen für Jobsuchende bereiten sie Aufsteiger auf die Kammerprüfung oder den TÜV-Abschluss und auf die Praxis als Führungskraft vor.

Haus der Technik, Essen

Das Haus der Technik (HDT) leistet seit über 80 Jahren einen wichtigen Beitrag zum Technologietransfer von der Wissenschaft in die Praxis. Die mehr als 15 000 Veranstaltungen pro Jahr werden von rund 5 000 Referenten geleitet. Das Haus der Technik richtet sich besonders an Fach- und Führungskräfte der klassischen Ingenieurwissenschaften. Zu den Arbeitsgebieten zählen:

• Umweltschutz
• Recht
• Energietechnik
• Management
• Produktion
• Medizin
• Kommunikationstechnik
• Maschinenbau
• Elektrotechnik/Elektronik
• Chemie
• Verfahrenstechnik
• Qualitätsmanagement.

Außerdem bietet das Haus der Technik unter anderem die beiden berufsbegleitenden Master-Programme Energiewirtschaft und Logistik an.

DEKRA-Akademie

Die DEKRA-Akademie zählt zu den größten Anbietern auf dem Aus- und Weiterbildungsmarkt. Das Programm wird auf Basis von Stellenmarktanalysen gestaltet und ständig aktualisiert. Das Angebot reicht von eintägigen Seminaren bis zur mehrjährigen Umschulung, von der individuellen Qualifizierung bis zum unternehmensspezifischen Aus- und Weiterbildungskonzept, das jährlich rund 120 000 Teilnehmer nutzen. An über 100 Standorten in Deutschland werden Qualifizierungsprogramme der Akademie angeboten. Dazu zählen die Themen Technik und Logistik, kaufmännische Seminare und Informationstechnologie. Das Aus- und Weiterbildungsangebot der Akademie kann berufsbegleitend oder als Qualifizierung für Arbeit suchende Fach- und Führungskräfte genutzt werden.

REFA – Bundesverband e.V.

REFA wird als gemeinnütziger Verband von 12 000 Mitgliedern aller Branchen genutzt. Die REFA-Lehre vermitteln rund 1 500 Dozenten in 85 Städten Deutschlands und weltweit in 20 Ländern.

REFA bietet berufliche Weiterbildung für die Bereiche Produktion sowie öffentliche Verwaltung an mit einem breit gefächerten Seminarprogramm auf den Gebieten Arbeitsgestaltung, Betriebsorganisation und Unternehmensentwicklung. Zum Programm gehören:

• REFA-Grund- und -Fachausbildung
• REFA-Prozessorganisator
• REFA-Techniker
• REFA-Ingenieur für Industrial Engineering
• REFA-Organisationsentwickler
• REFA-Betriebswirt Fachrichtung Controlling.

Praxisorientiert sind auch die Kompaktseminare. Sie decken den gesamten Bereich der Betriebsorganisation und Unternehmensentwicklung ab.

Weiterbildungsangebote der Arbeitsagenturen

Auch wenn die Aussichten für Ingenieure auf dem Arbeitsmarkt sehr gut aussehen, sollte man nicht versäumen, sein Wissen auf dem neuesten Stand zu halten. Hierbei können die Teams akademischer Berufe der Agenturen für Arbeit helfen.

Inhaltlich orientieren sich die Kurse meist an aktuellen Anforderungen des Arbeitsmarkts. So liegen die Schwerpunkte – abgestimmt auf die individuellen Zielvorstellungen – vorwiegend in den Bereichen:

• Marketing/Vertrieb/Projektmanagement
• Qualitätssicherung
• Neue Medien/IT-Berufe (insbesondere Software-Entwicklung oder Netzwerktechnik)
• Projektmanagement
• Sprachtraining.

Expertentipps

Auswahl eines weiterführenden Studiums

Technik und Wissen veralten in immer kürzerer Zeit. Gerade bei Ingenieuren sinkt deshalb die Halbwertszeit des Wissens rapide. Durch ein berufsbegleitendes Studium können Sie dem entgegenwirken und sich zugleich einen persönlichen Wettbewerbsvorteil sichern. Doch wo kann man dieses Wissen am besten finden, fragen sich viele Jungakademiker und Mitarbeiter, die ihre Karrieremöglichkeiten verbessern wollen. Patentrezepte, wann welcher Weiterbildungsschritt für den nächsten Karrieresprung sinnvoll ist, gibt es nicht.

Dennoch gibt es Kriterien, die bei der Prüfung des Angebots zu beachten sind: Die Qualität eines guten Studienangebots erkennt man daran, dass die neuesten Erkenntnisse aus Wissenschaft und Forschung in die Lehrinhalte einfließen. Zudem sind die Rahmenbedingungen des Studiums vorab zu prüfen: Wird ein hoher Anteil – idealerweise onlinegestützter – Selbstlernphasen angeboten? Ist während dieser Phasen ein hochwertiger Support garantiert? Das abschließende wesentliche Orientierungsmerkmal ist die Akkreditierung des Studiengangs durch eine zugelassene Agentur. Sie liefert zuverlässige Informationen zu seiner Qualität.

Dr. Roman Götter ist Geschäftsführer der Fraunhofer Academy. Er studierte angewandte Experimentalphysik und promovierte im Bereich Biophysik an der Technischen Universität München.

Job oder Master?

Junge Ingenieur-Absolventen, die eine Karriere in der Wissenschaft oder als Führungskraft anstreben und klare Vorstellungen von ihrem nächsten Studium haben, sollten ein Master-Studium direkt im Anschluss an das Erststudium absolvieren. Die Gesamtstudienzeit bis zum Master ist dann minimal. Wenn die Schaffung eines eigenen Einkommens vorrangig ist oder der Bachelor-Abschluss erst im fortgeschrittenen Alter erworben wird, sollte man keine Zeit mehr verstreichen lassen und in den Beruf einsteigen. Dann ist es sinnvoll, nach einigen Jahren im Job ein berufsbegleitendes Master-Studium zu absolvieren. Bis dahin hat man eine erste berufliche Orientierung und kann besser beurteilen, ob ein wissenschaftlich ausgerichtetes Master-Studium oder ein MBA-Studium besser passt. Dabei empfehlen sich MBA-Studiengänge mit klarer Management- und Karriereorientierung oft insbesondere für Ingenieure mit Bachelor- oder Diplom-Abschluss oder sogar mit Promotion, da sie inhaltlich einen deutlichen Kontrapunkt zur ersten Ausbildung setzen. Berufsbegleitendes Studieren erhält den Job und das Einkommen und wird wegen des beträchtlichen Zusatzaufwands als Nachweis hoher Belastbarkeit und Flexibilität gesehen.

Prof. Dr. Heinrich Schleich ist Studiengangsleiter MBA Manufacturing Management der Leuphana Universität Lüneburg. Er studierte Maschinenbau/Produktionstechnik an der RWTH Aachen.

MBA – Managementwissen für Ingenieure

Ingenieure sind schon lange keine reinen Tüftler mehr. Aber wenn sie in Managementpositionen wechseln, fehlen ihnen häufig die nötigen Managementkompetenzen. Für (Nachwuchs-)Führungskräfte mit technischer Ausbildung, die ihrer Karriere einen zusätzlichen Schub verleihen möchten, bietet sich deshalb ein generalistisch angelegtes MBA-Studium an. Bei der Auswahl eines geeigneten Programms sollten Ingenieure auf die Akkreditierung des Anbieters, die Heterogenität der MBA-Klasse, die Internationalität der Dozenten sowie die Networking-Möglichkeiten mit Studenten und Alumni der Hochschule achten. Wer seinen Job nicht aufgeben möchte, für den empfiehlt sich ein berufsbegleitendes Studium. Die Dozenten vermitteln aktuelle Managementmethoden und Führungsfähigkeiten. Die Diskussionen und Teamarbeiten werden nicht nur durch die unterschiedlichen Fachrichtungen der Programmteilnehmer – etwa Ingenieur- oder Kulturwissenschaften, Medizin oder Jura – belebt, sondern auch durch ihre mindestens dreijährige Berufserfahrung. Achten sollten die Interessenten auf die Vermittlung von Soft Skills und die internationale Komponente des MBA-Programms.

Prof. Dr. Torsten Wulf ist akademischer Leiter der MBA-Programme an der Handelshochschule Leipzig (HHL). Parallel ist er Inhaber des Lehrstuhls für Strategisches Management und Organisation an der HHL.

ESCP Europe
Wirtschaftshochschule Berlin

HOCHSCHULE IN FAKTEN UND ZAHLEN

PARIS LONDON BERLIN MADRID TORINO

ESCP Europe: Karrieresprungbrett ins Internationale Management

Die ESCP Europe (ehemals ESCP-EAP) ist die älteste Handelshochschule in Europa und wurde 1819 in Paris gegründet. Sie hat heute rund 4.000 Studierende aus über 90 Nationen an fünf europäischen Standorten: Berlin, London, Madrid, Paris und Turin. Die akademische Ausbildung der Studierenden erfolgt in transnationalen Studiengängen und vermittelt wirtschaftliche und praxisnahe Fachkenntnisse. Von verschiedenen Master-Studiengängen über Promotions- und MBA-Programme bis zur Corporate Education bietet die ESCP Europe ein breites Spektrum an Aus- und Weiterbildungsmöglichkeiten für internationale Studenten und Führungskräfte. Die ESCP Europe in Berlin ist als wissenschaftliche Hochschule staatlich anerkannt und arbeitet seit 1973 in Deutschland. Bundesweit ist sie die erste Hochschule, die von allen drei wichtigen internationalen Akkreditierungsagenturen – AACSB, AMBA und EFMD (EQUIS) – anerkannt worden ist und damit die so genannte „Triple Crown" erhalten hat.

1. Master in European Business (MEB):

- 1- bis 1,5-jähriges Aufbaustudium in Internationalem Management in 2 Ländern (MEB und MSc)

- für Absolventen nicht-wirtschaftswissenschaftlicher Studiengänge, spezialisierte Wirtschaftswissenschaftler

- Voraussetzungen: Hochschulstudium, Sprachkenntnisse, Auswahlverfahren

2. Master in Management (MIM)

- 2-jähriger konsekutiver Master in Management in 3 Ländern mit 3 staatlich anerkannten Abschlüssen

- für Absolventen der Wirtschaftswissenschaften (BWL, VWL, etc.)

- Voraussetzungen: Wirtschaftswissenschaftlicher Bachelorabschluss (mind. 180 ECTS), Sprachkenntnisse, Auswahlverfahren

3. European Executive MBA (EEMBA)

- 1,5-jähriges berufsbegleitendes MBA-Programm im General Management an allen 5 Hochschulstandorten

- für Professionals und Führungskräfte

- Voraussetzungen: Mind. 5 Jahre Berufserfahrung, abgeschlossenes Hochschulstudium, TOEFL-Test (mind. 100 Punkte)

4. General Management Programme (GMP)

- 3 Intensivseminare in Berlin und ein optionales Wochenendmodul in Osteuropa, berufsbegleitend, anschließend Möglichkeit zur Teilnahme am EEMBA-Programm

- für Professionals und Nachwuchsführungskräfte

- Voraussetzungen: Etwa 5 Jahre Berufserfahrung, abgeschlossenes Hochschulstudium, TOEFL-Test (mind. 100 Punkte)

5. Promotionsstudium in Internationaler Betriebswirtschaftslehre

WICHTIG ZU WISSEN

Studiengang und Studienform:
1. MEB: Vollzeit
2. MIM: Vollzeit
3. EEMBA: Teilzeit
4. GMP: Teilzeit

Zulassungsvorrausetzungen:
Siehe Fließtext und
www. escpeurope.de/programme

Bewerbungsfrist:
www.escpeurope.de/programme

Studienbeginn:
www.escpeurope.de/programme

Studiendauer:
1. MEB: 12-18 Monate
2. MIM: 24 Monate
3. EEMBA: 18 Monate
4. GMP: 10 Monate

Studiengebühren:
1. MEB: € 17.500 (2010/2011)
2. MIM: € 22.600 (2010-2012)
3. EEMBA: € 42.000 (2010/2011)
4. GMP: € 16.500 (2011)
5. CeMBA: € 5.100 (Berlin-Modul)

Akkreditierung:
AACSB, EFMD (EQUIS), AMBA
(Triple Crown)

Unterrichtssprache:
Deutsch, English, Französisch, Italienisch, Spanisch

KONTAKT

Holger Büth
ESCP Europe
Wirtschaftshochschule Berlin
Heubnerweg 6
14059 Berlin
Telefon: 030/3 20 07-145
Telefax: 030/3 20 07-198
E-Mail: holger.bueth@escpeurope.de

http://www.escpeurope.de

ESCP Europe: Karrieresprungbrett ins Internationale Management

Fraunhofer Academy

HOCHSCHULE IN FAKTEN UND ZAHLEN

SIE SIND GUT. WERDEN SIE HERVORRAGEND!

Die Fraunhofer Academy

Durch die enge Zusammenarbeit mit Industrie und Wirtschaft kennt Fraunhofer die aktuellen technischen und gesellschaftlichen Herausforderungen und setzt Forschungsergebnisse schnell und zielgerichtet in nutzbare Innovationen um.

Dieses aktuelle Wissen aus der Praxis schlägt sich im Weiterbildungsangebot der Fraunhofer Academy, dem renommierten Fachanbieter für berufsbegleitende Weiterbildung der Fraunhofer-Gesellschaft, nieder. Fach- und Führungskräfte profitieren in Studiengängen, Zertifikatskursen und Seminarreihen von einem einzigartigen Wissenstransfer aus der Fraunhofer-Forschung in die Unternehmen. In alle Lehrinhalte fließen neueste Erkenntnisse aus Wissenschaft und Forschung unmittelbar mit ein.

In dem umfassenden Weiterbildungsangebot der Fraunhofer Academy spiegelt sich die thematische Breite der forschenden Fraunhofer-Institute wieder: von Energietechnik über IT-Lösungen bis hin zu Produktions- und Managementthemen fördert die Fraunhofer Academy innovatives Denken über Branchengrenzen hinweg.

Unser Weiterbildungsangebot

Das Angebot der Fraunhofer Academy gliedert sich in folgende Segmente: berufsbegleitende Studiengänge, Zertifikatsprogramme und Seminarreihen.

Die berufsbegleitenden Studiengänge

1. Master Online Photovoltaics
2. Master Online Bauphysik
3. Master Software Engineering for Embedded Systems
4. Executive MBA für Technologiemanager
5. Master Environmental Sciences
6. Master Zerstörungsfreie Prüfung

Voraussetzungen

Bei allen Studiengängen wird ein abgeschlossenes Hochschulstudium sowie Berufserfahrung, teilweise Führungserfahrung, vorausgesetzt.

Studiendauer

Regelstudienzeit bei den Studiengängen beträgt vier Semester. Ausnahmen: Master Online Photovoltaics: 5 bis 8 Semester, Executive MBA für Technologiemanager: 22 Monate.

Unterrichtssprache

Master Online Photovoltaics und Master Software Engineering for Embedded Systems werden in englischer Sprache durchgeführt, alle anderen in Deutsch, ggf. einige Module in Englisch.

Studienform

Der Executive MBA für Technologiemanager wird als Präsenzstudium durchgeführt, alle anderen Studiengänge sind Fernstudiengänge mit kurzen Präsenzphasen.

Bewerbungsfrist und Studienbeginn

Bewerbungen sind bis Sommer 2011 möglich, Studienbeginn in der Regel zum WS 2011/2012. Ausnahme Master Environmental Sciences: Bewerbung und Beginn jederzeit möglich.

HFH · Hamburger Fern-Hochschule

HOCHSCHULE IN FAKTEN UND ZAHLEN

Die HFH · Hamburger Fern-Hochschule wurde 1997 vom Senat der Freien und Hansestadt Hamburg staatlich anerkannt. Die HFH bietet praxisnahe Studiengänge in den Fachbereichen Technik, Wirtschaft sowie Gesundheit und Pflege an. Mit aktuell 9.000 Studierenden ist sie eine der größten privaten Fernhochschulen Deutschlands. Das berufsbegleitende Fernstudienkonzept verbindet individuelles Lernen am eigenen Schreibtisch mit dem Angebot regelmäßiger Präsenzlehrveranstaltungen in über 40 regionalen Studienzentren in Deutschland und Österreich. Studienbeginn ist jeweils am 1. Januar und am 1. Juli. (Anmeldeschluss 15.05./15.11.). Eine Zulassung zu den Diplom- und Bachelor-Studiengangen ist gemäß dem Hamburgischen Hochschulgesetz auch für Berufstätige ohne Abitur möglich.

Im Fachbereich Technik bietet die HFH u.a. die Studiengänge Wirtschaftsingenieurwesen und Facility Management an. Ingenieure und Wirtschaftswissenschaftler mit einem ersten Studienabschluss können sich zudem gezielt zum Wirtschaftsingenieur (B.Eng.) weiterbilden.

Facility Management (B.Eng.)

Das Studium bereitet auf ein vielseitiges Einsatzgebiet rund um Gebäude und Liegenschaften vor, das technische wie betriebswirtschaftliche Kenntnisse fordert. Im Fokus steht der gesamte Lebenszyklus der Bauten von der Planung und Realisierung über die Inbetriebnahme hin zum Gebäudemanagement in der Betriebs- und Nutzungsphase.

Wirtschaftsingenieurwesen (B.Eng.)

An der Schnittstelle zwischen Wirtschaft und Technik agiert der Wirtschaftsingenieur als kompetenter Partner von spezialisierten Ingenieuren und kaufmännischen Spezialisten im Unternehmen. Die ingenieurstechnische Ausrichtung des Studiengangs ist der Maschinenbau.

WICHTIG ZU WISSEN

Studiengang und Studienform:
Wirtschaftsingenieurwesen,
Facility Management (Fernstudium)

Zulassungsvorrausetzungen:
(Fach-)Hochschulreife;
besonderer Hochschulzugang für
Berufstätige ohne (Fach-)Abitur

Studiendauer:
jeweils 8 Semester (Teilzeit)

Abschluss:
Bachelor of Engineering (B.Eng.)

KONTAKT

HFH · Hamburger Fern-Hochschule
Studienberatung: 040/35094 360
info@hamburger-fh.de

www.hamburger-fh.de

Hochschule Reutlingen

Hochschule Reutlingen
Reutlingen University

HOCHSCHULE IN FAKTEN UND ZAHLEN

Die Hochschule Reutlingen entwickelte sich in ihrer 155-jährigen Geschichte zu einer national wie international renommierten Hochschule. Sie präsentiert sich heute auf ihrem modernen Campus mit einem praxisnahen Studienangebot in den Bereichen Angewandte Chemie, Internationale BWL, Produktionsmanagement/ Wirtschaftsingenieurwesen, Wirtschaftsinformatik, Medien- und Kommunikationsinformatik, Maschinenbau, Mechatronik, Leistungs- und Mikroelektronik, Internationales Projektingenieurwesen, Textiltechnologie-Textilmanagement und Design.

Die internationale Ausrichtung der Hochschule zeigt sich in der hohen Zahl ausländischer Studierender (rund 25 Prozent) sowie in der ausgeprägten Mobilität Reutlinger Studierender für Auslandsaufenthalte. Mit über 120 internationalen Hochschulkooperationen weltweit ermöglicht die Hochschule ihren Studierenden großartige Möglichkeiten, bereits im Studium international Erfahrungen zu sammeln.

Die Hochschule Reutlingen bereitet ihre rund 4.300 Studierenden konsequent auf den internationalen Wettbewerb vor. Alle Studiengänge, die sowohl national als auch international absolviert werden können, werden in der Bachelor-/Masterstruktur angeboten. Im technischen und interdisziplinären Bereich wurden in den Masterstudiengängen zusätzliche Optionen geschaffen, Doppelabschlussprogramme mit einer internationalen Partneruniversität zu absolvieren.

Abschlüsse:

Bachelor, Master, Doppelabschlüsse im Bachelor- und Masterbereich

Studienangebot:

Im technisch/naturwissenschaftlichen Bereich 12 Studiengänge: jeweils Bachelor und Master: Angewandte Chemie, Maschinenbau, Mechatronik, Medien- und Kommunikationsinformatik, Textiltechnologie-Textilmanagement und Wirtschaftsinformatik. Nur Bachelor: Internationales Projektingenieurwesen; nur Master: Leistungs- und Mikroelektronik.

Für Nicht-Wirtschaftler geeignet: akkreditierter MBA-Studiengang Internationales Marketing (ESB) in Full-Time und Part-Time.

Die Studiengänge der Fakultät ESB Business School in international ausgerichteter BWL sowie die Design-Studiengänge sind hier nicht mit aufgenommen. Das komplette Studienangebot entnehmen Sie bitte der Hochschul-Homepage www.reutlingen-university.de.

Anzahl der Studierenden pro Semester:

Je nach Fachrichtung 15-45 Studierende pro Semester

Voraussetzungen:

Bachelor: Fachhochschulreife oder Abitur

Master: erfolgreich absolviertes Erststudium in der gleichen oder einer verwandten Fachrichtung. MBA-Studiengang Internationales Marketing: Erststudium, mindestens 2 Jahre Berufserfahrung, Auswahlverfahren

KIT

Karlsruher Institut für Technologie

HOCHSCHULE IN FAKTEN UND ZAHLEN

Das Karlsruher Institut für Technologie

Einzigartig in der deutschen Forschungslandschaft

Das Karlsruher Institut für Technologie – kurz KIT – ist der Zusammenschluss des Forschungszentrums Karlsruhe mit der Universität Karlsruhe (TH). Durch diesen Zusammenschluss entstand am 1. Oktober 2009 eine der größten Wissenschaftsinstitutionen in Europa. Im KIT haben sich zwei gleichstarke Partner zusammengeschlossen: Universität und Forschungszentrum steuerten je die Hälfte der rund 8000 Mitarbeiter und des Jahresbudgets von 650 Millionen Euro bei. KIT ist eine Institution mit zwei Missionen – der Mission einer Landesuniversität mit Forschung und Lehre und der Mission einer Forschungseinrichtung der Helmholtz-Gemeinschaft mit programmatischer Vorsorgeforschung – und drei Aufgaben: Forschung, Lehre und Innovation.

Lehre und Studienangebot

Lehre und Förderung des wissenschaftlichen Nachwuchses wird am KIT großgeschrieben: Über 19.500 Studierende erhalten an den elf Fakultäten und mehr als 120 Instituten eine praxis- und zukunftsorientierte Ausbildung. Spitzen-Positionen in vielen Hochschulrankings belegen die exzellente wissenschaftliche Ausbildung.

Auf neue Entwicklungen und Bedürfnisse in Forschung, Industrie und Gesellschaft reagiert das KIT mit neuen, innovativen Studiengängen. Die größten Fakultäten sind Informatik, Maschinenbau und Wirtschaftsingenieurwesen. Insgesamt können Studierende aus rund 38 Bachelor- und Lehramtsstudiengängen sowie aus 40 Master-Studiengängen auswählen. Darunter sind auch englischsprachige Studiengänge.

Die Förderung des wissenschaftlichen Nachwuchses im KIT beginnt bereits im Studium, denn in forschungsorientierten Lehrmodulen werden die Studierenden frühzeitig an (Groß-)Forschungsprojekte herangeführt.

Die 11 Fakultäten am KIT:

- Architektur
- Bauingenieur-, Geo- und Umweltwissenschaften
- Chemie und Biowissenschaften
- Chemieingenieurwesen und Verfahrenstechnik
- Elektrotechnik und Informationstechnik
- Geistes- und Sozialwissenschaften
- Informatik
- Maschinenbau
- Mathematik
- Physik
- Wirtschaftswissenschaften

WICHTIG ZU WISSEN

Art der Hochschule:
Universität (TH)

Standort/e:
Karlsruhe

Gründungsjahr:
1825 Polytechnische Hochschule,
2009 Karlsruher Institut für Technologie (KIT): Zusammenschluss des Forschungszentrums Karlsruhe und der Universität Karlsruhe (TH)

Anzahl der Studierenden:
19.500

Partnerhochschulen:
550 Austauschprogramme in
52 Ländern
17 Alumniclubs weltweit

Zertifizierungen:
Exzellenzinitiative des Bundes und der Länder;
Nationales Forschungszentrum in der Helmholtz-Gemeinschaft;
audit familiengerechte hochschule

KONTAKT

Karlsruher Institut für Technologie (KIT)
Kaiserstraße 12
76131 Karlsruhe

www.kit.edu

KIT-CareerService
Diana Knoch
Telefon: 0721 608-5665
E-Mail: info@careerservice.kit.edu

www.careerservice.kit.edu

KIT-Alumni
Claudia Reichert
Telefon: 0721 608-6999
E-Mail: info@alumni.kit.edu

www.alumni.kit.edu

RWTH Aachen

HOCHSCHULE IN FAKTEN UND ZAHLEN

Karriere beginnt bei uns!

Die RWTH Aachen gehört mit 260 Instituten in neun Fakultäten zu den führenden europäischen Wissenschafts- und Forschungseinrichtungen. Derzeit sind rund 33.000 Studierende in 114 Studiengängen eingeschrieben, davon über 5.000 internationale Studierende.

Fachspezifisch und interdisziplinär

Den Schwerpunkt bei der Ausbildung bilden in der RWTH Aachen traditionell die Ingenieur- und Naturwissenschaften. Sie werden ergänzt durch die Gesellschaftswissenschaften, die oft einen Bezug zu den Ingenieurwissenschaften haben sowie der medizinischen Fakultät mit dem Modellstudiengang. Bei einerseits starker fachlicher Differenzierung und Spezialisierung arbeiten die Kompetenzzentren der RWTH Aachen intensiv in interdisziplinären Verbünden und Foren zusammen. Die wissenschaftliche Ausbildung an der RWTH Aachen hat einen hohen Anwendungsbezug.

Im Rahmen der Exzellenzinitiative war die RWTH Aachen in allen drei Wettbewerbsbereichen erfolgreich. Diese Förderung bietet der Hochschule die Gelegenheit, ihr wissenschaftliches Profil weiter zu schärfen und auf ihre Kernkompetenzen auszurichten.

RWTH international

Die RWTH agiert in nationalen und internationalen Hochschul-Netzwerken und ist maßgeblich am Aufbau von Hochschulen oder Fakultäten im Ausland beteiligt. Beispiele dafür sind die Thai-German Graduate School of Engineering (TGGS) in Bangkok oder die German University of Technology im Oman (GUtech). Diese Kooperationen und Netzwerke ermöglichen internationale Studienprogramme und Austauschprojekte für Studierende und Dozenten.

Career Center und Mentoring

Beim Übergang in das Berufsleben unterstützt das Career Center der RWTH Aachen die zukünftigen Absolventen mit einem breit gefächerten Programm. Die Veranstaltungen sind sehr nutzerorientiert und bereiten gezielt auf die Bewerbungs- und Einstiegsphase ins Berufsleben vor. Die verschiedenen Mentoring-Programme fördern interessierte SchülerInnen, Studierende und WissenschaftlerInnen. Das prämierte Konzept „Studierende im Fokus der Exzellenz" sieht zudem zahlreiche Maßnahmen zur Verbesserung der Lehre vor.

Ambiente

Als westlichste Großstadt Deutschlands grenzt Aachen direkt an Belgien und die Niederlande an. Die Städte Maastricht und Lüttich sowie die Eifel und die Ardennen sind schnell erreichbar. Das Leben in der alten Kaiserstadt wird geprägt von den vielen Studierenden und den damit einhergehenden Angeboten und Veranstaltungen.

WICHTIG ZU WISSEN

Art der Hochschule:
staatliche Universität (mit technischem Schwerpunkt)

Standort/e:
Aachen

Gründungsjahr:
1870

Anzahl der Studierenden:
32.942 (WS 09/10)

Partnerhochschulen:
weltweite Vernetzung (u.a. Bejing, Boston, Cairo, Oman)

KONTAKT

RWTH Aachen
Pressestelle
Templergraben 55
52056 Aachen
Tel.: +49 (0)241 80 94322
E-Mail:
pressestelle@zhv.rwth-aachen.de

Career Center der RWTH Aachen
Tel.: +49 (0)241 80 99 0 99
E-Mail: career@rwth-aachen.de

Alumni-Team der RWTH Aachen
Tel.: +49 (0)241 80 94768
E-Mail: alumni@rwth-aachen.de

www.rwth-aachen.de

Technische Universität Berlin

HOCHSCHULE IN FAKTEN UND ZAHLEN

TU Berlin – Wir haben die Ideen für die Zukunft

Wer an der TU Berlin studiert, wird nicht nur für die von Technik und Fortschritt geprägte Welt bestens ausgebildet, sondern auch darauf vorbereitet, gesellschaftlich und wirtschaftlich relevante Probleme zu erkennen, zu analysieren und zu lösen. Das breite Spektrum an Studienmöglichkeiten reicht von technologisch orientierten Studiengängen wie Mathematik, Natur-, Ingenieur-, Informations- und Kommunikationswissenschaften über wirtschaftswissenschaftliche Studiengänge wie z.B. Wirtschaftsingenieurwesen bis hin zu Studienangeboten in den Planungswissenschaften (Architektur, Stadt- und Regionalplanung etc.). Darüber hinaus gibt es auch verschiedene geistes- und sozialwissenschaftliche Studienrichtungen. Die verschiedenen Disziplinen arbeiten fächerübergreifend zusammen, um Lösungen in den folgenden acht Forschungsfeldern zu finden: Energie, Gestaltung von Lebensräumen, Gesundheit und Ernährung, Information und Kommunikation, Mobilität und Verkehr, Wasser, Wissensmanagement und zivile Sicherheit.

Lehre und Forschung sind heute geprägt von einer engen Zusammenarbeit der Universität mit außeruniversitären Forschungseinrichtungen und der Wirtschaft. Namhafte Unternehmen engagieren sich an der TU Berlin, darunter die Deutsche Telekom AG mit den Telekom Laboratories auf dem TU-Campus und die Siemens AG mit dem Center for Knowledge Interchange.

Zahlreiche Unternehmensgründungen durch Wissenschaftlerinnen und Wissenschaftler sowie Absolventinnen und Absolventen sind aus der Universität hervorgegangen. Von diesen Verbindungen profitieren auch die Studierenden, u.a. durch den verstärkten Praxisbezug der Lehre sowie die Vermittlung von Studien- oder Abschlussarbeiten und von Praktika.

Derzeit sind rund 28.000 Studierende in mehr als 90 Studiengängen eingeschrieben. Damit zählt die TU Berlin zu den größten technischen Hochschulen in Deutschland.

Die TU Berlin unterhält wissenschaftliche Kooperationen mit mehr als 100 Hochschulen weltweit. Rund 1000 Studierende nutzen jährlich die Austauschprogramme mit über 300 Partneruniversitäten in Europa und Übersee. Die Internationalität der TU Berlin spiegelt sich auch bei den Studierenden wider: Derzeit sind rund 6.000 internationale Studentinnen und Studenten an der TU Berlin.

Den Kontakt zu halten, ein Netzwerk anzubieten und Praxiswissen an die Universität zurückzuholen, sind Anliegen des nationalen und des internationalen Alumniprogramms der TU Berlin. Die aufeinander abgestimmten Programme mit mehr als 20.000 Mitgliedern richten sich sowohl an Absolventinnen und Absolventen der TU Berlin als auch an alle anderen ehemaligen Angehörigen der Universität.

WICHTIG ZU WISSEN

Art der Hochschule:
Universität

Standort/e:
Berlin

Gründungsjahr:
Neugründung im Jahr 1946, Vorgängereinrichtung Technische Hochschule Berlin

Anzahl der Studierenden:
27.619 im SS 2010

Partnerhochschulen:
Die TU Berlin ist mit über 100 renommierten Partneruniversitäten in 36 Ländern durch offizielle Kooperationsverträge verbunden. Auf nationaler Ebene ist sie Mitglied des „TU9 - Consortium of German Institutes of Technology" (siehe www.tu9.de)

Zertifizierungen:
60 akkreditierte Studiengänge

KONTAKT

Stefanie Terp,
Pressesprecherin TU Berlin,
Tel. : 030/314-23922/-22919,
E-Mail: pressestelle@tu-berlin.de

www.tu-berlin.de

Nationales Alumniprogramm
der TU Berlin
Tel.: 030/314-27650/-78827/-23922
E-Mail: alumni@pressestelle.tu-berlin.de

www.alumni.tu-berlin.de

Internationale Alumni der TU Berlin
Tel.: 030/314-21620
E-Mail:
internationale.alumni@abz.tu-berlin.de

www.alumni.tu-berlin.de

Blick auf das Hauptgebäude der TU Berlin
©TU Berlin/Dahl

Technische Universität Dresden

TECHNISCHE UNIVERSITÄT DRESDEN

HOCHSCHULE IN FAKTEN UND ZAHLEN

TU Dresden – Vielfalt verpflichtet

Mit mehr als 35.000 Studierenden ist die TU Dresden die größte Universität Sachsens. Traditionell vor allem durch die Natur- und Ingenieurwissenschaften geprägt, entwickelte sie sich nach 1990 durch die Gründung neuer Fakultäten auf den Gebieten der Geistes- und Sozialwissenschaften sowie der Medizin zu einer Volluniversität. Heute bietet die TU Dresden ihren Studierenden mit 160 Studiengängen in 14 Fakultäten ein breites wissenschaftliches Spektrum. Aufgrund der ungewöhnlichen Vielfalt ihrer Fachgebiete fühlt sich die TU Dresden verpflichtet, die Interdisziplinarität der Wissenschaften zu fördern und zur Integration der Wissenschaften in die Gesellschaft beizutragen.

Wissen schafft Brücken

Lehre und Forschung sind an der TU Dresden interdisziplinär und international vernetzt, praxisorientiert und wirtschaftsnah, fachlich kompetent und interkulturell ausgerichtet. Die Universität kooperiert weltweit eng sowohl mit anderen Wissenschaftseinrichtungen – darunter Fraunhofer Gesellschaft, Max-Planck-Gesellschaft, Leibniz-Gemeinschaft – als auch mit Unternehmen. Führende Wirtschaftsunternehmen haben die praxisnahe Lehre und Forschung unter anderem mit bisher elf Stiftungsprofessuren honoriert. Diesem Selbstverständnis entsprechend, werden Studierende und Diplomanden schon frühzeitig in aktuelle Forschungsaufgaben einbezogen. So entstehen Synergien zwischen Mensch und Technologie, zwischen Gesellschaft, Wissenschaft und Wirtschaft.

Erfolg in den Exzellenzinitiativen

Als einzige ostdeutsche Hochschule bekam die TU Dresden in der ersten Runde der Exzellenzinitiative des Bundes sowohl eine Graduiertenschule (Dresden International Graduate School for Biomedicine and Bioengineering) als auch ein Exzellenzcluster (From Cells to Tissues to Therapies) genehmigt. In der aktuellen Runde der Exzellenzinitiative des Bundes (2010/12) möchte die TU Dresden mit dem neu gegründeten DRESDEN-concept, einem Zusammenschluss der TUD mit 14 Partnern aus Wissenschaft und Kultur, in allen drei Förderlinien punkten.

Abschlüsse

Diplom, Bachelor, Master, Staatsprüfung

Studienangebot

160 grundständige und weiterführende Studiengänge. Zudem bietet die TU Dresden im Rahmen des Dresdner Modells im grundständigen und weiterbildenden Studium ein universitäres technisches Fernstudium in den Diplom-Studiengängen Bauingenieurwesen, Maschinenbau und Verfahrenstechnik an.

WICHTIG ZU WISSEN

Art der Hochschule:
Staatliche Volluniversität

Standort:
Dresden

Gründungsjahr:
1828

Anzahl der Studierenden:
35.952 (WS 09/10)

Partnerhochschulen:
ca. 150 Hochschulverträge

KONTAKT

Technische Universität Dresden
01062 Dresden
http://tu-dresden.de

Career Service:
Tel: 0351 463-42401
E-Mail: katharina.maier@tu-dresden.de
http://tu-dresden.de/careerservice

Absolventenreferat:
Tel: 0351 463-36278
E-Mail: susann.mayer@tu-dresden.de
http://tu-dresden.de/absolventen

Technische Universität München

Technische Universität München

HOCHSCHULE IN FAKTEN UND ZAHLEN

Willkommen an der TUM

Mit ihren 13 Fakultäten bildet die TUM in über 140 Studiengängen mehr als 24.300 Studierende aus. Fast 20 % der Studierenden und mehr als 15 % der Mitarbeiter/innen sind aus dem Ausland und schaffen damit eine internationale weltoffene Kultur an der TU München. Die Schwerpunktfelder sind die Ingenieur- und Naturwissenschaften, Medizin und Lebenswissenschaften sowie die Wirtschaftswissenschaften und Lehrerbildung.

Diese Fächerkombination ist in Europa einzigartig und gestattet, komplexe Forschungsthemen interdisziplinär anzugehen.

Der Erfolg der Marke TUM hat viele Komponenten: Kompetenz im Spezialfach, Sprechfähigkeit zu den Nachbardisziplinen, Teamgeist über Fächer- und Fakultätsgrenzen hinaus, Allianzen mit der beruflichen Praxis, mit Professoren, Studierenden und Absolventen aus aller Welt.

Studieren an einer Elite-Universität

Als eine der ersten drei Universitäten wird die TUM im Rahmen der Exzellenzinitiative des Bundes und der Länder gefördert und als Elite-Universität ausgezeichnet.

Seit der Begründung als "Polytechnische Schule" im Jahr 1868 hat die TUM den Weg Bayerns zum Hochtechnologie-Standort maßgeblich geprägt. Aufbauend auf der Gründungsidee *„der industriellen Welt den zündenden Funken der Wissenschaft zu bringen"* zählt die TUM heute zu den besten Universitäten Europas.

„TUM - die unternehmerische Universität"

Das ist heute das Motto der TUM, mit dem sie sich dem internationalen Wettbewerb um Wissen und Innovation stellt. Als unternehmerische Universität setzt sie auf die vielfältigen menschlichen Begabungen, die sie entdeckt, fördert und zu Teams mit neuen Stärken zusammenführt. Das führt zu Spitzenleistungen und schafft Corporate Identity.

Das Ziel der Wissenschaftlichkeit, Investieren, Neues riskieren, zukunftsfähige Strategien entwickeln, im Kontext von Spitzenforschung ein Maximum an individueller Freiheit mit einer funktionierenden, wissenschaftsfreundlichen Administration zu verbinden - das macht den unternehmerischen Geist der TUM aus.

Abschlüsse

Bachelor, Master, Diplom (auslaufend), Staatsexamen, Executive MBA, Ph.D., Honours Degree, Double Degree

Studienangebot

Mehr als 140 Studiengänge an 13 Fakultäten über drei Hauptstandorte verteilt.

München: Architektur, Bauingenieur- und Vermessungswesen, Wirtschaftswissenschaften, Elektro- und Informationstechnik, Medizin, Sportwissenschaften, TUM School of Education

Garching: Mathematik, Physik, Chemie, Maschinenwesen, Informatik

Freising-Weihenstephan: Wissenschaftszentrum Weihenstephan für Ernährung, Landnutzung und Umwelt

WICHTIG ZU WISSEN

Art der Hochschule:
Staatliche Universität (mit technischem Schwerpunkt)

Standort/e:
München, Garching, Freising-Weihenstephan

Gründungsjahr:
1868

Anzahl der Studierenden:
24.394 (WS 09/10)

Partnerhochschulen:
Über 150 Partneruniversitäten weltweit

KONTAKT

Technische Universität München
Arcisstr. 21
80333 München

www.tum.de

Studenten-Service-Zentrum
Tel: +49.89.289.22737
E-Mail: studienberatung@tum.de
www.tum.de/studium/ssz

Career Service:
Tel: +49.89.289.22132
E-Mail: career@tum.de
www.tum.de/career

Alumni Service:
Tel: +49.89.289.22564
E-Mail: alumni@tum.de
www.tum.de/alumni

Universität Stuttgart

HOCHSCHULE IN FAKTEN UND ZAHLEN

High-Tech und Geisteswissenschaften

Die Universität Stuttgart liegt im Zentrum einer der größten High-Tech-Regionen Europas. Gegründet 1829, hat sich die frühere Technische Hochschule zu einer weltweit nachgefragten Ausbildungs- und Forschungsstätte mit Schwerpunkten in den Natur- und Ingenieurwissenschaften entwickelt. Ihre herausragende Stellung spiegelt sich unter anderem in dem Exzellenzcluster „Simulation Technology" und der Graduiertenschule „Advanced Manufacturing Engineering" sowie in zahlreichen Sonderforschungsbereichen, Schwerpunktprojekten und Graduiertenkollegs wider. Zu ihren Stärken zählt die Vernetzung zwischen technischen und naturwissenschaftlichen Fachrichtungen und den Geistes- und Sozialwissenschaften. Die rund 150 Institute gliedern sich in 10 Fakultäten:

1. Architektur und Stadtplanung
2. Bau- und Umweltingenieurwissenschaften
3. Chemie
4. Energie-, Verfahrens- und Biotechnik
5. Informatik, Elektrotechnik und Informationstechnik
6. Luft- und Raumfahrttechnik und Geodäsie
7. Konstruktions-, Produktions- und Fahrzeugtechnik
8. Mathematik und Physik
9. Philosophisch-Historische Fakultät
10. Wirtschafts- und Sozialwissenschaften.

Das Angebot umfasst über 80 grundständige und weiterführende Studiengänge, darunter mehrere auslandsorientierte, englischsprachige Masterstudiengänge und mehrere Online-Master. Als Campus-Universität mit zwei verkehrsgünstig verbundenen Standorten bietet Stuttgart beste Studien- und Arbeitsbedingungen. Und auch als Kulturregion hat die baden-württembergische Landeshauptstadt mit ihrer Staatsoper, weltbekannten Museen sowie einer lebendigen Kultur- und Kneipenszene viel zu bieten.

Abschlüsse:

Bachelor, Master, Staatsexamen (Lebensmittelchemie, Lehramt an Gymnasien)

Studienangebot:

Rund 55 grundständige Studiengänge und derzeit 28 Masterstudiengänge.

Voraussetzungen:

Allgemeine/Fachgebundene Hochschulreife, Auswahlverfahren/Aufnahmeprüfung (für die meisten Studiengänge)

WICHTIG ZU WISSEN

Art der Hochschule:
Staatliche Hochschule

Standort/e:
Stuttgart

Gründungsjahr:
1829 (als Vereinigte Real- und Gewerbeschule)

Anzahl der Studierenden:
rund 19.000

Partnerhochschulen:
Im Rahmen ihrer Austauschprogramme (inkl. ERASMUS) bietet die Universität Stuttgart zur Zeit 532 Austauschmöglichkeiten an 340 Partnerhochschulen in 45 Ländern weltweit.

Zertifizierungen:
einzelne Institute

KONTAKT

Universität Stuttgart
Keplerstr. 7
70174 Stuttgart
Tel: 0711/685-0
www.uni-stuttgart.de
www.uni-stuttgart.de/alumni

Arbeitgeber
im Profil

Das Angebot
Lernen Sie Ihren
Wunscharbeitgeber kennen.

Alles Wichtige auf einen Blick
Zahlen und Fakten

Kontaktdaten für Ihre Bewerbung
Bewerben Sie sich und beziehen Sie sich auf
Staufenbiel *Ingenieure* in Ihren Bewerbungen!

Die Übersicht – Wer passt am besten zu mir?
Die Jobfinder-Tabelle auf den Seiten 190 bis 193 bietet Ihnen
alle Arbeitgeber aus dieser Ausgabe im Schnellvergleich.

PROFILE

Weitere Karriere-Infos, Profile und Jobangebote auch unter

staufenbiel.de

Brose Gruppe

DAS UNTERNEHMEN IN FAKTEN UND ZAHLEN

Brose: Wachsen mit innovativen Produkten

Millionen Autofahrer auf der ganzen Welt nutzen Technik von Brose, wenn sie die Fahrzeugtür oder das Fenster öffnen, den Sitz einstellen, ihre Spiegel- und Lenkradposition speichern oder die elektrische Parkbremse betätigen. Brose ist Entwicklungspartner, Produzent und Lieferant für die internationale Automobilindustrie.

Über 40 Hersteller und Zulieferer sind Kunden des Unternehmens. An weltweit 47 Standorten in 21 Ländern sind rund 16.000 Mitarbeiter tätig. Diese haben im Geschäftsjahr 2009 einen Umsatz von 2,6 Milliarden Euro erwirtschaftet. Das Unternehmen unterhält fünf Entwicklungs- und Vertriebsgesellschaften, um die internationalen Aktivitäten insbesondere in Asien weiter zu verstärken. Dieses globale Produktions-, Entwicklungs- und Vertriebsnetz schafft die notwendige Kundennähe und verstärkt den internationalen Markenauftritt.

Mit Innovationsfähigkeit, modernster Fertigungstechnologie und Logistik, vor allem mit strategischen Investitionen und Vorleistungen, bei stabilen Eigentumsverhältnissen bietet Brose den Autoherstellern eine langfristige Partnerschaft.

Der Automobilzulieferer nutzt das jahrzehntelange Know-how in Mechanik, Elektrik und Elektronik, um – zugeschnitten auf die Bedürfnisse der Kunden – die richtigen Lösungen zu finden. Im Fokus steht die Entwicklung neuer Produkte, die zur Verringerung des Kraftstoffverbrauchs und damit zur CO_2-Reduzierung beitragen. Gleichzeitig erfüllt das Unternehmen mit seinen Komponenten und Systemen den Anspruch, die Bedienung des Automobils noch komfortabler und sicherer zu machen. Ziel ist es, die Entwicklungs- und Qualitätsführerschaft von Brose weiter auszubauen.

Individuelle Einarbeitungs- und Fortbildungsmaßnahmen sowie spezielle Trainings- oder Trainee-Programme für Berufseinsteiger und Fachleute ermöglichen den schnellen und reibungslosen Start bei Brose. Unabhängig vom jeweiligen Einstiegsbereich haben Mitarbeiter die Chance, sich als Spezialist oder Führungskraft beruflich weiter zu entwickeln. Dies wird durch eine Vielzahl verschiedener Personalentwicklungs-Maßnahmen unterstützt, die in der Brose Akademie gebündelt sind.

Darüber hinaus eröffnet die Brose Arbeitswelt große Gestaltungsfreiräume und bietet den Beschäftigten ein Umfeld, in dem sie verantwortungsvoll handeln können und international vernetzt arbeiten. Weltweit sind über 4.500 Mitarbeiterinnen und Mitarbeiter in Entwicklung und Verwaltung in einer Arbeitsumgebung tätig, die kunden- und leistungsorientiertes Arbeiten fördert, die Attraktivität von Brose als Arbeitgeber erhöht und den Beschäftigten ein hohes Maß an Flexibilität hinsichtlich der Arbeitszeit bietet.

WIR SUCHEN UND BIETEN

Branche: Automotive

Geschäftsfelder/Arbeitsgebiete: Mechatronische Systeme und Elektromotoren

Umsatz/Bilanzsumme: 2009: 2,6 Mrd €

Bedarf Ingenieure: Hochschulabsolventen, Young Professionals, Praktikanten: siehe www.karriere-bei-brose.com

Fachrichtungen: v.a. Ingenieurswissenschaften, Wirtschaftswissenschaften und Informatik

Einsatzgebiete: weltweit

Einstiegsmöglichkeiten: Trainee, FIT-Programm oder Direkteinstieg

Startgehalt: branchenüblich

Mitarbeiter in Deutschland: mehr als 7.300

Mitarbeiter weltweit: rund 16.000

Standorte Deutschland: Sitz der Geschäftsbereiche in Würzburg, Wuppertal, Hallstadt bei Bamberg sowie Coburg

Standorte weltweit: 47

BEWERBUNGEN

Brose Gruppe
Personal
Ketschendorfer Straße 38-50
96450 Coburg

www.karriere-bei-brose.com

Form der Bewerbung: über unser Online-Portal unter www.karriere-bei-brose.com bevorzugt

Weitere Informationen auf den Seiten 190/191

Carl Zeiss

We make it visible.

DAS UNTERNEHMEN IN FAKTEN UND ZAHLEN

Optik für Wissenschaft und Technik, Fortschritt für den Menschen

Die Carl Zeiss AG ist eine weltweit führende Unternehmensgruppe der optischen und optoelektronischen Industrie. Die fünf eigenverantwortlich geführten Unternehmensbereiche sind in den Zukunftsmärkten „Medical and Research Solutions", „Industrial Solutions" und „Lifestyle Products" aktiv. Sitz des 1846 in Jena (Thüringen) gegründeten Unternehmens ist Oberkochen (Baden-Württemberg). Das Unternehmen setzt seit über 160 Jahren technologische Maßstäbe in der optischen Innovation.

Carl Zeiss entwickelt und vertreibt unter dem Markennamen ZEISS Produkte und Dienstleistungen für die biomedizinische Forschung, Medizintechnik, die Halbleiter- sowie die Automobil- und Maschinenbauindustrie. Planetarien, Ferngläser sowie Film- und Fotoobjektive werden von Millionen Menschen in aller Welt geschätzt. Das Augenoptik-Geschäft ist im Beteiligungsunternehmen Carl Zeiss Vision International GmbH gebündelt, dem weltweit zweitgrößten Brillenglasanbieter.

Die Carl Zeiss AG ist zu 100 Prozent im Besitz der Carl-Zeiss-Stiftung. Im Geschäftsjahr 2008/09 (Bilanzstichtag: 30. September) erwirtschaftete die Unternehmensgruppe einen Umsatz von 2.101 Millionen Euro. Carl Zeiss beschäftigt in mehr als 30 Ländern knapp 13.000 Mitarbeiter, davon rund 8.000 in Deutschland.

Mit Carl Zeiss erfolgreich ins Berufsleben

Der Erfolg des Unternehmens beruht auf der Leistungsfähigkeit und Qualifikation der Mitarbeiter. Deshalb ist es das Bestreben von Carl Zeiss, Rahmenbedingungen zu schaffen, die die bestmögliche Förderung und größtmögliche Zufriedenheit am Arbeitsplatz ermöglichen.

Wer seinen Berufsweg auf fachlicher Ebene sieht, dem bietet die Fachlaufbahn bei Carl Zeiss für Mitarbeiter in Forschung und Entwicklung attraktive und individuelle Entwicklungs-, Verdienst- und Aufstiegsmöglichkeiten. Herausragendes Wissen und bewiesene Fachexpertise

eröffnen somit eine glänzende berufliche Perspektive. Leistungsträger, die die Fachlaufbahn einschlagen, arbeiten als Partner auf gleicher Augenhöhe mit dem Management und Topmanagement.

Um Nachwuchsführungskräfte auf ihre ersten Führungsaufgaben vorzubereiten und eine hohe Qualität der Mitarbeiterführung auf internationaler Basis sicherzustellen, wurde das Junior Leadership Program (JLP) entwickelt. Es bietet die Möglichkeit, weltweit Kontakte zu anderen Potenzialträgern und Führungskräften der Carl Zeiss Gruppe aufzubauen.

Da Carl Zeiss weltweit agiert, steigt die Bedeutung von internationalen Entsendungen. Diese fördern das interkulturelle Verständnis; gleichzeitig wird der aktive Wissensaustausch im Unternehmen intensiviert. Um die Chancen und Herausforderungen der zunehmenden Internationalisierung des Geschäftslebens zu nutzen, forciert das Unternehmen mit dem „Global Mobility"-Programm internationale Entsendungen.

Das Carl Zeiss TOP Trainee-Programm ermöglicht Hochschulabsolventen, sich fach- und abteilungsübergreifend für eine anspruchsvolle Fachfunktion mit Schnittstellencharakter zu qualifizieren.

Weitere Informationen auf den Seiten 17 und 190/191

Cargill

DAS UNTERNEHMEN IN FAKTEN UND ZAHLEN

Cargill ist ein weltweiter Anbieter von Produkten und Dienstleistungen in den Bereichen Nahrungsmittel, Landwirtschaft, Finanzen und der technischen Industrie.

Das 1865 gegründete Familienunternehmen mit Hauptsitz in Minneapolis, USA, beschäftigt weltweit etwa 131.000 Mitarbeiter in 66 Ländern. In Deutschland arbeiten etwa 1.600 Mitarbeiter an 12 Standorten.

Cargill gehört weltweit zu den führenden Unternehmen in Verarbeitung, Veredelung und Handel landwirtschaftlicher Güter.

Vision – „Nourishing People"

„Nourishing People" lautet unsere Vision in der Konzernsprache Englisch. Dabei meint „Nourishing" sehr viel mehr als die bloße Versorgung der Menschen mit Nahrungsmitteln. Gemeint ist das Sich-Kümmern und das Sich-Einsetzen für das Ganze: Für den Lebensunterhalt nicht nur in biologischer oder wirtschaftlicher, sondern auch in sozialer und kultureller Hinsicht.

Werte – der Mensch im Mittelpunkt

Cargill ist ein täglicher Begleiter in Sachen Ernährung, Gesundheit, Kosmetik und Freizeit und versteht sich dabei als zuverlässiger und verantwortungsvoller Partner für Lieferanten, Kunden, Arbeitnehmer und Nachbarn. Die feste Überzeugung, dass Vertrauen, Zuverlässigkeit und Enga-

gement zu den besten Ergebnissen führen, prägen unsere Unternehmensphilosophie und unser tägliches Handeln. Diese grundlegenden Werte halten uns trotz allen Wachstums und aller Erfolge fest auf dem Boden der Realität.

Zukunft – Forschung und Innovation

Unsere Größe ist kein Zufall! Sie gründet auf engagierter Arbeit und dem Streben, immer ein Stückchen besser zu werden. Durch Kooperation und Innovation trägt Cargill zum Erfolg seiner Kunden bei und verpflichtet sich, sein Wissen und seine Erfahrung zu nutzen, um den ökonomischen, ökologischen und sozialen Herausforderungen weltweit zu begegnen.

Gesellschaftliche Verantwortung

Cargill ist an allen Standorten gesellschaftlich umfassend engagiert. Viele kleine und große Projekte, etwa in der Kinder- und Jugendförderung oder im Bereich Ernährung (z.B. örtliche Tafeln, Versorgung Bedürftiger mit Lebensmitteln) werden von Mitarbeitern aktiv unterstützt. Selbstverständlich wird das persönliche Engagement vom Unternehmen nach Kräften gefördert. Dazu gehört auch die finanzielle Unterstützung von Hilfsprogrammen.

Cargill als attraktiver Arbeitgeber

Nachwuchstalenten mit einem technischen oder wirtschaftlichen Studienab-

schluss bietet Cargill standortübergreifende Karrierechancen, die sich sehen lassen können.

Absolventen **mit erster Berufserfahrung** finden bei Cargill diverse Direkteinstiegsmöglichkeiten in den verschiedensten Bereichen.

Absolventen **ohne nennenswerte Berufserfahrung** bieten wir einen Einstieg über unsere drei Traineeprogramme in den Bereichen Finance, Technik und Commercial an.

Im Rahmen dieser 24-monatigen Traineeprogramme qualifizieren wir Sie mittels eines persönlich auf Sie zugeschnittenen Entwicklungsprogramms „on-the-job" für die spätere Übernahme einer führenden Position innerhalb des Cargill-Konzerns. Praxisorientiert lernen Sie alle relevanten Abteilungen kennen, unterstützen uns in der (inter-)nationalen Projektarbeit und werden im Rahmen unseres European Graduate Programms zielgerichtet weitergebildet. Zusätzlich erhalten Sie die Möglichkeit, weitere Standorte Cargills kennenzulernen. Auch ein Auslandaufenthalt ist möglich.

Alle Stellenausschreibungen sowie Details zu den einzelnen Traineeprogrammen und weitere Informationen über Cargill finden Sie auf unserer Hompeage www.cargill.de.

Karrieremöglichkeiten für Ingenieure bei Cargill

Name: Christian Pohlmann
Alter: 30
Position: Process Development Ingenieur

Mein Weg zu Cargill:

Ich hatte schon immer eine Affinität zu Maschinen und technischen Prozessen. Daher habe ich mich für ein Maschinenbaustudium entschieden. Als Vertiefungsrichtung habe ich Verfahrenstechnik gewählt. Cargill habe ich auf einer Firmenkontaktmesse in Berlin kennengelernt. Ich war fasziniert, in wie vielen unterschiedlichen Bereichen Cargill tätig ist. Nach dem ersten Kontakt auf der Messe wurde ich kurze Zeit später zu einem Assessment Center eingeladen. Nach einem zweiten individuellen Bewerberinterview bekam ich das Vertragsangebot und nutzte die Chance, als Technical Management Trainee zu starten.

Mein Einstieg als Technical Management Trainee:

Cargill ist ein internationales Unternehmen, dass Einsteigern eine Vielzahl von Entwicklungsmöglichkeiten bietet. Durch ein strukturiertes „Training-on-the-Job" werden die Trainees auf spätere Führungsaufgaben vorbereitet. So durchlief ich die Bereiche Herstellung/Produktion, Instandhaltung, Prozessentwicklung und Anlagenplanung und bekam erste Einblicke ins Plant Management. Zudem bot sich mir die Chance eines 4-wöchigen Auslandsaufenthaltes in Blair (Nebraska, USA) mit dem Ziel eines Erfahrungsaustausches bezüglich der Herstellung eines Zuckeraustauschstoffes. Im Rahmen eines speziell für Trainees aufgesetzten europäischen Schulungsprogramms lernte ich weitere Standorte Cargills und internatio-

nale Kollegen kennen und konnte mir so ein internes Netzwerk aufbauen. Zudem konnte ich meine Soft Skills ausbauen. Bereits beim Einstieg ins Unternehmen habe ich gemeinsam mit meinem Vorgesetzen einen Kollegen als Mentor ausgewählt.

Meine nächsten Karriereschritte:

Im Anschluss übernahm ich eine Position als Process Development Ingenieur am Produktionsstandort in Krefeld und betreue seitdem die Produktion und Entwicklung im Bereich Fermentation und Downstream Processing. Als ein weltweit tätiges Unternehmen kann mir Cargill auch in Zukunft neue, spannende Herausforderungen in einem interdisziplinären und internationalen Team bieten.

Mein Tip für Berufseinsteiger:

Ich denke, dass die Teilnahme an einem Traineeprogramm etwas Besonderes ist. Hätte ich die Wahl, würde ich diesen Weg wieder wählen. Man kann sich ein breites Wissen aneignen und bekommt ein ganzheitliches Verständnis der einzelnen Funktionen in der Produktion und der notwendigen Peripherie. Für den Einstieg als Technical Management Trainee ist ein Studium der Verfahrenstechnik oder des Maschinenbaus empfehlenswert. Auslandserfahrung und Englischkenntnisse sind sicherlich vorteilhaft, da Englisch Firmensprache ist. Die Internationalität, die Vielfältigkeit und die Systemlandschaft Cargills erfordert zudem ein hohes Maß an Fachkompetenz und Anpassungsfähigkeit.

WIR SUCHEN UND BIETEN

Branche:
Nahrungsmittel, Landwirtschaft, Finanzen, Handel und technische Industrie

Geschäftsfelder:
Aromen, Kakao & Schokolade, Lecithin, Malz, Öle & Fette, Biodiesel, Glycerin, Texturierungsmittel, Industriestärken, Stärken & Süßungsmittel, Getreide- & Ölsaatenhandel, Risikomanagement

Umsatz: 107,882 Milliarden US$

Bedarf Ingenieure:
Hochschulabsolventen,
Young Professionals jeweils
ca. 15 p. a. (in Deutschland)
Praktikanten nach Bedarf

Fachrichtungen: Maschinenbau, Verfahrens-, Elektro-, Chemie- & Lebensmitteltechnik, WiWi, BWL, Agrarwissenschaften

Einstiegsmöglichkeiten:
Technical-, Financial-, Commercial Management Trainee, div. Direkteinstiegsmöglichkeiten

Startgehalt: positionsabhängig

Mitarbeiter in Deutschland: 1.600

Mitarbeiter weltweit: 131.000

Standorte Deutschland:
Krefeld, Hamburg, Riesa, Barby, Frankfurt, Mainz, Klein Schierstedt, Salzgitter, Wittenberge, Malchin

Standorte weltweit:
vertreten in 66 Ländern

BEWERBUNGEN

Cargill – Personalabteilung/Recruiting
+49(0)2151 575 300
Recruiter_de@cargill.com

Form der Bewerbung:
vorzugsweise online über
www.cargill.de

Weitere Informationen
auf den Seiten
190/191

Continental AG

DAS UNTERNEHMEN IN FAKTEN UND ZAHLEN

Continental profiliert sich als innovationsorientierter Technologiekonzern und ist mit Standorten in 46 Ländern einer der weltweit führenden Zulieferer der Automobilindustrie. Über diesen Branchenfokus hinaus agiert Continental im Zuge einer Strategie des nachhaltigen Unternehmenswachstums, die gesellschaftliche Verantwortung sowie ökologische Aspekte einschließt. Als Innovationsführer nimmt Continental im Großteil seiner Geschäftsbereiche mindestens eine führende Marktposition, wenn nicht die Marktführerschaft ein. Derzeit sind weltweit rund 143.000 Menschen bei Continental beschäftigt. Als Anbieter von Bremssystemen, Systemen und Komponenten für Antrieb und Fahrwerk, Instrumentierung, Infotainment-Lösungen, Fahrzeugelektronik, Reifen und technischen Elastomerprodukten trägt das Unternehmen zu mehr Fahrsicherheit und zum Klimaschutz bei. Continental ist darüber hinaus ein kompetenter Partner in der vernetzten, automobilen Kommunikation.

Continental gliedert sich in zwei Gruppen mit jeweils drei Divisionen. Die Automotive-Gruppe setzt sich aus den Divisionen Chassis & Safety, Interior und Powertrain zusammen. Zur Rubber-Gruppe gehören die Divisionen Pkw-Reifen, Nfz-Reifen und ContiTech.

Chassis & Safety entwickelt und produziert elektronische und hydraulische Brems- und Fahrdynamikregelsysteme, Fahrerassistenzsysteme, Airbagelektronik, Scheibenreinigungssysteme sowie elektronische Luftfedersysteme und Sensoren. Die Division Interior bündelt sämtliche Aktivitäten, die sich mit dem Informationsmanagement, d. h. dem Darstellen, Austauschen und Verwalten von Informationen im Auto, beschäftigen. Powertrain integriert innovative und effiziente Systemlösungen rund um den Antriebsstrang von Fahrzeugen.

Die Division Pkw-Reifen entwickelt und produziert Pkw-Reifen für Kompakt-, Mittel-, Oberklasse- und Geländefahrzeuge sowie Reifen für Vans, Kleintransporter und Wohnmobile. Die Division Nfz-Reifen verfolgt das Ziel der wirtschaftlichen Mobilität in den Bereichen Gütertransport, Per-sonenbeförderung und Baustellenverkehr.

Als Spezialist für Kautschuk und Kunststofftechnologie ist ContiTech weltweit ein gefragter Partner. Die Division entwickelt und produziert als Technologiepartner und Erstausrüster Funktionsteile, Komponenten und Systeme für die Automobilindustrie, den Maschinen- und Apparatebau, die Schienenverkehrs-, Druck- Bau- sowie die chemische und petrochemische Industrie, die Schiff- und Luftfahrt sowie die Bergbauindustrie.

Are you automotivated? Welcome!

Egal ob Praktikant, Diplomand, Werkstudent, Doktorand, Trainee oder Direkteinsteiger: Bei Continental dürfen Sie sich auf ein spannendes Umfeld freuen. Antrieb, offene Türen und Flexibilität kennzeichnen den besonderen "Continental-Spirit". Füllen Sie ihn mit Leben. Indem Sie unsere flachen Hierarchien als Abkürzung zur Verwirklichung Ihrer Ideen nutzen und Ihren Horizont mit unserer internationalen Reichweite ausstatten. Denn wenn Sie Verantwortung suchen, finden Sie bei uns täglich neue Herausforderungen. Wer also will, der kann.

Zusätzliche Informationen gibt es unter www.careers-continental.com

Weitere Informationen
auf den Seiten 53
und 190/191

Coca-Cola Erfrischungsgetränke AG

DAS UNTERNEHMEN IN FAKTEN UND ZAHLEN

Seit mehr als 80 Jahren gibt es Coca-Cola in Deutschland. Einst als „Ein-Produkt-Unternehmen" gestartet, hat sich das Unternehmen bis heute zum Anbieter von mehr als 70 alkoholfreien Getränken auf dem deutschen Markt entwickelt.

Mit einem starken lokalen Produktions- und Vertriebsnetz, ist die Coca-Cola Erfrischungsgetränke AG einziger Konzessionär der The Coca-Cola Company und gleichzeitig das größte Getränkeunternehmen in Deutschland. An 70 Standorten sind über 11.000 Mitarbeiter/innen für die Produktion, den Vertrieb und den Verkauf der Coca-Cola Markenprodukte sowie das regionale Marketing zuständig. Die klare Mission lautet: Menschen erfrischen, optimistische Momente vermitteln, Werte schaffen und so den Unterschied machen.

Wen wir suchen

Für unser Unternehmen suchen wir Studenten (m/w) und Hochschulabsolventen (m/w), die eigene Ideen mitbringen, nicht auf Anweisungen warten, sondern eigeninitiativ handeln. Menschen, die permanente Optimierung als tägliche Herausforderung verstehen, ihre analytischen Fähigkeiten mit einer klaren Umsetzungsorientierung kombinieren und die Themen selbst anpacken wollen.

Als Trainee, Direkteinsteiger oder Praktikant können Sie in unterschiedlichen Bereichen unserer Supply Chain einsteigen. Wir freuen uns auf Ihre Bewerbung!

WIR SUCHEN UND BIETEN

Branche: Konsumgüter

Bedarf Ingenieure: Hochschulabsolventen 10-15
Young Professionals 10
Praktikanten 80

Fachrichtungen: Maschinenbau, Verfahrenstechnik, Getränke-/Lebensmitteltechnik, Wirtschaftsingenieurwesen

BEWERBUNGEN

Coca-Cola Erfrischungsgetränke AG
Juliane Paschkewitz
Tel.: 030-9204 01

www.cceag.de/jobs-karriere

Form der Bewerbung: Online

Weitere Informationen
auf den Seiten 89
und 190/191

Deutsche Bahn

DAS UNTERNEHMEN IN FAKTEN UND ZAHLEN

Der Arbeitgeber Deutsche Bahn

Die Deutsche Bahn ist einer der größten und vielseitigsten Arbeitgeber Deutschlands - mit Spitzentechnologien rund um den Schienenverkehr, innovativen verkehrsbezogenen Dienstleistungen sowie maßgeschneiderten Logistikkonzepten. Durch die geplante Privatisierung und die zunehmende internationale Ausrichtung des Unternehmens ergeben sich laufend neue und spannende Karriereperspektiven für engagierte Ingenieure mit ungewöhnlichen Ideen.

Ihr Einstieg bei der Deutschen Bahn

Sie möchten ein Praktikum absolvieren? Aktuelle Praktikantenstellen finden Sie unter www.deutschebahn.com/karriere. Sie haben ein interessantes Thema für Ihre Abschlussarbeit? Dann sollten Sie uns ansprechen! Wir freuen uns über Ihre Ideen. Sie haben Ihr Studium erfolgreich beendet? Per Direkteinstieg oder im Rahmen von TRAIN Tec, unserem 12-monatigen Einstiegsprogramm für Ingenieure,

beginnen Sie Ihre Karriere bei der Deutschen Bahn. Sie lernen in mehreren Stationen die technischen Bereiche der Deutschen Bahn kennen und sammeln dabei wichtige Praxiserfahrung. Ein attraktives Seminarangebot rundet Ihr Einstiegsprogramm ab. Mitbringen sollten Sie einen guten bis sehr guten Studienabschluss, fachrelevante Praktika sowie Kommunikations- und Teamfähigkeit. Der Einstieg ist das ganze Jahr über möglich.

Mögliche Einstiegsbereiche:

Instandhaltung, Instandsetzung, Anlagenmanagement, Disposition, Produktion/Technik oder Qualitätssicherung, Betrieb, Technischer Einkauf, Prozessoptimierung, Bereitstellung, Bauartverantwortung, Fahrplan.

WIR SUCHEN UND BIETEN

Fachrichtungen: Wirtschaftsingenieurwesen, Maschinenbau, Elektrotechnik, Bauingenieurwesen, Verkehrsingenieurwesen, Informatik, Nachrichtentechnik

BEWERBUNGEN

DB Mobility Logistics AG
Bewerbermanagement
akademischer Nachwuchs
Karlstraße 6
60329 Frankfurt am Main

www.deutschebahn.com/karriere

Form der Bewerbung: Wir freuen uns über Ihre Online-Bewerbung. Weitere Informationen sowie unsere aktuellen Stellenangebote finden Sie unter www.deutschebahn.com/karriere

Weitere Informationen
auf den Seiten 190/191

Diehl Stiftung & Co. KG

DAS UNTERNEHMEN IN FAKTEN UND ZAHLEN

DIEHL – Zahlen – Daten – Fakten

Tradition. Innovation. Zukunft. Diese drei Worte stehen für Diehl wie keine anderen. Der Technologiekonzern ist gefestigt durch eine lange Tradition, denn seit seiner Gründung vor mehr als 100 Jahren ist das Unternehmen vollständig in Familienbesitz mit Firmenhauptsitz in Nürnberg.

Das Ergebnis macht den Erfolg des Unternehmens sichtbar: 12.200 Mitarbeiterinnen und Mitarbeiter in mehr als 40 selbständigen Unternehmenseinheiten, die in fünf Teilkonzernen zusammengefasst sind, generieren einen Umsatz von 2,2 Mrd. Euro.

Diehl Metall Das Getriebe Ihres Autos schaltet wahrscheinlich mit DIEHL-Synchronringen aus Messing oder Stahl. Wir fertigen für die internationale Automobil-, Elektronik- und Sanitärindustrie Halbzeuge und Schmiedeteile.

Diehl Controls Für Hausgeräte und Heizungshersteller in aller Welt stellen wir Steuerungs- und Regelsysteme her. Einfache Bedienung und Schonung der Umwelt stehen für unsere Kunden und uns im Vordergrund.

Diehl Defence Ihre Sicherheit garantieren Technologien von DIEHL – Bundeswehr und NATO bauen auf uns. Wir zählen zu deren wichtigsten Partnern in den Bereichen Aufklärung, Wirkung gegen Land-, Luft und Seeziele, Trainingssysteme und Security.

Diehl Aerosystems Ihr Flug ist angenehmer mit DIEHL Technologien – wie beispielsweise durch „Mood-Lighting" und exklusiver Kabinenausstattung.

Diehl Metering Mit jährlich 4 Mio. Wasser- und Wärmezählern sowie 3 Mio. Funkmodulen zum drahtlosen Fernauslesen ist DIEHL Metering ein weltweit führender Anbieter im Bereich Verbrauchsmessung.

Warum bei Diehl bewerben?

Bei Diehl arbeiten Sie in einem Hochtechnologiekonzern. Als familiengeführtes und unabhängiges Industrieunternehmen bieten wir unseren Mitarbeitern innerhalb des internationalen Konzerns stets neue Herausforderungen. Die Möglichkeit, sich immer wieder neu zu entdecken, und beruflich wie persönlich weiter zu entwickeln macht uns als Arbeitgeber attraktiv. Unsere Geschichte von der Kunstschmiede zum internationaln Weltmarktführer möchten wir mit flexiblen und kommunikationsstarken Mitarbeitern, die hohes Engagement und Eingeninitiative mitbringen, weiterentwickeln.

Unsere Stärke ist unsere Vielfalt!
Ihre auch? Dann freuen wir uns auf Ihre Bewerbung: **perspektiven@diehl.de**

INNOVATION AUS TRADITION
– shape the future with us!

Weitere Informationen
auf den Seiten
190/191

EnBW Energie Baden-Württemberg AG

DAS UNTERNEHMEN IN FAKTEN UND ZAHLEN

Das sind wir.

Mit rund sechs Millionen Kunden und über 20.000 Mitarbeitern hat die EnBW Energie Baden-Württemberg AG 2009 einen Jahresumsatz von über 15 Milliarden Euro erzielt.

Als drittgrößtes deutsches Energieversorgungsunternehmen konzentrieren wir uns auf die Tätigkeitsbereiche Strom – unterteilt in die Geschäftsfelder Erzeugung und Handel sowie Netz und Vertrieb -, Gas sowie Energie- und Umweltdienstleistungen.

Wir bekennen uns zum Standort Baden-Württemberg und Deutschland. Hier ist der Fokus unserer Aktivitäten. Darüber hinaus sind wir auch auf weiteren Märkten Europas aktiv.

Wir betreiben konventionelle Kraftwerke und Kernkraftwerke. Die Wasserkraftnutzung hat bei uns eine lange Tradition. Bei den anderen erneuerbaren Energieträgern wie Wind, Erdwärme und Biomasse ist ein weiterer Ausbau der Erzeugungskapazitäten geplant. Wir sehen sie als Chancen für wirtschaftliches Wachstum und für die Umwelt und wir werden unsere Chancen nutzen. Eine wichtige Rolle werden in der Zukunft das Gasgeschäft sowie die dezentrale Erzeugung und die Wärmeerzeugung spielen. In allen genannten Bereichen wird sich die EnBW stärker aufstellen.

Ihre vielfältigen Perspektiven.

In einem modernen Konzern wie der EnBW ergeben sich kontinuierlich neue und besondere Aufgaben, die spezielles Wissen und Können erfordern. Ob Berufseinsteiger oder bereits mit Berufserfahrung: wir bieten Ihnen die Perspektiven für Ihre berufliche Zukunft! Für Ihren Einstieg und Ihre fachliche und persönliche Weiterentwicklung stehen Ihnen verschiedene, individuelle Entwicklungs- und Fördermöglichkeiten offen.

Wir haben ein großes Spektrum an Einsatzmöglichkeiten für Ingenieure, Informatiker, Natur- und Wirtschaftswissenschaftler zu bieten. Wir suchen Menschen, die Impulse aufnehmen, aber auch Impulse geben und mit uns gemeinsam die Herausforderungen des Energiemarkts annehmen.

Ingenieure setzen wir in anspruchsvollen Tätigkeiten entlang unserer Wertschöpfungskette ein: In unseren Kraftwerken, bei der Netzbetreibung und -instandhaltung, aber auch im Energiehandel, Vertrieb und anderen Schnittstellenfunktionen.

Mehr Infos finden Sie auf unserer Internetseite unter www.enbw.com/karriere

WIR SUCHEN UND BIETEN

Branche: Energiewirtschaft

Geschäftsfelder/Arbeitsgebiete: Strom, Gas sowie Energie- und Umweltdienstleistungen

Umsatz/Bilanzsumme: 15 Milliarden (2009)

Fachrichtungen: Ingenieure mit der Fachrichtung Maschinenbau, Leit-, Verfahrens-, Elektro-, Energie-, Kraftwerks-, Kern- und Versorgungstechnik; Wirtschaftsingenieure; Wirtschaftswissenschaftler und (Wirtschafts-) Informatiker

Einsatzgebiete: Ob in einem Praktikum, bei einer Werkstudententätigkeit oder einer Abschlussarbeit – bei der EnBW können Sie bereits im Studium an vielfältigen Herausforderungen wachsen.

Einstiegsmöglichkeiten: Direkteinstieg oder in einem unserer Einstiegsprogramme

Mitarbeiter in Deutschland: 20.000

Standorte Deutschland: Hauptstandorte sind Karlsruhe und Stuttgart

BEWERBUNGEN

EnBW Systeme Infrastruktur Support GmbH
Personalmanagement Holding
Marketing
Daniela Glaser
Durlacher Allee 93
76131 Karlsruhe
Tel. 0721-63 24284
d.glaser@enbw.com

www.enbw.com/karriere

Form der Bewerbung: Aktuelle Stellenangebote sowie Bewerbungsinformationen finden Sie auf unserer Internetseite unter www.enbw.com/karriere. Dort besteht die Möglichkeit sich direkt Online zu bewerben.

Weitere Informationen auf den Seiten 79 und 190/191

euro engineering AG

creating future

DAS UNTERNEHMEN IN FAKTEN UND ZAHLEN

euro engineering AG strebt zur Spitze

Immer dann, wenn Unternehmen neue technische Produkte planen, entwickeln und konstruieren, die mit den eigenen Kapazitäten und dem eigenen Know-how nicht bewältigt werden können, kommt die euro engineering AG ins Spiel. Mehr als 1.900 Ingenieure, Techniker und Fachkräfte sind in über 40 Niederlassungen für den Engineering-Dienstleister im Einsatz. Sie arbeiten in den eigenen Technischen Büros der euro engineering AG oder bei den Kunden vor Ort in allen relevanten Engineering-Branchen wie Elektrotechnik, Maschinenbau, Automotive, Medizintechnik und Bauwesen. Spezialisiertes Know-how bündelt die euro engineering AG in den überregionalen Fachbereichen Aerospace, Automation & Robotik, Bahntechnik, Chemieanlagenbau und Nutzfahrzeuge. Zu den Kunden zählen namhafte Unternehmen wie die EvoBus GmbH, ABB AG, EADS, BASF SE, ZF Getriebe GmbH und die Heidelberger Druckmaschinen AG. Ausgehend von der Produktentwicklung bietet die euro engineering AG Dienstleistungen, die sich am typischen Prozessverlauf des Engineering orientieren – von der Konzeption über Entwicklung, Konstruktion, Berechnung und Versuch bis hin zum Projektmanagement und zur Dokumentation.

Ingenieure sind gefragt

Der Arbeitsmarkt sendet für Ingenieure freundliche Signale: Allein die euro engineering AG plant 2010 rund 500 Neueinstellungen. Bundesweit sucht das Unternehmen Ingenieure, Konstrukteure, Techniker und Projektmanager. Neben einem

Abschluss als Ingenieur sind ebenso gute kommunikative Kompetenzen und Flexibilität gefordert, um in verschiedenen Projekten in unterschiedlichen Branchen erfolgreich tätig zu sein. Das Unternehmen sucht derzeit neben Berufserfahrenen Ingenieuren auch Young Professionals und Hochschulabsolventen. Absolventen sollten bereits erste Berufserfahrung aus Praktika oder einer Abschlussarbeit gesammelt haben. Die euro engineering AG unterstützt ihre Mitarbeiter mit Schulungen und Trainings, um sie gezielt auf anstehende Projektaufgaben vorzubereiten. Die Weiterbildungsangebote umfassen unter anderem Schulungen in allen gängigen CAD-Systemen und Software-Tools ebenso wie individuelle Coachings oder Seminare zu Themen wie Projektmanagement und Führungskompetenz. Allein im Jahr 2009 hat die euro engineering AG rund 3 Prozent des gesamten Umsatzes in die Aus- und Weiterbildung ihrer Mitarbeiter investiert. Nicht umsonst wurde das Unternehmen 2010 bereits zum dritten Mal in Folge mit dem Gütesiegel „Top Arbeitgeber für Ingenieure" ausgezeichnet. Dank ihrer hervorragenden Teams und der starken bundesweiten Präsenz zählt die euro engineering AG heute zu den führenden Engineering-Dienstleistern Deutschlands. Mit neuen, kreativen Köpfen will das Unternehmen gemeinsam die Zukunft gestalten: „creating future" lautet daher das Unternehmensmotto. Weitere Informationen unter www.ee-ag.com

WIR SUCHEN UND BIETEN

Branche: Engineering-Dienstleistungen

Bedarf Ingenieure:
Hochschulabsolventen 100
Young Professionals 150
Praktikanten 20

Fachrichtungen: u.a. Automotive, Luft- und Raumfahrt, Medizintechnik, Bauwesen, Elektrotechnik, Maschinen- und Anlagenbau sowie Bahntechnik

Startgehalt: k.A.

Mitarbeiter in Deutschland: 1.900 (2009)

Standorte Deutschland: 40

BEWERBUNGEN

Als Ansprechpartner steht Ihnen persönlich zur Verfügung:

euro engineering AG
Human Resources
Jan Dirzus
Niederkasseler Lohweg 18
40547 Düsseldorf
Tel: +49 (0)211/ 530653-910
Fax: +49 (0)211/ 530653-950
E-Mail: hr@ee-ag.com

www.ee-ag.com

Form der Bewerbung: Wir freuen uns auf Ihre Online-Bewerbung

Weitere Informationen auf den Seiten 83 und 190/191

Hydro Aluminium

HYDRO

DAS UNTERNEHMEN IN FAKTEN UND ZAHLEN

Hydro –
Aluminium ist unsere Leidenschaft

Aluminium besitzt so viele einzigartige Eigenschaften wie kaum ein anderer Werkstoff: Es ist leicht, licht-, luft- und geruchsdicht sowie korrosionsbeständig. Aluminium ist mit Legierungsmetallen vielseitig verwendbar und mit wenig Energie zu recyceln – immer wieder neu. Bei Hydro teilen unsere Mitarbeiter die Faszination für Aluminium. Ausgestattet mit modernster Technologie entwickeln sie in Zusammenarbeit mit unseren Kunden individuelle und innovative Problemlösungen aus Aluminium.

Das Unternehmen Hydro Aluminium

Als erfolgreiches, norwegisches Unternehmen mit über einhundertjähriger Tradition, sind wir auch in Deutschland seit über 85 Jahren erfahren in der Herstellung von Aluminium und Aluminiumprodukten und sind in Deutschland und Europa zum größten Anbieter von Aluminiumerzeugnissen gewachsen. Unsere Produkte sind vielfältig und spannend: Neben Primäraluminium und weiterverarbeiteten Gießereiprodukten produzieren wir Aluminiumbänder z.B. für die Automobilindustrie und hauchdünne Folien für flexible Verpackungen oder Offsetdruckplatten sowie Strangpressprodukte. Unter der Marke Wicona vertreiben wir weltweit Produkte für Fassaden, Fenster und Türen. Besonders stolz sind wir auch auf unsere Forschung und Entwicklung, die in Deutschland führend ist und sich unter anderem durch die enge Zusammenarbeit mit Instituten an ausgewählten Hochschulen auszeichnet.

Karriere bei Hydro

Starten Sie bei einem der größten Aluminiumkonzerne der Welt – in einem von bundesweit 11 Standorten. Und entscheiden Sie sich für langfristigen Erfolg: in der Forschung & Entwicklung, der Primäraluminiumerzeugung oder in der Weiterverarbeitung. Bei uns ist langfristige Entwicklung Erfolgsprogramm – und das in einem sehr sympathischen Umfeld, das geprägt ist von Respekt, Kooperation und Fairness. Profitieren Sie enorm von internationalem Networking, sehr produktiven Ansätzen und von hochmodernen Lösungen, die Sie in einem klasse Team ausfeilen. Also was werden Sie? Willkommen bei Hydro.

Studenten

Enorm vielseitig, so ein Einstieg bei uns. Angehende Ingenieurinnen und Ingenieure haben bei uns die Chance, wertvolle Erfahrungen im Rahmen eines Praktikums in einer Vielzahl von attraktiven Unternehmensbereichen zu sammeln – und gleich die richtigen Kontakte für später zu sichern. Auch bei Diplomarbeiten unterstützen wir Sie gerne.

Hochschulabsolventen

Die Theorie haben Sie bereits hinter sich? Dann freuen Sie sich auf einen Praxisstart mit spannenden, fachübergreifenden Aufgaben – genauso vielseitig wie unser Aluminium.

Ob Trainee oder Direkteinsteiger, bei uns geht beides in dieselbe Richtung: Karriere.

Für weitere Informationen über Hydro besuchen Sie uns doch auf hydro-karriere.de.

Weitere Informationen auf den Seiten 190/191

Kaufland

DAS UNTERNEHMEN IN FAKTEN UND ZAHLEN

Karriere bei Kaufland

Kaufland ist mit über 950 Filialen und mehr als 119.000 Mitarbeitern eines der führenden Unternehmen im Lebensmittelhandel. Neben Deutschland ist Kaufland auch in Tschechien, der Slowakei, Kroatien, Polen, Rumänien sowie Bulgarien vertreten und ist ein attraktiver und zuverlässiger Arbeitgeber auf nationaler wie internationaler Ebene.

Als Unternehmen bieten wir für Ingenieure verschiedener Fachrichtungen vielfältige Karrierechancen mit früher Verantwortung und schnellen Entwicklungsmöglichkeiten.

Internationale Beschaffung

Der internationale technische Einkauf beschafft für alle Bereiche im In- und Ausland Materialien, technische Investitionsgüter und Dienstleistungen. Maßstab dafür sind Wirtschaftlichkeit, Qualität und optimale Prozessorientierung. Unsere Ingenieure tragen bspw. die Verantwortung für die Beschaffung von Kälte-, Energie-, und Fördertechnik, technischer Gebäudeausstattung oder Bauleistungen. Die Aufgaben reichen vom Kontakt zu den Lieferanten über die Erstellung von Leistungsverzeichnissen bis hin zur technischen Bewertung und Verhandlung von Verträgen.

Einkauf/Qualitätssicherung

Um unseren Kunden sichere und qualitativ hochwertige Produkte zu bieten, sind unsere Ingenieure im Bereich Einkauf für die Überprüfung unserer Artikel auf Gebrauchstauglichkeit, Qualität und Sicherheit zuständig. Außerdem legen sie die Produktspezifikationen im Segment unserer Eigenmarken fest – dieses reicht von Lebensmitteln bis hin zu Non-Food-Artikeln.

Bau/Ladenbau

Bei Kaufland gleicht keine Filiale der anderen – für die optimale Gestaltung und Einrichtung jeder einzelnen Immobilie sind unsere Bauingenieure verantwortlich. Mit Kompetenz und Know-how sorgen sie dafür, dass alle Baumaßnahmen korrekt und termingerecht abgeschlossen werden.

IT

Software, Hardware und Datenmanagement aus einer Hand: Unsere IT-Ingenieure gewährleisten den reibungslosen Ablauf aller DV-gestützten Systeme im Unternehmen. Ihr hohes Know-how und modernste Technologien bilden die Basis dafür, dass individuelle IT-Lösungen dort zur Verfügung stehen, wo sie gebraucht werden – zeitnah und maßgeschneidert.

Logistik

Um unseren Kunden täglich ein frisches, vielfältiges Warenangebot anzubieten, sorgen die Ingenieure in unseren modern ausgestatteten Logistikzentren für optimale und leistungsfähige Logistikprozesse. Dazu gehört beispielsweise die Verantwortung für den reibungslosen Ablauf.

Fleischbetriebe

Kaufland stellt in eigenen Fleischbetrieben die hochwertigen Fleisch- und Wurstspezialitäten unserer Eigenmarke „Purland" her. Unsere Ingenieure gestalten, steuern und überwachen die Warenflusskette mit modernster Technik, höchsten Hygienestandards und strengsten Qualitätskontrollen.

Ob Direkteinstieg oder Traineeprogramm, als Arbeitgeber bieten wir Ihnen spannende Aufgaben und Herausforderungen. Neben hervorragenden Entwicklungsmöglichkeiten und einem hohen Maß an Selbstverantwortung garantieren wir Ihnen selbstverständlich alle Leistungen und die Sicherheit einer dynamischen Unternehmensgruppe.

WIR SUCHEN UND BIETEN

Branche: Lebensmitteleinzelhandel

Bedarf Ingenieure:
Hochschulabsolventen ca. 15 p.a.
Young Professionals ca. 5 p.a.
Praktikanten ca. 5 p.a.

Fachrichtungen: Wirtschaftsingenieurwesen, Anlagentechnik, Automatisierungstechnik, Bauingenieurwesen/Baumanagement, Energietechnik, Elektrotechnik/Elektronik, Facility Management, Konstruktionstechnik, Feinwerktechnik, Fertigungstechnik, Informationstechnik, Klimatechnik, Logistik/Fördertechnik, Maschinenbau, Mechatronik, Produktionstechnik, Technische Informatik, Textil- und Bekleidungstechnik, Umwelttechnik, Werkstofftechnik

Einsatzgebiete: Beschaffung (Technik, Filialeinrichtung, Verbrauchsmaterial, Dienstleistungen), Fleischbetriebe, Lager und Logistik, Bau/Ladenbau, Einkauf/Qualitätssicherung, IT

Einstiegsmöglichkeiten: Traineeprogramm und Direkteinstieg

Mitarbeiter in Deutschland: 76.000

Mitarbeiter weltweit: 119.000

Standorte Deutschland: über 580 Filialen deutschlandweit; Hauptsitz Neckarsulm

Standorte weltweit: über 370 Filialen in Osteuropa

BEWERBUNGEN

Kaufland
Bewerbermanagement
Rosa Leicht
Rötelstr. 35, 74172 Neckarsulm
rosa.leicht@kaufland.de

www.kaufland.de

Form der Bewerbung: Bevorzugt sind Online-Bewerbungen.

Weitere Informationen
auf den Seiten
192/193

KSB Aktiengesellschaft

DAS UNTERNEHMEN IN FAKTEN UND ZAHLEN

KSB in Kürze

Als ein weltweit führender Hersteller von Pumpen, Armaturen und Systemen transportieren wir nahezu alle Arten von Flüssigkeiten - vom klaren Wasser über feststoffbeladene und viskose Flüssigkeiten bis hin zum explosiven Flüssiggas.

Rund 14.500 Mitarbeiter engagieren sich in über 40 Ländern für unsere Kunden.

Ihre Zukunft in einem außergewöhnlichen Unternehmen

Erstklassige Mitarbeiter sind unverzichtbar, um unsere Stellung als Technologieführer am Markt zu sichern und auszubauen. Bereits als Einsteiger hinterfragen Sie die Dinge, setzen sich Ziele und sehen Teamgeist als selbstverständlich an.

KSB bietet Ihnen attraktive Einstiegsmöglichkeiten. In unserem **Internationalen Traineeprogramm** arbeiten Sie selbstständig in einem oder mehreren Projekten mit, davon zwölf Monate im In- und sechs Monate im Ausland. Während Ihrer Einsätze an unterschiedlichen Standorten lernen Sie alle für Ihre Projektarbeit und spätere Tätigkeit relevanten Bereiche der KSB-Welt aus verschiedenen Blickwinkeln kennen. Das **Traineeprogramm Technischer Vertrieb** bereitet Sie innerhalb von 12 Monaten systematisch auf Aufgaben in unseren Vertriebshäusern oder im Projektgeschäft vor. Als **Direkteinsteiger/-in** werden Sie sorgfältig und ausführlich eingearbeitet und übernehmen vom ersten Tag an Verantwortung für Ihr Aufgabengebiet.

Weitere Informationen
auf den Seiten
192/193

Lorenz Snack-World

DAS UNTERNEHMEN IN FAKTEN UND ZAHLEN

Starke Marken

Lorenz-Snacks – populär in Deutschland, in Europa und weit über die Grenzen Europas hinaus! Ob Saltletts als DIE Salzstange, Crunchips und Chipsletten als Flagschiffe im Chipsmarkt, ob ErdnußLocken als beliebtester Flip oder NicNac`s als einzigartiger Nuss-Snack – unsere starken Marken machen den Markt und sind buchstäblich in aller Munde – und das seit über 70 Jahren!

Gefahr, dass die Kunden die Lust auf pikante Snacks verlieren könnten, besteht keine – schließlich arbeiten wir ständig an neuen Produkten, die Trends in Geschmack, Textur und Inhaltsstoffen aufgreifen. Dass wir damit oft richtig liegen, bestätigen die Auszeichnungen, die wir für unsere Innovationen immer wieder gewinnen.

Unsere Mitarbeiter machen Erfolg

Unsere anspruchsvollen Ziele erreichen wir nur mit Mitarbeitern, die neben einem umfassenden Wissen Spaß an der Arbeit haben und mit uns gemeinsam etwas erreichen wollen – Menschen, die Veränderungen als Herausforderung begreifen und die Zukunft aktiv gestalten wollen.

Lorenz Snack-World sucht Absolventen, die mit Begeisterung für Erfolg, hohem Engagement und innovativen Ideen unsere Pläne und Projekte mit uns umsetzen wollen.

Berufsstart mit spannenden Projekten im In- und Ausland

Legen Sie den Grundstein für Ihre Karriere in einem spannenden und hoch dynamischen Arbeitsumfeld und werden Sie Trainee im Bereich Produktionsmanagement oder Engineering.

Während des 18-monatigen Trainee-Programms werden Sie gezielt auf Ihre zukünftige Tätigkeit vorbereitet und arbeiten von Anfang an eigenverantwortlich in Projekten und im operativen Geschäft mit. Sie lernen nicht nur alle Bereiche Ihres künftigen Einsatzgebietes kennen, sondern erhalten auch Einblicke in relevante angrenzende Fachbereiche. Auslandsaufenthalte in unseren europäischen Produktionsstandorten runden Ihre Trainee-Ausbildung ab.

Dass die Ausbildungsziele erreicht werden, wird durch die Betreuung in den Fachbereichen und ein Patensystem sichergestellt. Begleitende Trainingsmaßnahmen, die auf Ihren persönlichen Bildungsbedarf abgestimmt sind, unterstützen Ihre berufliche Entwicklung.

Für einen Einstieg bei Lorenz Snack-World sollten Sie Ihr Studium des Maschinenbaus, Wirtschaftsingenieurwesens, der Verfahrenstechnik oder Lebensmitteltechnologie zügig und überdurchschnittlich abgeschlossen haben und über relevante praktische Erfahrungen, vorzugsweise in der Lebensmittelindustrie, verfügen. Auch Flexibilität und gute Englischkenntnisse sollten Sie mitbringen. Wer zusätzlich polnisch, russisch oder kroatisch spricht, verfügt über ideale Voraussetzungen.

Starten Sie mit uns Ihre Karriere! Wir freuen uns auf Sie!

Weitere Informationen auf den Seiten 192/193

Maschinenfabrik Reinhausen GmbH

DAS UNTERNEHMEN IN FAKTEN UND ZAHLEN

**Die REINHAUSEN-Gruppe:
Erfolg in globalen Nischen**

Die REINHAUSEN-Gruppe ist in der Energietechnik tätig und besteht aus der in Regensburg ansässigen Maschinenfabrik Reinhausen GmbH (MR) sowie 22 Tochterunternehmen und Beteiligungsgesellschaften weltweit.

Kerngeschäft ist die Regelung von Leistungstransformatoren. Dies erfolgt vor allem mit Hilfe von Stufenschaltern, die das Übersetzungsverhältnis der Primär- zur Sekundärwicklung an wechselnde Lastverhältnisse anpassen und zusammen mit weiteren innovativen Produkten und Dienstleistungen eine störungsfreie Stromversorgung sicherstellen. Bedeutende Sparten sind zudem der Bau von Hochspannungsprüf- und Diagnosesystemen, die Herstellung von Verbund-Hohlisolatoren, die Konzeption von Anlagen zur Blindleistungskompensation sowie die Oberflächenmodifikation mit Hilfe der Atmosphärendruck-Plasmatechnik. Kunden sind die Hersteller von Hochspannungsgeräten und -anlagen, Energieversorgungsunternehmen sowie die stromintensive Großindustrie.

Die Aktivitäten der Gruppe werden von Regensburg aus gesteuert. Hier befinden sich der Sitz der Geschäftsleitung, das Zentrum der globalen Marketing- und Vertriebsaktivitäten, die Forschung und Entwicklung sowie hoch qualifizierte Arbeitsplätze unterschiedlicher Wertschöpfungsstufen, darunter auch wesentliche Teile der Produktion. Mit Hilfe erheblicher Investitionen in Produkte, Prozesse, Mitarbeiter

und Standorte werden aktuell die Voraussetzungen für eine Fortsetzung des kontinuierlich hohen Wachstums geschaffen. Bewerben Sie sich bei einem Global Player mit familiärem Charakter. Einem Unternehmen, das innovativ ist und Ihre Talente individuell fördert.

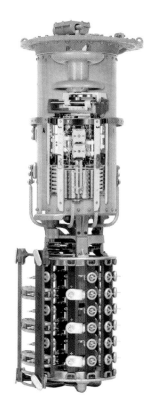

WIR SUCHEN UND BIETEN

Branche: Energieverteilung, Hochspannungstechnik

Geschäftsfelder/Arbeitsgebiete: Transformer Control, Power Composites, Power Quality, Plasma Applications, HIGHVOLT Test Systems

Umsatz/Bilanzsumme: ca. 570 Mio. Euro

Bedarf Ingenieure: Hochschulabsolventen ja Young Professionals ja Praktikanten ja

Fachrichtungen: alle Fachrichtungen

Einsatzgebiete: Jeder Bereich eines international ausgerichteten Unternehmens, insbesondere Entwicklung, Vertrieb, Marketing, Fertigung und im kaufmännischen Bereich

Einstiegsmöglichkeiten: Absolventen und Young Professionals

Startgehalt: 48.000

Mitarbeiter in Deutschland: 1.900

Mitarbeiter weltweit: 2.600

Standorte Deutschland: Regensburg (Hauptsitz), Berlin, Oberursel, Dortmund, Erfurt, Dresden, Wuppertal

Standorte weltweit: Luxemburg, Italien, Russland, Australien, Brasilien, USA, Malaysia, Japan, Südkorea, Südafrika, China, Vereinigte Arabische Emirate, Indien und Iran

BEWERBUNGEN

Maschinenfabrik Reinhausen GmbH
Herr Markl
Falkensteinstr. 8
93059 Regensburg
0941/4090-329

www.reinhausen.com

Form der Bewerbung: Anschreiben, tabellarischer Lebenslauf, Zeugnisse, bevorzugt über unser Bewerberportal

> Innovation und Tradition, gepaart mit einer hohen Produktqualität und einem perfekten After-Sales-Service, bilden die Basis unseres Erfolges.

Weitere Informationen
auf den Seiten
192/193

Mainova AG

Als moderner Energiedienstleister liefert Mainova die Energie und das Wasser für die Stadt Frankfurt und das Umland. Wir erzeugen aktuell rund 40% unseres Strom- und 100% des Wärmebedarfs in eigenen Kraftwerken, überwiegend in höchst effizienten Kraft-Wärme-Kopplungsanlagen.

Die Mainmetropole mit Deutschlands größtem Finanzzentrum, den gigantischen „Server-Farmen" und seiner beeindruckenden Skyline der zahlreichen Hochhäusern voll

sensibler Elektronik ist eines der anspruchsvollsten Versorgungsgebiete in Deutschland. Unser eng vermaschtes Stromnetz, das bei möglichen Ausfällen blitzschnell reagieren und auf andere Knotenpunkte umschalten kann, gilt als eines der sichersten Netze überhaupt.

Es ist das Know-how und die Motivation unserer Mitarbeiter, die Mainova auszeichnet. Deshalb fordern und fördern wir nicht nur unsere Mitarbeiter durch gezielte Fort- und Weiterbildungsmaßnahmen, sondern rekrutieren kontinuierlich qualifizierte Nachwuchskräfte.

Für den Einstieg bei Mainova bieten wir u.a. Traineepositionen im technischen und kaufmännischen Bereich an. Die strukturierte Einarbeitung und die Mitarbeit in verschiedenen Abteilungen sowie begleitende Trainingsmodule ermöglichen eine schnelle Übernahme von verantwortungsvollen Aufgaben. Auch bereits während des Studiums bieten wir Einblicke für Praktikanten oder Diplomanden.

WIR SUCHEN UND BIETEN

Branche: Energieversorgung

Umsatz/Bilanzsumme: 1.715 Mio. €

Bedarf Ingenieure:
Hochschulabsolventen
Young Professionals
Praktikanten

Fachrichtungen: Maschinenbau, Elektrotechnik, Mechatronik, Verfahrenstechnik, Wirtschaftsingenieurwesen, Informatik, Wirtschaftsinformatik

BEWERBUNGEN

Mainova AG
Personalgewinnung
Solmsstr. 38
60623 Frankfurt am Main
www.mainova-karriere.de

Weitere Informationen auf den Seiten 192/193

METRO Group Asset Management

METRO Group
Asset Management

Die METRO Group Asset Management ist das Immobilienunternehmen des internationalen Handelskonzerns und für die Optimierung des Immobilienvermögens verantwortlich.

Die METRO GROUP besitzt weltweit das internationalste Groß- und Einzelhandelsportfolio mit mehr als 700 Handelsstandorten. Als Immobiliengesellschaft des Konzerns ist das Unternehmen für das aktive Management des Immobilienportfolios in 32 Ländern in Europa und Asien sowie für die Entwicklung und den Bau von Handelsimmobilien und das Management von 70 Centerstandorten in Deutschland, Polen und der Türkei verantwortlich. Umfassende Facility Leistungen werden für rund 1.700 Handels-, Verwaltungs- und Lagerstandorte erbracht.

Ist etwas für Sie dabei?

Die METRO Group Asset Management bietet vielfältige Berufsprofile und interdisziplinäre Aufgabenfelder, wie beispielsweise Immobilienwirtschaft, Architektur und

Bauleitung, Erneuerbare Energien, Kaufmännische Verwaltung, Standortanalysen, Entwicklung von DV-Anwendungen, Centermanagement, Stromeinkauf, Controlling, Gebäudemanagement, Mieterbetreuung uvm. Mit rund 1.000 Mitarbeitern gehört die METRO Group Asset Management zu den führenden Immobiliengesellschaften weltweit.

Gute Einstiegschancen

Aktive Menschen, die Immobilienwirtschaft wie Handel gleichermaßen faszinieren, sind bei uns an der richtigen Adresse. Interesse an Immobilien und Handel, Mobilität, Flexibilität und interkulturelle Kompetenz sind bei uns gefragt. Gute Voraussetzungen für eine Laufbahn bei der METRO Group Asset Management sind zudem ausgeprägte organisatorische Fähigkeiten, eine kreative und selbständige Arbeitsweise sowie kundenorientiertes Denken.

WIR SUCHEN UND BIETEN

Branche: Immobilien

Bedarf Ingenieure:
Hochschulabsolventen
Young Professionals
Praktikanten

Fachrichtungen:
(Wirtschafts-) Ingenieurwissenschaften: Bau, Architektur, Energietechnik, Versorgungstechnik, Anlagentechnik, Gebäudetechnik, Erneuerbare Energien

BEWERBUNGEN

Aktuelle Stellenangebote und Ansprechpartner finden Sie in der Stellenbörse der METRO GROUP: www.metrogroup.de Weitere Informationen zur METRO Group Asset Management finden Sie unter www.metro-mam.de

Weitere Informationen auf den Seiten 192/193

Neumayer Tekfor

DAS UNTERNEHMEN IN FAKTEN UND ZAHLEN

Neumayer Tekfor ist ein globaler Partner der Automobilindustrie. Mit rund 2.700 Mitarbeitern und Standorten in Deutschland, Italien, USA, Brasilien, Mexiko und Indien ist Neumayer Tekfor führend in der Konzeption, Entwicklung und Produktion von zukunftsweisenden Lösungen für Getriebe, Motor, Antriebsstrang, spezielle Applikationen sowie Sicherheitsmuttern.

Pioneer mit Weitblick

Als weltweit agierender Spezialist der Umformtechnik entwickeln wir Lösungen und Produkte für den Markt von morgen. Unsere Forschung und Entwicklung ist das Herz der Neumayer Tekfor Group. Wir investieren beständig in unsere Innovationsprozesse: 2007 wurde der "Neumayer Tekfor Innovation Stream" (NTIS) entwickelt, der die Suche nach Produkten der Zukunft durch eine widerspruchsorientierte Vorgehensweise unterstützt. Bereits heute können wir nachweisen, dass wir durch NTIS die Zahl unserer Innovationen deutlich steigern und das Tempo bis zur Marktreife signifikant erhöhen.

Karriere mit Perspektive

Sie steigen als Absolvent bzw. Young Professional, z. B. im Bereich R&D, ein und bearbeiten selbstständig Ihre eigenen Projekte mit erfahrenen Produktingenieuren. Wir fördern Sie individuell! Unsere Neumayer Tekfor Academy bietet zahlreiche Weiterbildungsmöglichkeiten für Fach- und Führungskräfte.

Sie streben eine internationale Karriere an, fühlen sich von einem kollegialen Arbeitsklima und attraktiver Vergütung angesprochen? Bewerben Sie sich!

WIR SUCHEN UND BIETEN

Branche: Automobilzulieferer

Geschäftsfelder/Arbeitsgebiete: Research & Development, Operations, Sales & Project Management, Finance & IT, Human Resources, Supply Chain Management

Umsatz: 630 Mio. Euro

Bedarf Ingenieure: Hochschulabsolventen ca. 10 pro Jahr

Fachrichtungen: Maschinenbau, Fahrzeugtechnik, Wirtschaftsingenieurwesen

BEWERBUNGEN

Aktuelle Stellenangebote und Ansprechpartner finden Sie im Bereich Karriere auf unserer Internetseite. www.neumayer-tekfor.com

We are pioneering solutions

Weitere Informationen auf den Seiten 59 und 192/193

PERI GmbH

PERI

DAS UNTERNEHMEN IN FAKTEN UND ZAHLEN

PERI wurde 1969 von Artur Schwörer gegründet. 40 Jahre später zählt das familiengeführte Unternehmen mittlerweile zu den 50 Top-Unternehmen in Bayern, die in den letzten Jahren ein überdurchschnittliches Mitarbeiter- und Umsatzwachstum erzielt haben.

Mit 873 Mio. Euro Umsatz im Jahr 2009 ist PERI international größter Hersteller und Anbieter von Schalungs- und Gerüstsystemen und gilt als kompetenter Partner der Bauunternehmen. Das Angebotsspektrum reicht von der Entwicklung und Produktion von Schalungsträger, Wand- und Deckenschalungen, Tunnel- und Brückenschalungen über Klettersysteme, Gerüste und Arbeitsplattformen und die zugehörigen Dienstleistungen für Bauprojekte. Und wir wachsen weiter: Durch die großzügige Erweiterung der Fertigungskapazitäten am zentralen Produktionsstandort in Weißenhorn werden die Weichen für die Zukunft gestellt. Große, weltweit gebündelte Stückzahlen führen durch einen hohen Automatisierungsgrad zu günstigen Herstellungskosten und erstklassiger Qualität. Weltweit bedient PERI mit 5.300 Mitarbeitern, 48 Tochtergesellschaften und 100 leistungsfähigen Lagerstandorten seine Kunden mit innovativen Systemgeräten und einem breiten Spektrum an Dienstleistungen, um Bauprojekte auf wirtschaftliche Art und Weise zu realisieren.

WIR SUCHEN UND BIETEN

Branche: Bauzulieferer

Bedarf Ingenieure: Hochschulabsolventen ja Young Professionals ja Praktikanten ja

Fachrichtungen: Bauingenieurwesen, Maschinenbau, Logistik, Vertrieb, Wirtschaftsingenieur- und Wirtschaftswissenschaften

BEWERBUNGEN

PERI GmbH, Silvia Beitner Rudolf-Diesel-Str. 19, 89264 Weißenhorn Telefon: +49 (0)7309 950-6050 E-Mail: silvia.beitner@peri.de www.peri.de

Form der Bewerbung: Post, E-Mail

Weitere Informationen auf den Seiten 192/193

Salzgitter AG

DAS UNTERNEHMEN IN FAKTEN UND ZAHLEN

Salzgitter AG - Stahl und Technologie

Ob nahtlose Präzisrohre, hochwertige Spezialstähle für den Automobilbau oder maßgeschneiderte Komplettanlagen für die Getränkeindustrie - die Salzgitter AG bietet eine breite und gleichzeitig hochwertige Produktpalette und gehört damit zu den führenden Stahltechnologie-Konzernen Europas. Eine wesentliche Basis für diesen Erfolg sind unsere vielfältigen Aktivitäten in Forschung und Entwicklung.

Stahl ist mehr als nur ein Werkstoff

Stahl begegnet uns in allen Lebensbereichen. Er bewegt Höchstgeschwindigkeitszüge und Ozeanriesen. Stahl öffnet Türen, Tresore und Weinflaschen. Stahl prägt die Architektur eines Gebäudes, das Design eines Autos, den Charakter einer Metropole. Und Stahl wird ständig neu erfunden. Damit Stahl weiterhin innovativ, zuverlässig und in vielen Gebieten unersetzbar bleibt, investieren wir bis zum Jahr 2012 mehr als eine Milliarde Euro in Anlagen und Prozesse und suchen für deren Betrieb engagierte neue Kollegen.

Ihre zukünftigen Aufgaben?

Bei uns in der Forschung können Sie z. B. an neuen Lösungen für den Automobilbau (Stahl als Leichtbauwerkstoff) mitarbeiten. In der Produktion beherrschen Sie Anlagen, die über 300 Meter lang und dabei bis zu 65 Meter hoch sind. In der Instandhaltung sorgen Sie vorausschauend dafür, dass unsere Produktion rund um die Uhr stö-rungsfrei laufen kann. Oder reizt Sie mehr die Frage, wie man 20 Flaschen in der Sekunde reinigen, befüllen, etikettieren und verpacken kann? Dann sind wir gespannt darauf, Sie kennenzulernen.

Unser Angebot

Bei uns haben Sie alle Chancen, die Zukunft der Salzgitter Gruppe aktiv mit zu gestalten. Wir geben Ihnen Freiräume, Ihre Ideen zu entwickeln und umzusetzen. Dabei sind Kreativität und Innovation gefragt. Unsere Mitarbeiter arbeiten überwiegend in Teams und Projektgruppen. Kommunikations- und Teamfähigkeit sind deshalb wichtige Kompetenzen, über die Sie verfügen sollten. Wir bieten anspruchsvolle und attraktive Arbeitsplätze mit zahlreichen vertikalen und horizontalen und zum Teil auch internationalen Karrieremöglichkeiten. Mit speziellen Programmen fördern und fordern wir interne Nachwuchskräfte. Ihr Engagement wird leistungsgerecht vergütet.

Praktika und Abschlussarbeiten

Lernen Sie in einem Praktikum oder im Rahmen einer Abschlussarbeit die Faszination des Werkstoffs Stahl, moderne Anlagen und komplexe Steuerungssysteme kennen. Auf unserer Homepage finden Sie vielfältige Angebote, wie Sie mit uns gemeinsam Einblicke in die Praxis bekommen können. Erfahrungsberichte von Praktikanten und Mitarbeitern finden Sie im Karriere Blog.

WIR SUCHEN UND BIETEN

Branche: Stahlindustrie, Handel, Abfüll- und Verpackungstechnologie

Geschäftsfelder/Arbeitsgebiete: Stahl, Röhren, Handel, Anlagenbau, IT, Logistik

Umsatz/Bilanzsumme: 8 Mrd. Euro Außenumsatz in 2009

Bedarf Ingenieure: Hochschulabsolventen 50 Young Professionals 20 Praktikanten 100

Fachrichtungen: Automatisierungstechnik, Elektrotechnik, Maschinenbau, Verfahrenstechnik, Werkstoffwissenschaften

Einsatzgebiete: Forschung und Entwicklung, Produktion, Instandhaltung, Kundenberatung, Vertrieb, Inbetriebnahme, Qualitätssicherung

Startgehalt: abhängig von Ausbildung und Standort bis 48.000 €

Mitarbeiter in Deutschland: 19.900

Mitarbeiter weltweit: 23.400

Standorte Deutschland: Salzgitter, Mülheim, Düsseldorf, Dortmund u.a.

Standorte weltweit: Frankreich, Italien, Mexiko, Brasilien, USA u.a.

BEWERBUNGEN

Salzgitter AG
Abteilung Führungskräfte
Markus Rottwinkel
Eisenhüttenstraße 99
38239 Salzgitter
karriere@salzgitter-ag.de

www.salzgitter-ag.de/personal

Form der Bewerbung: ausführliche Bewerbungsunterlagen per Post, per E-Mail oder Online-Bewerbung

Unsere Philosophie:
Miteinander kommunizieren, voneinander lernen, gemeinsam unternehmerisch handeln.

Weitere Informationen auf den Seiten 192/193

Siemens AG

SIEMENS

DAS UNTERNEHMEN IN FAKTEN UND ZAHLEN

Die Siemens AG (Berlin und München) ist ein weltweit führendes Unternehmen der Elektronik und Elektrotechnik. Der Konzern ist auf den Gebieten Industrie und Energie sowie im Gesundheitssektor tätig. Siemens steht seit über 160 Jahren für technische Leistungsfähigkeit, Innovation, Qualität, Zuverlässigkeit und Internationalität. Siemens ist außerdem weltweit der größte Anbieter umweltfreundlicher Technologien. Mit rund 23 Milliarden Euro entfällt knapp ein Drittel des Konzernumsatzes auf grüne Produkte und Lösungen. Insgesamt erzielte Siemens im vergangenen Geschäftsjahr, das am 30. September 2009 endete, einen Umsatz von 76,7 Mrd. EUR und einen Gewinn nach Steuern von 2,5 Mrd. Euro.

Weitere Informationen finden Sie im Internet unter: www.siemens.com

Wen wir suchen

In einer erfolgreichen Partnerschaft muss alles stimmen — von Anfang an! Wir suchen weltoffene, kreative und zielorientierte Teamworker, die engagiert und innovativ Ideen voranbringen.

Wie wir Sie finden

Wir wählen unsere Mitarbeiter gezielt nach Ihren Kenntnissen, Erfahrungen und Fähigkeiten aus. Dabei legen wir genauso viel Wert auf ein breit gefächertes Grundlagenwissen wie auf die Bereitschaft sich schnell in neue Wissensgebiete und Methoden hineinzufinden.

Unser Tipp

Informieren Sie sich zuerst ausführlich über unsere verschiedenen Unternehmensbereiche und entscheiden Sie erst dann, welches Gebiet Ihren Erwartungen und Qualifikationen ambesten entspricht. Ein Blick in unsere internationale Jobbörse ermöglicht Ihnen, Ihre Bewerbung gezielt zu adressieren.

www.siemens.de/career/jobboerse

WIR SUCHEN UND BIETEN

Geschäftsfelder/Arbeitsgebiete:
Elektrotechnik und Elektronik

Bedarf Ingenieure:
bedarfsorientiert (Einstellungen 2009: weltweit mehr als 50.000)

Fachrichtungen: Entsprechend unseres Portfolios suchen wir vorzugsweise Absolventen bzw. Young Professionals aus Elektrotechnik, Informatik, Maschinenbau, Physik, Wirtschaftswissenschaften, Wirtschaftsingenieurwesen und Wirtschaftsinformatik
www.siemens.de/career/absolventen

Angebote für Studierende: Praktika im In- und Ausland, Werkstudentenplätze, Studien- und Abschlussarbeiten, Stipendien sowie unsere Studentenprogramme TOPAZ und YOLANTE
www.siemens.de/career/studenten

Einsatzgebiete: Beispielsweise in der Entwicklung, Projektierung, Fertigung, Vertrieb, Montage, Service, Marketing, Einkauf und Logistik, Beratung und Consulting, Rechnungswesen und Controlling, Personalwesen u.a.

Einstiegsmöglichkeiten:
Direkteinstieg mit individuellen Einarbeitungsprogrammen; Siemens Traineeprogramme

Mitarbeiter in Deutschland:
rund 128.000

Mitarbeiter weltweit: rund 405.000

Standorte weltweit: 190

BEWERBUNGEN

Jobbörse, Online-Bewerbung und alle Informationen zu Jobs & Karriere finden Sie unter:
www.siemens.de/career
www.siemens.de/career/jobboerse

Form der Bewerbung:
Online-Bewerbung

Weitere Informationen auf den Seiten 71 und 192/193

Tognum Group

DAS UNTERNEHMEN IN FAKTEN UND ZAHLEN

Neues schaffen. Weiter denken. Vorwärtskommen.

Aus faszinierenden Ideen machen unsere rund 9.000 Mitarbeiter kraftvolle Technik – vom 10.000-kW-Dieselmotor bis zur Brennstoffzelle. Mit den Marken MTU und MTU Onsite Energy ist Tognum einer der weltweit führenden Anbieter von Motoren und kompletten Antriebssystemen für Schiffe, Land- und Schienenfahrzeuge, Industrieantriebe und dezentrale Energieanlagen. Innovative Einspritzsysteme von L Orange runden unser Technologie-Portfolio rund um den Antrieb ab.

Die vielfältigen Anwendungsgebiete unserer Produkte garantieren profitables Wachstum und langfristigen Erfolg: Tognum-Systeme bringen den Eiffelturm zum Strahlen und sichern die Stromversorgung im Pekinger Olympiastadion. Tognum-Motoren treiben Motoryachten und Schnellzüge voran und haben die Power von etlichen Formel-1-Motoren. Genug Kraft, um mit den mächtigsten Transportmaschinen der Welt viele hundert Tonnen auf einmal zu bewegen.

Unsere Mitarbeiter wissen, dass sie gemeinsam Herausragendes erreichen – ob in Entwicklung oder Produktion, Service oder Logistik, Einkauf oder Sales. Sie schätzen die Entwicklungsmöglichkeiten und die vielseitigen Perspektiven, die die Zugehörigkeit zu einer starken internationalen Gruppe ihnen eröffnet. Und sie leben die zentralen Werte, für die unser

Unternehmen steht: Inspiration, Innovation und Dynamik.

Inspiration – weil schon der legendäre MTU-Gründer Wilhelm Maybach für verblüffende Lösungen stand, die Brillanz und Praxistauglichkeit verbinden. So wurde er zum „König der Konstrukteure". Und weil wir auch heute das ideale Umfeld für zündende Gedanken bieten.

Innovation – weil wir neue Wege gehen. Jeden Tag. Und weil wir es lieben, unsere Produkte und Prozesse zu verbessern. Für Exzellenz im Kleinen und im Großen: mehr Leistung. Höhere Effizienz. Und weniger Emissionen.

Dynamik – weil die Leidenschaft unserer Mitarbeiter uns vorantreibt. Weil unser Geschäft sich so rasant entwickelt, als hätte es einen unserer Motoren an Bord. Und weil schon unser Name Programm ist: „Tog" heißt „kraftvoll ziehen".

Bewegen auch Sie mit uns die Welt. Wir bieten Ihnen vielseitige Einstiegsmöglichkeiten, individuelle Förderung und verantwortungsvolle Aufgaben.

Willkommen bei Tognum in Friedrichshafen!

Multiple Chances: Das internationale Traineeprogramm. Jedes Jahr im September bietet Tognum Hochschulabsolventen den optimalen Berufs- und Unternehmenseinstieg über das internationale Traineeprogramm „Multiple Chances". Das Programm garantiert einen generellen und globalen

Ein- und Überblick über die verschiedenen Unternehmensbereiche sowie die Firmenkultur, die Art der Zusammenarbeit und companyinterne Abläufe. Dabei sind die Trainees nicht nur Zuschauer, sondern übernehmen schon spannende Aufgaben und Verantwortung.

Das on-the-Job-Programm. In den ersten sechs Monaten gewinnen die Trainees vertiefende Kenntnisse in ihrem späteren Arbeitsbereich, werden dann sechs Monate ein anderes Geschäftsfeld kennen lernen und können anschließend sechs Monate im Ausland tätig sein.

Das off-the-Job-Programm. Jeder Trainee erhält – neben seinem „Personal Survival Kit für den Berufseinstieg" – Trainings zur Entwicklung seiner Skills und Competencys: zum Beispiel Management- und Führungskompetenz, Soziale Kompetenz und Kommunikation, Persönliche Kompetenz und Business Coaching, Interkulturelle Kompetenz. Und jedem Trainee steht ein Mentor mit Rat und Tat zur Seite.

Maßgefertigt, nicht massengefertigt. Die Unternehmensbedarfe und die vielfältigen anstehenden Aufgaben erlauben uns, den Trainees für die Stationen jeweils mehrere Optionen anbieten zu können. Je nach Studienhintergrund, den Vorstellungen und Erwartungen der Trainees sowie unseren Zielen für die Unternehmens- und persönliche Entwicklung stimmen wir das Programm individuell mit jedem Trainee ab.

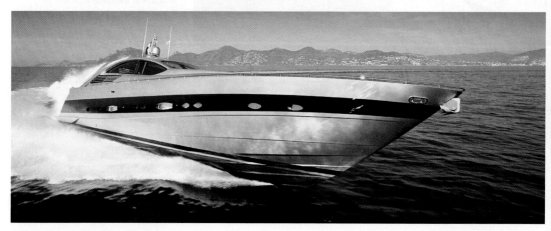

Arbeiten als Versuchsingenieur

Name: Dominik Finkel
Alter: 30 Jahre
Position: Versuchsingenieur

Mein Job

In meiner Abteilung geben wir sozusagen unseren Produkten den „letzten Schliff" bzw. füllen den Motor „mit Leben". Das bedeutet zum Beispiel, die Abstimmung von neu entwickelten Motoren hinsichtlich der Emissionsgesetzgebung sowie die Erprobung von neuen Bauteilen und Komponenten. Im Rahmen von Projekten arbeite ich interdisziplinär auch mit dem Vertrieb, der Analytik und der Konstruktion zusammen.

Meine Lieblingsaufgabe

Das Spannendste an meiner Aufgabe ist, dass ich einfach neue Motoren mitentwickeln und später beim Kunden die Erstinbetriebnahme durchführen kann. So sehe ich unmittelbar die Früchte oder den Erfolg meiner geleisteten Arbeit. Und als technikbegeisterter Ingenieur mag ich auch die Detailarbeit in meinem Job: So kann eine kleine Änderung an der Motorsteuerung große Auswirkungen hinsichtlich Wirtschaftlichkeit und Umweltschutz haben.

Mein Werdegang

Nach dem Abitur war ich für zwei Jahre als Offizier der Reserve als Fallschirmjäger bei der Bundeswehr. Direkt im Anschluss habe ich an der Universität Karlsruhe Maschinenbau mit dem Schwerpunkt Produktentwicklung und Konstruktion studiert. Während des Studiums habe ich u. a. ein Praktikum bei KSB in Australien gemacht, die Diplomarbeit am ITS meiner Uni geschrieben. Nach dem Studium bin ich in das internationale Traineeprogramm „Multiple Chances" bei Tognum eingestiegen: zunächst war ich im Versuch und in der Konstruktion eingesetzt, in meiner zweiten Traineestation im Bereich Application. Die dritte Traineestation beinhaltet immer einen Auslandsaufenthalt. Hier war ich sechs Monate in Detroit, um dort sozusagen die Abteilung „Versuch" vor Ort zu vertreten. Seit Ende des Traineeprogramms Anfang 2010 arbeite ich nun als Versuchsingenieur bei unserer Baureihe 4000, unsere meistverkauften mittelgroßen Motoren, und bin dort aktuell verantwortlich für ein Herstellkostenreduktionsprogramm.

Meine Zukunft

Ich möchte in den nächsten Jahren mein technisches Know-how ausbauen, Projektverantwortung übernehmen und auf jeden Fall nochmals für das Unternehmen eine Zeit ins Ausland gehen, gerne in die USA oder nach Australien.

Mein Tipp für den Berufseinstieg

Sehr wichtig finde ich, das für sich richtige Unternehmen zu finden. In dem man sich mit den Aufgaben, den Produkten und auch mit der Kultur bzw. der Art der Zusammenarbeit identifizieren kann. In dem man gefördert wird und sich weiterentwickeln kann. Nicht ganz unwichtig finde ich persönlich ebenfalls den Standort. Eine Stadt oder eine Region, in der man sich wohl fühlt und auch seinen Hobbys und Interessen nachgehen kann. Am Bodensee tanke ich zum Beispiel neue Energien beim Bergsteigen oder Snowboarden.

WIR SUCHEN UND BIETEN

Branche: Maschinenbau, Investitionsgüterindustrie

Geschäftsfelder/Arbeitsgebiete: Dieselmotoren und komplette Antriebssysteme

Umsatz/Bilanzsumme: 2,529 Mrd. Euro (2009)

Bedarf Ingenieure: Hochschulabsolventen 60 Young Professionals 60 Praktikanten 150

Fachrichtungen: Maschinenbau, Elektrotechnik, Wirtschaftsingenieurwesen, Wirtschaftswissenschaften

Einstiegsmöglichkeiten: Direkteinstieg, internationales Traineeprogramm

Startgehalt: ca. 43.000 bis 48.000

Mitarbeiter in Deutschland: ca. 7.000

Mitarbeiter weltweit: ca. 9.000

Standorte Deutschland: Friedrichshafen (Hauptsitz)

Standorte weltweit: in 130 Ländern vertreten

BEWERBUNGEN

Tognum AG
Regine Siemann
Head of Global Employer Branding
Maybachplatz 1
88045 Friedrichshafen
Tel. 07541 90-6513
Regine.Siemann@tognum.com

www.tognum.com

Weitere Informationen auf den Seiten 101 und 192/193

ThyssenKrupp

DAS UNTERNEHMEN IN FAKTEN UND ZAHLEN

Eine sich wandelnde Welt braucht Lösungen

Ideen entwickeln, Bewährtes neu überdenken oder Herausforderungen annehmen, die für andere unlösbar scheinen. Dafür braucht es starke Persönlichkeiten, die nicht nur gute Ideen haben, sondern sich auch dafür einsetzen, diese Wirklichkeit werden zu lassen. Solche Menschen findet man überall bei ThyssenKrupp. Gemeinsam verbinden sie Innovation und Kompetenz für zukunftsorientierte Produktlösungen sowie nachhaltigen Fortschritt, um die führende Position des Unternehmens auch für die Zukunft zu sichern.

ThyssenKrupp ist ein weltweit tätiger integrierter Werkstoff- und Technologiekonzern. Mit rund 188.000 Mitarbeitern in über 80 Ländern erwirtschaftete das Unternehmen im Geschäftsjahr 2008/ 2009 einen Umsatz von mehr als 40 Milliarden Euro. Die acht Business Areas Steel Europe, Steel Americas, Stainless Global und Materials Services sowie Elevator Technology, Plant Technology, Components Technology und Marine Systems bündeln die Aktivitäten und das Know-how des Konzerns in den beiden strategischen Kompetenzfeldern Materials und Technologies. Neben der Herstellung von innovativen Stahlprodukten, Anlagen zur Personenbeförderung sowie Spezial- und Großanlagen konzentriert sich ThyssenKrupp auf die Entwicklung und Herstellung hochwertiger Komponenten und Systeme für die Automobilindustrie, auf den Bau von Marineschiffen sowie technische und infrastrukturelle Dienstleistungen für produzierende und verarbeitende Unternehmen.

Einstieg in das Projekt Zukunft

ThyssenKrupp bietet Studierenden schon während des Studiums eine Reihe von Möglichkeiten, praktische Erfahrungen zu sammeln, sich zu qualifizieren und die eigenen Erfolgschancen zu verbessern. Ein Praktikum im Rahmen des konzernweiten Programms „NEXT GENERATION" verschafft wertvolle Einblicke in eine Vielzahl verschiedener Berufszweige und Unternehmensbereiche. Neben der fachlichen und persönlichen Weiterentwicklung ebnet es möglicherweise auch den Einstieg in den späteren Beruf. Darüber hinaus unterstützt ThyssenKrupp Abschlussarbeiten und Promotionen. Die Teilnehmer des Doktorandenprogramms „YOUR INNOVATION" haben nicht nur Zugriff auf das Wissenschaftsnetzwerk von ThyssenKrupp – auch maßgeschneiderte Seminare und gezieltes Mentoring durch erfahrene Forscher und Entwickler leisten wertvolle Unterstützung auf dem Weg zum Doktortitel.

Hochschulabsolventen stehen mit verschiedenen 12- bis 24-monatigen Traineeprogrammen im Corporate Headquarter, in den Business Areas oder in einem der weltweiten Unternehmen alle Türen für eine berufliche Zukunft in einem global tätigen Technologiekonzern offen. Gleiches gilt natürlich auch für den Direkteinstieg. Ein innovatives Umfeld hilft dabei, die persönliche Entwicklung voranzutreiben, Potentiale optimal zu entfalten, wichtiges Know-how direkt in der Praxis zu sammeln und zu lernen, Verantwortung zu übernehmen.

Weitere Informationen auf den Seiten 27 und 192/193

TÜV Rheinland Group

TÜVRheinland®
Genau. Richtig.

DAS UNTERNEHMEN IN FAKTEN UND ZAHLEN

Genau. Richtig.

Die TÜV Rheinland Group ist ein international führender Dienstleistungskonzern. Das Unternehmen wurde 1872 gegründet und hat seinen Stammsitz in Köln. An 490 Standorten in 61 Ländern auf allen Kontinenten arbeiten mehr als 13.800 Menschen und erwirtschaften einen Umsatz von 1,2 Milliarden Euro. Anspruch und Leitidee des Konzerns ist die nachhaltige Entwicklung von Sicherheit und Qualität im Spannungsfeld von Mensch, Technik und Umwelt.

Das bin ich.

Unsere Mitarbeiterinnen und Mitarbeiter sind überzeugt, dass gesellschaftliche und industrielle Entwicklung ohne technischen Fortschritt sowie den sicheren Einsatz technischer Innovationen, Produkte und Anlagen nicht möglich ist. Das heißt: Wachstum und Verantwortung sind für die TÜV Rheinland Group untrennbar miteinander verbunden. Seit 2006 ist das Unternehmen deshalb Mitglied im Global Compact der Vereinten Nationen.

Einstieg und Karriere.

Wir suchen talentierte Nachwuchskräfte, die sich durch umfangreiches Fachwissen, ein hohes Maß an Motivation, Dienstleistungsorientierung sowie Flexibilität und Leistungsbereitschaft auszeichnen.

Bei der TÜV Rheinland Group arbeiten Sie in einem wachstumsstarken, internationalen Unternehmen mit attraktiven Karriere- und Weiterentwicklungsmöglichkeiten.

Wir freuen uns auf Sie.

Unabhängig, neutral und kompetent bauen wir an einer Zukunft, die den Anforderungen von Menschen und Umwelt nachhaltig gerecht wird. Durch kunden- und erfolgsorientiertes Agieren erhöhen wir stetig unsere Attraktivität für Kunden, Partner und Mitarbeiter.

WIR SUCHEN UND BIETEN

Geschäftsfelder/Arbeitsgebiete:
Industrie Service, Mobilität, Produkte, Leben und Gesundheit, Bildung und Consulting, Systeme

Fachrichtungen: Ingenieurwissenschaften, Naturwisschenschaften, Informatik, Wirtschftswissenschaften

BEWERBUNGEN

TÜV Rheinland Group - Bewerberservice
Frau Groß, Frau Eisele, Frau Conradi
Am Grauen Stein
51105 Köln
Tel.: 0221-806-119

Form der Bewerbung:
Online über Bewerberportal „Your Job" auf www.tuv.com/jobs

Weitere Informationen auf den Seiten 192/193

Vattenfall Europe

VATTENFALL

DAS UNTERNEHMEN IN FAKTEN UND ZAHLEN

Über uns

Unsere Vision ist es, ein führendes europäisches Energieunternehmen zu sein. Das bedeutet für uns: Wir wollen die erste Wahl der Kunden sein, vorbildlich im Umweltschutz auftreten und die Entwicklung nachhaltiger Energielösungen der Zukunft gestalten.

Vattenfall Europe ist der drittgrößte Energiedienstleister Deutschlands. Wir sind 2002 aus den Unternehmen Bewag, HEW, LAUBAG und VEAG entstanden. Auf dem deutschen Markt tritt der Konzern seit 2006 unter der einheitlichen Marke Vattenfall auf. Vattenfall produziert, verteilt, handelt und vertreibt heute Strom, Wärme und Kälte an rund 2,7 Millionen Kunden in ganz Deutschland.

Mit rund 21.000 Beschäftigten in Deutschland leisten wir einen wesentlichen Beitrag zum Erfolg des Vattenfall Konzerns, der sich auch in anderen Ländern Europas erfolgreich am Markt etabliert hat. Vattenfall ist die Nummer 1 bei der Fernwärmeerzeugung und Nummer 5 bei der Stromerzeugung in Europa und derzeit in Schweden, Finnland, Dänemark, Deutschland und Polen aktiv.

Das strategische Leitmotiv Vattenfalls lautet, durch Wachstum seine Position als ein führendes europäisches Energieunternehmen fortzuentwickeln. Dies bietet Nachwuchskräften exzellente internationale Karrierechancen. Die Dynamik des Energiemarktes und die damit verbundenen Herausforderungen für Vattenfall Europe machen einen Berufseinstieg bei uns besonders attraktiv. Gemeinsam mit Ihnen wollen wir den Erfolg von Vattenfall Europe fortschreiben und unsere Kernwerte Offenheit – Verlässlichkeit – Effektivität mit Leben füllen.

Vattenfall Europe fördert und begleitet Sie

Sie haben die Möglichkeit unser Unternehmen auf verschiedenen Wegen kennenzulernen: als Praktikant, Diplomand oder Trainee.

WIR SUCHEN UND BIETEN

Branche: Energie

Bedarf Ingenieure:
Hochschulabsolventen ca. 30

Fachrichtungen: Bergbau, Elektrotechnik, Energietechnik, Geologie, Kraftwerkstechnik, Maschinenbau, Verfahrenstechnik, Wirtschaftsingenieurwesen

BEWERBUNGEN

Informationen zu allen Ansprechpartnern im Konzern sowie aktuellen Stellenangeboten finden Sie auf unseren Karriereseiten unter www.vattenfall.de/karriere

Weitere Informationen auf den Seiten 192/193

Uhde GmbH

DAS UNTERNEHMEN IN FAKTEN UND ZAHLEN

Uhde ist ein Ingenieurunternehmen mit weltweit rund 4.500 Mitarbeitern an mehr als 30 Standorten, das noch immer den Namen des Firmengründers Friedrich Uhde trägt.

Innovative Lösungen, spannende Projekte und Einsätze rund um den Globus – all das zeichnet Uhde aus und macht uns zu einem der weltweit führenden Ingenieurunternehmen in der Planung und dem Bau von Chemie-, Raffinerie- und Industrieanlagen.

Wir sind Experten, wenn es darum geht, unseren Kunden erstklassige Technologien anzubieten und Projekte bis zum Ende zu betreuen. Die Herausforderung, der wir uns dabei stellen, ist die verantwortungsvolle Nutzung der globalen Ressourcen und der effiziente Einsatz von Energien.

Qualifizierte, leistungsfähige und motivierte Mitarbeiter sind der Baustein unseres Erfolgs. Daher bietet Uhde seinen Mitarbeitern alles, was sie benötigen, um die großen Herausforderungen von morgen zu meistern: attraktive Aufgaben in richtungsweisenden Projekten, sympathische Teams und Freiräume zur persönlichen Entfaltung. Denn: Nur mit starken Mitarbeitern sind wir stark im Wettbewerb!

Unsere Mitarbeiter

Mit uns lernen Sie die Welt kennen, denn nach den Planungsarbeiten im Büro geht es raus auf die Baustelle zur Überwachung der Montage und der Inbetriebnahme von Industrieanlagen. Dadurch lernen Sie fremde Kulturen und interessante Menschen kennen und müssen sich gleichzeitig verschiedenen Herausforderungen, wie z.B. langen Arbeitszeiten oder einem ungewohnten Klima, stellen.

Sind Sie ein Teamplayer, der sich in der Welt zu Hause fühlt? Dann möchten wir Sie kennenlernen!

Hochschulabsolventen

Wir bieten Hochschulabsolventen interessante Einstiegsmöglichkeiten in die Berufswelt des Anlagenbaus: Durchlaufen Sie im Rahmen des ThyssenKrupp Traineeprogramms verschiedene Stationen bis Sie bei Uhde Ihre Zielposition besetzen, oder entscheiden Sie sich für einen Direkteinstieg – Sie treffen eine gute Wahl für Ihre Zukunft und vertiefen Ihr Know-how in der Praxis.

Studenten

Möchten Sie Ihr erworbenes Wissen in der Praxis anwenden und vertiefen und wichtige Kontakte für Ihre berufliche Laufbahn knüpfen? Dann lernen Sie Uhde im Rahmen eines Praktikums kennen und schnuppern Sie erste Berufsluft.

Auch wenn Sie kurz vor dem Ende Ihres Studiums stehen und Ihre Abschlussarbeit über ein praxisrelevantes Thema und unter kompetenter Betreuung schreiben möchten, sind Sie bei uns richtig. Bewerben Sie sich als Diplomand und bereichern Sie Ihre Diplom-, Master- oder Bachelorarbeit durch praktische Kenntnisse und neues Wissen.

Nutzen Sie die vielfältigen Chancen und lernen Sie Uhde als möglichen zukünftigen Arbeitgeber kennen!

WIR SUCHEN UND BIETEN

Branche: Internationaler Anlagenbau

Geschäftsfelder/Arbeitsgebiete: Chemie-, Industrieanlagen

Bedarf Ingenieure: Hochschulabsolventen je nach Bedarf Young Professionals je nach Bedarf Praktikanten je nach Bedarf

Fachrichtungen: Maschinenbau, Verfahrenstechnik, Elektrotechnik, Engineering

Einsatzgebiete: Verfahrenstechnik, Konstruktion (Anlagenplanung), Engineering, Inbetriebnahme

Einstiegsmöglichkeiten: Direkteinstieg oder Traineeprogramm

Mitarbeiter in Deutschland: 2.050

Mitarbeiter weltweit: 4.500

Standorte Deutschland: Dortmund, Bad Soden, Haltern, Hagen, Berlin

Standorte weltweit: Südafrika, Australien, Russland, Ägypten, Thailand, Mexiko

BEWERBUNGEN

Weitere Informationen rund um das Thema Bewerbung, aktuelle Stellenangebote sowie unser Online-Bewerbungssystem finden Sie auf unserer Internetseite:

www.uhde.eu

Form der Bewerbung: Online-Bewerbung

Weitere Informationen auf den Seiten 192/193

Windmöller & Hölscher KG

DAS UNTERNEHMEN IN FAKTEN UND ZAHLEN

Seit über 140 Jahren sind flexible Verpackungen unsere Welt. Mit unserem einzigartigen Spektrum an Maschinen und Systemen zur Herstellung und Bedruckung von Folien-, Kunststoffgewebe- und Papierverpackungen sind wir seit Jahrzehnten Technologieführer – in über 130 Ländern der Erde.

Wenn Ingenieuraugen glänzen ...

Name:
Tim Kirchhoff,
Diplom-Ingenieur
Maschinenbau

Alter: 27

Position:
Konstruktions-
ingenieur

Herr Kirchhoff, welche Aufgabe haben Sie im Unternehmen?

Ich arbeite im Bereich Wicklertechnologie und bin u. a. für die Prüfstandbetreuung und -konstruktion sowie für Versuchsdurchführungen und -auswertungen zuständig.

Warum haben Sie sich für den Studiengang Maschinenbau entschieden?

Schon während meiner Oberstufenzeit hatten mich die Bereiche Mechanik und Informatik begeistert, vor allem die Kombination von beidem. Gerade das Maschinenbaustudium ermöglichte mir die Spezialisierung auf diesen Schnittstellenbereich. Als studentische Hilfskraft lernte ich später den Werkzeugmaschinen kennen und schätzen, daher legte ich schließlich meinen Schwerpunkt auf Produktions- und Fertigungstechnik.

Wie sind Sie auf W&H aufmerksam geworden?

Über einen Kommilitonen wurde ich auf den Praxis- und Projekttag bei W&H aufmerksam. An diesem Tag werden Problemstellungen einzeln und im Team bearbeitet, betreut von W&H-Führungskräften. Im Anschluss an die Veranstaltung bekamen wir dann einen Überblick über die eigenen Stärken und Schwächen, was ich als sehr hilfreich empfand. Durch den Kontakt mit den W&H-Mitarbeitern erhielt ich aber auch einen Einblick in das Arbeitsumfeld, das ich spannend fand. Dazu kamen W&Hs Position als weltweit anerkannter Technologieführer einerseits und die Struktur als Traditions- und Familienunternehmen andererseits, was mich besonders ansprach.

Wie empfanden Sie den Einstieg bei W&H?

Die Einarbeitungszeit erlebte ich als sehr umfassend. Während der ersten Wochen durchlief ich verschiedene Abteilungen, von der Fertigung bis zum Test der Anlagen, und konnte so nebenbei wichtige Kontakte im Unternehmen knüpfen. Danach konnte ich schnell in meinen eigenen Bereich einsteigen und eigene Entwicklungsprojekte übernehmen.

Was war eine besondere Erfahrung bisher bei W&H?

Der erste Auslandseinsatz bei einem Kunden in Spanien. Es war interessant, die Kundensicht kennenzulernen und zu erfahren, wie unsere Maschinen vor Ort eingesetzt werden – und wo unsere Wettbewerbsvorteile liegen.

Welche Zukunftsperspektiven sehen Sie bei W&H?

Der Bereich der flexiblen Verpackungen hat sehr gute Zukunftsperspektiven, vor allem der außereuropäische Markt wächst immer stärker. Das stellt uns natürlich auch vor Herausforderungen. Da unsere Anlagen den vollständigen Herstellungsprozess von flexiblen Verpackungen abdecken, kann W&H die Produktionsprozesse unserer Kunden kontinuierlich verbessern und somit die eigene Position als Technologieführer immer weiter ausbauen.

WIR SUCHEN UND BIETEN

Branche: Maschinenbau

Geschäftsfelder/Arbeitsgebiete:
Druck- und Verarbeitungsmaschinen für flexible Verpackungen, Extrusionsanlagen

Umsatz/Bilanzsumme:
Umsatz ca. 450 Mio. €

Bedarf Ingenieure:
Hochschulabsolventen 10
Young Professionals 20
Praktikanten 40

Fachrichtungen:
Elektrotechnik, Maschinenbau, Wirtschaftsingenieurwesen

Einsatzgebiete:
Entwicklung, Konstruktion, Technischer Vertrieb

Einstiegsmöglichkeiten:
Direkteinstieg

Mitarbeiter in Deutschland: 1.600

Mitarbeiter weltweit: 2.000

Standorte Deutschland:
Muttergesellschaft Lengerich/Westf.

Standorte weltweit: 16 weltweit

BEWERBUNGEN

Windmöller & Hölscher KG
Personal
Frau Jutta Krumkamp
Münsterstraße 50
49525 Lengerich
Tel. 05481/14-3332

www.wuh-group.com

Form der Bewerbung:
Online-Bewerbung an
karriere@wuh-group.com

Ideen aus Leidenschaft

Weitere Informationen
auf den Seiten 103
und 192/193

Jobfinder 2010/11

Anzeige	Arbeitgeber im Profil	staufenbiel.de	Unternehmensname und Karriere-Infos	in Deutschland	weltweit	Forschung	Entwicklung	Konstruktion	Materialwirtschaft/Einkauf	Fertigungsplanung/Arbeitsvorbereitung	Fertigung/Produktion/Betrieb	Arbeitsgestaltung/Betriebsorganisation	Montage/Inbetriebnahme	Instandhaltung/Wartung	Projektierung	Softwareentwicklung	Unternehmensplanung/-entwicklung	Qualitätssicherung	(Inhouse) Consulting	Technische Redaktion	Vertrieb
99			**AREVA NP GmbH** www.karriere.areva.com	5.200	48.000	•	•	•		•	•	•			•	•	•	•			•	•
65		•	**Bayer AG** www.myBayerjob.de	36.700	108.400			•			•				•	•	•				•	•
73			**Bernecker + Rainer Industrie-Elektronik Ges.m.b.H.** www.br-automation.com/jobs	160	1.850	•	•	•	•		•				•	•	•	•				•
	166	•	**Brose Gruppe** www.karriere-bei-brose.com	>7.300	rd.16.000	•	•	•	•	•	•	•	•	•	•	•	•	•	•	•	•
	168f.		**Cargill Deutschland GmbH** www.cargill.de/deu/careers	1.600	131.000				•	•	•	•	•	•	•		•	•			•
17	167		**Carl Zeiss AG** www.zeiss.de/karriere	rd. 8.000	rd. 13.000	•	•	•	•	•	•	•	•	•	•	•	•	•	•	•	•
89	171	•	**Coca-Cola Erfrischungsgetränke AG** www.cceag.de/jobs-karriere	>11.000	k.A.				•		•	•	•			•			•		•
20f.			**Contact Singapore** www.contactsingapore.sg	k.A.	k.A.	•	•	•	•	•	•				•	•	•	•	•	•	•
53	170	•	**Continental AG** www.careers-continental.com	rd. 45.000	rd. 143.000	•	•	•	•	•	•	•	•	•	•	•	•	•	•	•	•
49			**Daimler AG** www.career.daimler.com	162.600	256.400	•	•	•	•	•	•	•	•	•	•	•	•	•	•	•	•
	171	•	**Deutsche Bahn** www.deutschebahn.com/karriere	192.000	251.000			•			•	•	•	•	•	•	•	•	•	•	•
	172		**Diehl Stiftung & Co. KG** www.diehl.de/karriere	ca. 9.000	ca. 12.200	•	•	•							•	•		•			
77		•	**E.ON AG** www.eon-karriere.com	ca. 36.000	rd. 88.200		•	•			•	•	•	•	•	•	•	•	•		•
79	173	•	**EnBW Energie Baden-Württemberg AG** www.enbw.com/karriere	20.000	k.A.			•	•	•	•				•	•	•	•		•	•
83	174		**euro engineering AG** www.ee-ag.com	1.900[1]	k.A.	•	•	•							•	•		•		•	•
43		•	**EUROPIPE GmbH** www.europipe.com	ca. 650	ca. 1.550	•	•				•				•	•		•		•	•
11			**FERCHAU Engineering GmbH** www.ferchau.de	3.600	k.A.	•	•	•							•	•		•		•	•
57			**Goodyear Dunlop Tires Germany GmbH** www.gdtg.de und www.gdte-career.com	7.300	70.000	•	•			•					•			•			•
29			**HeidelbergCement AG** www.heidelbergcement.de/karriere	4.000	52.000	•	•	•			•	•			•	•			•	•	
	175	•	**Hydro Aluminium Deutschland GmbH** www.hydro-karriere.de	ca. 5.000	ca. 19.000	•	•				•	•			•	•	•			•	

Bedarf Ingenieure 2010/11 · Gesuchte Fachrichtungen · Startgehalt (in Euro pro Jahr)

Sonstige Hochschulabsolventen	Young Professionals	Praktikanten	Abfallwirtschaft und Altlasten	Anlagentechnik	Automatisierungstechnik	Bauingenieurwesen/Baumanagement	Bergbau	Elektrotechnik/Elektronik	Energietechnik	Facility Management	Fahrzeugtechnik/Schienenfahrzeugtechnik	Feinwerktechnik	Fertigungstechnik	Informationstechnik	Klimatechnik	Konstruktionstechnik	Kunststofftechnik	Logistik/Fördertechnik	Luft- und Raumfahrttechnik	Maschinenbau	Mechatronik	Medizintechnik	Mikrotechnik	Nachrichtentechnik	Produktionstechnik	Schiffsbau- und Meerestechnik	Technische Informatik	Textil- und Bekleidungstechnik	Umwelttechnik	Verfahrenstechnik/Chemieingenieurwesen	Verkehrswesen	Vermessungswesen	Wasserwesen	Werkstofftechnik	Wirtschaftsingenieurwesen	Sonstige	Startgehalt (in Euro pro Jahr)
ja	ja	ja	•	•		•	•				•	•	•	•		•				•					•		•				•	•	38.000-52.000
60-80	60	200	•	•	•		•	•				•	•		•	•		•		•		•		•		•				•	•	nach Vereinbarung
90	40	50	•	•		•	•					•				•	•	•	•	•	•		•				•					•	k.A.
siehe online			•		•		•	•	•	•	•	•	•		•	•	•		•	•		•			•	•	k.A.	branchenüblich
• ca. 15 p. a.	n.B.		•	•			•	•	•			•	•		•	positionsabhängig
n.B.	n.B.	ja	•	•	•	•	•	•	•	•	•	•	•	•	•	•	marktüblich (tarifgebunden)
10-15	10	80	•	•	•	•	•	•	rd. 42.000
• ja	ja	ja	•	•	•	•	•	•	•	•	•	•	•	•	•	•	verhandlungsabhängig
• rd. 700 weltweit	k.A.		•	•	•	•	•	•	•	•	•	•	•	•	•	•	positionsabhängig
• k.A.	k.A.	k.A.	•	•	•	•	•	•	•	•	•	•	•	•	•	•	•	•	k.A.
400	k.A.	800	•	•	•	•	•	•	•	•	•	•	•	•	•	•	•	marktüblich
ca. 20	ca. 30	ca. 100	•	•	•	•	•	•	•	•	•	•	•	k.A.
• ja	ja	ja	•	•	•	•	•	•	•	•	•	•	k.A.
• k.A.	k.A.	k.A.	•	•	•	•	•	•	•	•	•	k.A.
100	150	20	•	•	•	•	•	•	•	•	•	•	•	•	k.A.
4	4	3-5	•	•	•	•	•	•	•	•	•	k.A.
• 125	125	k.A.	•	•	•	•	•	•	•	•	•	•	k.A.
• 10-20	15-25	10-15	•	•	•	•	•	•	•	•	•	•	•	k.A.
5	5	5	•	•	•	•	•	k.A.
5	k.A.	20	•	•	•	•	•	•	•	•	k.A.

Jobfinder 2010/11

Anzeige	Arbeitgeber im Profil	staufenbiel.de	Unternehmensname und Karriere-Infos	Website	Mitarbeiter in Deutschland	weltweit	Forschung	Entwicklung	Konstruktion	Materialwirtschaft/Einkauf	Fertigungsplanung/Arbeitsvorbereitung	Fertigung/Produktion/Betrieb	Arbeitsgestaltung/Betriebsorganisation	Montage/Inbetriebnahme	Instandhaltung/Wartung	Projektierung	Softwareentwicklung	Unternehmensplanung/-entwicklung	Qualitätssicherung	(Inhouse) Consulting	Technische Redaktion	Vertrieb
39			**International Committee of the Red Cross (ICRC)**	www.icrc.org/eng/jobs	k.A.	ca. 12600	●	●						●	●				●	●	●	
25			**K+S Aktiengesellschaft**	www.k-plus-s.com	10.200	15.200	●	●	●	●	●	●	●	●	●			●				●
	176	●	**Kaufland**	www.kaufland.de	76.000	119.000				●	●	●	●	●	●				●			●
	177		**KSB Aktiengesellschaft**	www.ksb.de/karriere	ca. 4.500	ca. 14.500	●	●	●					●	●				●			●
	178		**Lorenz Snack-World**	www.lorenz-snackworld.de	k.A.	rd. 3.000					●	●	●	●	●						●	
55			**MAHLE**	www.jobs.mahle.com	rd. 9.000	rd. 45.000	●	●	●	●	●			●	●				●			●
	180		**Mainova AG**	www.mainova-karriere.de	2.600	2.600					●	●	●	●	●				●			●
	179	●	**Maschinenfabrik Reinhausen GmbH**	www.reinhausen.com	1.900	2.600	●	●	●					●	●				●		●	●
	180		**METRO Group Asset Management**	www.metro-mam.de	k.A.	1.000	●	●						●				●				●
59	181		**Neumayer Tekfor**	www.neumayer-tekfor.com	k.A.	k.A.	●	●	●	●	●				●							●
	181		**PERI GmbH**	www.peri.de	k.A.	k.A.																
	182	●	**Salzgitter AG**	www.salzgitter-ag.de/personal	19.900	23.400	●	●	●	●	●	●	●	●	●	●	●	●				●
71	183	●	**Siemens AG**	www.siemens.de/career	rd. 128.000	rd. 405.000	●	●						●					●	●	●	●
27	186		**ThyssenKrupp AG**	www.thyssenkrupp.com/karriere	>80.000	188.000	●	●	●	●		●				●	●	●				●
101	184f.		**Tognum Group**	www.tognum.com	ca. 7.000	ca. 9.000	●	●	●	●	●		●						●			●
	187		**TÜV Rheinland Group**	www.tuv.com/jobs	6.700	13.800										●	●			●		
	188		**Uhde GmbH**	www.uhde.eu	2.050	4.500	●	●	●					●	●	●			●			
37			**UPM**	www.upm-kymmene.de	ca. 4.000	23.000	●	●								●						
	187	●	**Vattenfall Europe AG**	www.vattenfall.de/karriere	21.000	32.000					●	●			●	●				●		
23		●	**Volkswagen AG**	www.vw-personal.de	103.330	368.500	●	●	●	●	●	●	●	●	●		●		●		●	●
41			**Webasto**	www.webasto.com/career	k.A.	ca. 6.400	●	●	●	●		●	●	●	●				●	●		●
103	189	●	**Windmöller & Hölscher KG**	www.wuh-group.com	1.600	2.000	●	●	●				●			●						
51		●	**ZF Friedrichshafen AG**	www.zf.com	37.000	60.480	●	●	●	●	●	●	●				●	●			●	

Bedarf Ingenieure 2010/11				Gesuchte Fachrichtungen																																	Startgehalt (in Euro pro Jahr)
Sonstige Hochschulabsolventen	Young Professionals	Praktikanten	Abfallwirtschaft und Altlasten	Anlagentechnik	Automatisierungstechnik	Bauingenieurwesen/Baumanagement	Bergbau	Elektrotechnik/Elektronik	Energietechnik	Facility Management	Fahrzeugtechnik/Schienenfahrzeugtechnik	Feinwerktechnik	Fertigungstechnik	Informationstechnik	Klimatechnik	Konstruktionstechnik	Kunststofftechnik	Logistik/Fördertechnik	Luft- und Raumfahrttechnik	Maschinenbau	Mechatronik	Medizintechnik	Mikrotechnik	Nachrichtentechnik	Produktionstechnik	Schiffsbau- und Meerestechnik	Technische Informatik	Textil- und Bekleidungstechnik	Umwelttechnik	Verfahrenstechnik/Chemieingenieurwesen	Verkehrswesen	Vermessungswesen	Wasserwesen	Werkstofftechnik	Wirtschaftsingenieurwesen	Sonstige	Startgehalt (in Euro pro Jahr)
k.A.	n.B.	k.A.	•		•	•						•			•			•		•					•					•						•		42.000 - 48.000
• 30-35	20	200	•	•	•	•	•							•		•	•			•				•		•	•		•	•		•		40.000		k.A.
ca. 15	ca. 5	ca. 5	•	•	•		•	•	•	•	•	•			•					•			•	•	•					•	•		k.A.
10	20	120			•	•		•		•			•	•			•			•			•		40.000
5	2	4	•				•		•		•		•	•		•			•			•		k.A.
• k.A.	k.A.	150	•			•		•	•	•	•	•	•			•			•		•	positionsabhängig
n.B.	n.B.	n.B.	•		•		•			•	•	•			•	•			•		•		•	k.A.
ja	ja	ja	•					•								•						•		48.000
ja	ja	ja	•	•		•					•	•						•		•	k.A.
ca. 10	k.A.	k.A.				•	•				•				•	k.A.
ja	ja	ja						•			ja	k.A.
50	20	100	•	•		•			•			•	•		•		•		•	•	bis 48.000
• bedarfsorientiert²		•	•		•	•	•	•	•	•		•	•	•			•	•	k.A.
140³	k.A.	k.A.	•	•		•	•	•	•		•			•		•		•	•	k.A.
60	60	150		•		•			•			•		•	•		•	•	ca. 43.000 bis 48.000
k.A.	k.A.	k.A.	•	•	•		•				•	•		•	•	•		•	•	Je nach Qualifikation
n.B.	n.B.	n.B.	•		•			•			•		•	•		•	k.A.
• laufender Bedarf		•					•		•		•	•	nach Vereinbarung
ca. 30	k.A.	k.A.		•	•		•			•			•	•	k.A.
• laufender Bedarf	•	•		•	•	•		•		•	•	•	•	•	ca. 44.500⁴ bis 47.000⁵
k.A.	k.A.	k.A.	•		•		•	•	•	•		•		•	•		•	•	k.A.
10	20	40	•		•			•	•		•			•	k.A.
n.B	k.A.	l.B.	•		•		•	•	•	•		•	•		•	•	k.A.

² in 2009 weltweit mehr als 50.000 Einstellungen; ³ bis zu 140: Trainee und Direkteinstieg; ⁴ Bachelor; ⁵ Master

Jedes Jahr zwei Bände

Es gibt Dinge in dieser Welt, die gehören einfach als Paar zusammen wie Adam und Eva im Paradies, wie Plus und Minus beim Strom und wie Soll und Haben in der Bilanz: Staufenbiel *Ingenieure* Band I und Band II, die jedes Jahr vollständig neu überarbeitet als Karriere-Handbuch für Absolventen erscheinen.

>> Band I

Staufenbiel *Ingenieure* Band I (erscheint immer zum Sommersemester) widmet sich den Themen Einstiegsgehälter, Bewerbung und Weiterbildung:

- Der Frühstart
- Die Bewerbung
- Die Soft Skills
- Das Einstiegsgehalt
- Der Einstieg
- Studenteninitiativen im Porträt
- Education/Weiterbildung.

>> Band II

Staufenbiel *Ingenieure* Band II (erscheint immer zum Wintersemester) enthält aktuelle Informationen zu Arbeitsmarkt, Einstiegsbranchen und Einsatzbereichen:

- Der aktuelle Stellenmarkt
- Karriereplanung & Berufsbild
- Karriere bei Familienunternehmen
- Die wichtigsten Branchen
- Einsatzbereiche im Unternehmen
- Typische Berufsfelder
- Education/Weiterbildung.

Fragen Sie auf Hochschulmessen und dem Absolventenkongress nach beiden Bänden von Staufenbiel *Ingenieure*. Fragen Sie im Career Service Center nach Staufenbiel *Ingenieure*. Bestellen Sie auf *staufenbiel.de* im Book-Shop beide Bände – und Sie sind bestens informiert über Jobs, Gehälter, Bewerbung und die vielen Kleinigkeiten drumherum.